講談社選書メチエ
645

氏神さまと鎮守さま

神社の民俗史

新谷尚紀

MÉTIER

目次

はじめに

民俗学からの学術的アプローチ

神社は日本文化の象徴である。その神社とは何か、そして日本とは何か。

本書は民俗学の立場から、日本人にとっての神社、神々の姿に迫ろうとする試みである。ただし、著名な神社や日本神話に登場する神々ではなく、土地や氏《うじ》と不可分の神々、いうならばわれわれの、そして先祖の生活とともにあった神々や神社を対象とする。それはつねに生活とともにあり、また変容もしてきた神々や神社である。そのような伝承と変遷の中にある、人びとの神観念や信心のかたちとしての神々や神社を、それぞれの地域社会の歴史的な背景をふまえながら本書では描きたいと考えている。

前著の『伊勢神宮と出雲大社―「日本」と「天皇」の誕生―』(二〇〇九年)や、『伊勢神宮と三種の神器―古代日本の祭祀と天皇―』(二〇一三年)では、日本を代表する神社として伊勢神宮や出雲《いずも》大社の創祀や創建の問題について考えてみた。そこで本書ではその逆に、日本各地にみられるふつうの村や町の神社、氏神や鎮守の社《やしろ》の沿革について考えてみることにする。もちろん両者は相対するものでも、上下や主従の関係にあるものでもなく、民俗学的に神社を考察するうえでは互いに補完しあうものとなるであろう。

とはいえ、一冊の選書でこの多岐にわたるテーマを描ききることは不可能である。そこで本書の基本姿勢を示すならば、民間伝承学としての日本民俗学の立場から科学的なアプローチで神社を学術的に考察することにある。

そこでまず、本書を読み進めるうえでの見取り図ともいうべき前提となる知識をまとめておこう。

日本の歴史を古くさかのぼっていけば、神社がなかった時代があり、日本という国もなかった時代があった。まずはそんな古い時代のことから考えていくのがよい。なぜなら人間でもその人の氏素性や誕生年月日や出身地がわかると、なんとなくその人がよくわかったような気がするように、幼い時の環境やしつけや教育がいわば「刷り込み」となって、大人になってからもプラス・マイナス含めてその人格に大きな影響力を残すからである。日本という国のことを考える上でも、古代の歴史をよく調べておくことが大切なのは、この国が幼い頃にどのような環境でどのような育ち方つまりどのような「刷り込み」をされてきたのかを知っておいた方が、その後の歴史と変遷とをよく理解できるからである。考古学や文献史学の成果を参考にすれば、日本もなく、神社もなかった、そんな古い時代のことが少しずつわかってくる。

水田稲作定着への六百年

縄文時代から弥生時代へという歴史の推移があったこと、それはこれまで古代史の常識であった。しかし、その常識が大きく崩れてきている。二〇〇三年に国立歴史民俗博物館が中心となってＡＭＳ（加速器質量分析）炭素14年代測定法を用いて、紀元前十世紀後半には九州北部の玄界灘沿岸地域で稲作が始まっていたことが発表された。そして、そこにはひじょうに複雑な問題があることが明らかとなってきている。

弥生文化を、水田稲作をともなう文化だとみてきた観点からすれば、九州北部ではその紀元前十世紀にすでに弥生時代が始まっていたことになる。その後の水田稲作の伝播を追跡してみると、瀬戸内西部地域まで約二百年ほど、摂津・河内地域までは約三百年ほど、奈良盆地には約四百年ほど、中部地域には約五百年ほど、南関東地域には約六百年から六百五十年ほどの時間がかかったことがわかってきた。そして東北地方北部日本海岸では、その関東地方南部よりも早く前四世紀ころには日本海岸を北上して稲作がいったん伝わっていたものの、前一世紀になるとその東北北部では稲作を放棄してしまっていたことも明らかとなってきた[1]。

紀元前九〇〇年代後半に北部九州で水田稲作が始まってから、紀元前二〇〇年代に関東地方南部に広まるまでに、およそ六百年から六百五十年という途方もない長い時間がかかったことになるのである。それはおよそ鎌倉・室町時代から平成の現代までという長い時間幅である。

不可能となった「弥生時代」

ただし、稲作は東北地方北部の山形市から仙台市を結ぶ線を北限として、それ以北には定着しなかった。つまり、前十世紀後半から前三世紀までの本州を中心とする日本列島では、西日本から東日本にかけて稲作の普及が約六百年から六百五十年という長い時間幅をもってゆっくりと東漸普及していった状況があり、またその稲作がついに受容されなかった東北地方北部があったということになるのである。

もともと弥生式土器を目印として命名された「弥生時代」という時代区分とその呼称であり、稲作農耕や鉄器使用を目印としてその時代と社会とが研究されてきたが、もはやその枠組みの限界があきらかとなったのである。考古学の世界にとって紀元前十~前三世紀という約六百五十年間の時代に対して、その把握の上で新たな概念枠組みが求められているのである。時代区分論からいえば、「弥生時代」と呼ぶことはもう決してできない。事実として、水田稲作の「早期受容」と「定着困難」と「拒否」の三タイプ併立時代、というべき約六百年間なのである。その約六百年間を何と呼ぶか、あらためて考古学の世界で学術的な名前が検証され提示されることが期待されている。

では、なぜ稲作の普及にこのように途方もなく長い時間がかかったのか、それが問題である。筆者のような「稲の民俗学」の視点から考えてみるならば、まず第一に、稲作労働の過酷さが浮かび上がる。灌漑による水稲耕作には多くの人手が必要である。多くの人たちに対する統率力が必要であり、労働力を強制的に動員する権力とシステムとが不可欠である。そこには労働を強制される階層と、収穫物を集積する階層という両者の形成が必然化されることになる。採集、狩猟、漁撈という生業複合の中で自然循環のシステムの中に生活できていた人たちに対して、強制的に灌漑土木とその施設維持や水田稲作労働とそれに伴う施肥や除草や害虫鳥除けなどさまざまな重労働を継続的に課していくことには大きな困難があったものと推定されるのである。

労働力動員システムとしての古墳築造

なぜ、古墳文化が水田稲作が定着しなかった東北地方北部を明確に区別して、山形市から仙台市を結ぶ線を北限としてそれ以南の範囲にしか発生展開しなかったのか。その第二の問題も、この紀元前の約六百年間の「稲作定着困難説」に連動しているといってよかろう。古墳の築造はその被葬者である首長や王の権力表象でもあり、その生前からのシステマティックな労働力の把握とその動員力とを不可欠としている。つまり、水田稲作における労働力の動員力がすでにその背景にあってこその古墳築造と考えられるのである。言い換えるならば、水田稲作によって実現した労働力結集の持続可能化と、その労働力の農閑期における余剰部分の継続的結集活用という意味が古墳築造にはあったのである。

西暦二〇〇年代半ば、三世紀半ばに出現したのが、奈良盆地の纏向《まきむく》遺跡や箸墓《はしはか》古墳である。それは『魏志倭人伝』の卑弥呼《ひみこ》の時代であり、前方後円墳を中心とする古墳の築造が始まる時代でもあった。[2]まさに東北地方北部を除く日本列島を画一化していく時代の始まりであった。その後、遣隋使派遣の七世紀初頭を大きな画期として、典型的な例としては見瀬丸山《みせまるやま》古墳を最後に、約三百五十年間を経過した古墳時代は終焉を迎える。その間、計約五千二百基もの前方後円墳（前方後円墳が約四千七百基、前方後方墳が約五百基）が日本各地で築造されたのであった。

では、その古墳時代とはいったい何であったのか。それはそれぞれの首長王権のもとに水田稲作をその社会に徹底的に定着させていった時代であったという点にこそ、その歴史的な意義があるといってよい。それは当然、稲を租税として集積するシステムを構築し、それを洗練し強化して持続可能なものとしていった時代でもあったのである。

稲の祭りと神社祭祀

その古墳時代を超克していった七世紀の飛鳥《あすか》時代の中央王権は、中国王朝の権力システムを導入してやがて律令国家の構築へと至る。その天武・持統の時代こそ、「倭」から脱皮して「日本」が誕生し、仏教寺院への信仰とはまた別に神社祭祀が国家的な規模で整備されていく時代であった。[3] その神祭りの中心が稲の祭りであり、稲と米は権力と祭祀に密着したもの、政治の結晶としての歴史をその後も刻んでいくこととなる。

新嘗祭《にいなめさい》と大嘗祭《だいじょうさい》、そして広瀬大忌神《ひろせのおおいみのかみ》祭と龍田風神《たつたのかぜのかみ》祭の整備と定例化とが、まさにその天武朝を画期としていた。そして、その後の日本の長い歴史を通じて稲と米は、祭祀の上でも政治の上でも重要な意味を持ち続けた。たとえば、祭祀の上では天皇の毎年の新嘗祭や天皇即位に際しての践祚大嘗祭、伊勢神宮の日別朝夕大御饌祭《ひごとあさゆうおおみけさい》や毎年の神嘗祭《かんなめさい》におけるもっとも重要な神饌として伝承されてきたのが稲と米であり、政治の上でも古代の律令制下の田租、古代中世の荘園公領制下の年貢、近世の幕藩制下でも稲と米の生産高を基準とする所領支配と徴税システムとしての石高制が整備され、そのもとで年貢米が重要な意味をもったのであった。

このような観点から古代史の世界に言及していくことは、専門の考古学者や文献史学者の人たちからすれば、無知な素人の出過ぎと批判されるかもしれない。しかし、私の専門としている日本民俗学は、実は広義の歴史科学でもある。僭越ではあるが、ここでその点について少し説明しておくことをお許しいただきたい。

伝統文化研究と日本民俗学

日本民俗学は、柳田國男が創始し折口信夫が深く理解し協力して育ててきた学問である。それは考古学の知見も文献史学の知見も学習し修得しながら、民俗という伝承文化を中心に研究していく学問である。その民俗学を「フォークロア」というのはまちがいである。誤解を解くために少し説明をさせていただけるなら、以下のとおりである。

日本民俗学を創始した柳田國男はフランス語の「トラディシオン・ポピュレール tradition populaire」を「民間伝承」と訳してみずからの学問を民間伝承の学と名乗った。フランス語のトラディシオンも英語のトラディションも「伝統」と一般には翻訳されたが、柳田はそれを「伝承」と訳してみずからの学問の対象としたのである。つまり、伝承や伝統を研究する学問として創生されたのが日本民俗学であった。

西欧発信の近代科学は、そのほとんどすべてが東京帝国大学がその窓口となって輸入され、それを日本人研究者も学習して自らもその研究に参加していった歴史がある。しかし、柳田が創生した日本民俗学は、イギリスの社会人類学やフランスの社会学に学びながらも、そこから独自に構想し創生していった学問であり、西欧発信の学問ではない。したがって、帝国大学にはその講座が開かれないはずの学問であった。そこで、その柳田をもっとも深く理解していた折口信夫が民間伝承学としての民俗学の講座を、一九四〇年（昭和十五）、私立の國學院大学に開講したのであった。

戦後の日本民俗学がその柳田や折口をよく理解せずその学問を正しく継承できてこなかったことは

たいへん残念であるが、まだ遅くはない。柳田や折口そしてその二人と緊密な関係にあってその学問を支援し続けた渋沢敬三の学問とその精神を学び直すことによって、若い世代の人たちがそこからさらに継承発展させていくことができる段階にある。[4]

柳田がとらえた「トラディシオン・ポピュレール tradition populaire」から一歩進んで、現在では「トラディショノロジエ・キュルチュール traditionologie culturelle」、すなわち「伝承文化分析学」、英語で言えば「カルチュラル・トラディショノロジー cultural traditionology」と名乗り、かつそのように呼ばれるべき学問となってきている。フォークロアやフォルクスクンデの翻訳学問などでは決してなく、日本民俗学とは「トラディショノロジー traditionology」、「民俗伝承学」であり、「伝承文化、伝統文化を研究する学問 The Study of Cultural Traditions」なのである。

つまり、日本の伝承文化、伝統文化として、神とは何か、神社とは何か、神祭りとは何か、を問う学問でもあるのが日本民俗学・民俗伝承学なのである。だからこそ、日本の神の研究に尽力した柳田は先祖が神へとなるメカニズムを[5]、折口はまれびとやよりしろという分析概念を[6]、それぞれ発見していったのである。おそれながら筆者もケガレ（power of death）とカミ（power of life）という対《つい》概念の設定によりケガレからカミへ〈*kegare* exorcise *kami*〈deities〉〉というメカニズムの存在を提示してきているところである。[7]

死の発見と宗教の誕生

ここでいったん立ち止まって考えてみよう。多くの人たちの中には神社や神様や霊魂など信じないという人もいるにちがいない。死後の世界など信じない、あとは無だけだという人も多いであろう。ただし、死後のことは無もその選択肢の一つだが、それも含めて三つしかない、というのが現在のところの大方の見解である。[8]①無、②来世（往生）、③今生（生まれ変わり）、の三つである。誰も経験も実証もできないこと、それが死である。だからこそ、論理的に想定可能な範囲内で現在ではそのように考えられているのである。

　では、なぜ人間は死後のことを考えるのだろうか。それは、人類がその進化の過程で死を発見してしまった種だからである。同じ霊長類でもニホンザルは死を発見していない、死を理解できていない。死んだ子猿の遺体を抱いている母親猿の行動も子猿が死んだという理解によるものではなく、急に反応しなくなって冷たくなった子猿に対してどうしたらいいかわからない、いわば処置なしの反応に過ぎない、と霊長類の研究者はいう。[9]

　人類、ホモサピエンスはその進化の過程で、仲間の死を経験的に理解し、それを概念化し言語化することによって他者と共有することができた。死の発見は、ホモサピエンスに死の恐怖を思い知らせて精神的なビッグバンをもたらした。それは生の発見であり、霊魂観念と他界観念の発生を意味したのである。つまり、宗教の誕生である。[10]そうして、人類、ホモサピエンスは霊魂世界を考えざるをえない種となったのである。

　地球上のどんな社会にも霊魂観的な他界観的ななんらかの装置があるのはそのためである。肯定しようが盲信しようが、あるいは部分否定しようが全否定しようが、人類、ホモサピエンスは、霊魂観念と他界観念から離れることのできない種となってしまったのである。だから、本書のような、神社とは何か、という本をいま手に取っている読者も、この種の本をまったく否定して見向きもしない読者も、ひとしくみんなそのようなホモサピエンスであることに変わりはない。宗教的な事柄もオカルト的な視点からではなく、冷静に科学的な視点から考えることができる。神社とは何か、それを学術的に考えてみる、それが大切なのである。

第一章　神社とは何か

『日本書紀』から

神社とは何か。文字の上からみれば神の社という意味である。その神社についての記事として、まず参考になるのは『日本書紀』の記事である。

第一に注目されるのは、『日本書紀』天武十三年(六八四)十月十四日条に、大地震で「諸国の郡の官舎、及び百姓の倉屋、寺塔神社、破《やぶ》れし類、勝《あげ》て数ふべからず」とある記事である。そこには「寺塔神社」と記されている。この年に、多くの寺院堂塔や神社の建物が大地震で倒壊したというのである。

七世紀末の天武天皇と次の持統天皇の時代というのは、日本古代の天皇中心の律令国家の体制ができあがる時代である。天皇と国家の祭祀として、五穀豊穣と風水害を避ける祭祀が整備されたのが、この時代である。孟夏四月の広瀬大忌神祭と孟秋七月の龍田風神祭とが、毎年二回定期的に制度的に行なわれるようになった。そして、各地の「諸社」にも使いを遣わして幣帛《へいはく》を奉るのが恒例とされたという。それらの記事では、「神社」とは書かれずに「諸社」と書かれている。日本各地の諸々の神社という意味であろう。古代の神社を考える上では必ずしも厳密に「神社」という単語にこだわる必要はなく、単に「社」という表記もあったと考えておけばよい。

第二に注目されるのは、その天武天皇よりも古い時代の、『日本書紀』斉明五年(六五九)是歳の条にみえる、出雲国造に対して「神之宮」を修厳するように命じたという記事である。そのときの出雲国造の名前は記録が闕《か》けており不明とするが、その斉明天皇は天武天皇の母親に当たる人物である。斉明五年は、朝鮮半島で唐と新羅の圧迫の前に百済が滅亡していく前年であり、翌年には実際に百済は滅亡している。その後、倭王の斉明天皇と皇太子中大兄《なかのおおえ》皇子は六六三年に百済再興を支援するための軍勢を派遣するものの白村江の戦いで敗戦を喫するが、その派兵を前にして出雲国造に命じて「神之宮」を修厳させたというのである。この「神之宮」は現在の出雲大社、つまり古名でいえば杵《き》築《つき》大社に関する歴史的な最古の記事だと考えられる。これを東出雲の熊野大社とみる説もあるが、やはり海岸部に立地して半島に向かっている杵築大社と理解するのが正しいであろう。[1]ここでは神社ではなく「神之宮」と記されている。「社」ではなく「宮」という表記である。

三輪山の神の宮

第三に注目されるのは、歴史としてではなく神話の中での情報である。伊勢神宮の創祀を伝える崇神天皇と垂仁天皇の時代の記事である。崇神天皇七年、三輪山の大物主《おおものぬし》大神の夢のお告げによりその祭主を茅渟県《ちぬのあがた》の陶邑《すえのむら》に住んでいた大田田根子《おおたたねこ》という人物とするが、その大田田根子は父が大物主大神で、母が陶津耳《すえつみみ》の娘の活玉依媛《いくたまよりひめ》であった。そのとき同時に、倭大国魂神《やまとのおおくにたまのかみ》の祭主を大倭直《やまとのあたい》の始祖の市《いち》磯長尾市《しのながおち》とすることにした。そして、その他に八十万《やそよろず》の群神を祭るために「天社・国社及び神地・神戸」を定めた、と記されている。そこでは神社の意味で「天社」「国社」と表記されている。これは先の天武天皇の時代に、各地の「諸社」に使いを遣わして幣帛を奉ることとしたという記事にも対比されるもので、「社」という表記が共通している。諸社は「もろもろのやしろ」、天社は「あまつやしろ」、国社は「くにつやしろ」と読まれたのであろう。

崇神天皇はその八年十二月二十日、大田田根子に大物主大神の祭りを行なわせたが、そのとき「大《おお》神《みわ》の掌酒《さかびと》」に任ぜられたのは、高橋邑《たかはしのむら》の活日《いくひ》という人物であった。その活日が天皇に神酒《みき》を献じるときに詠ったのが、次の歌である。

此の神酒は　我が神酒ならず　倭成す　大物主の　醸《か》みし神酒　幾久《いくひさ》　幾久

そして、「神宮に宴《とよのあかり》す」と記されている。そして、その宴が終わったころに諸大夫たちが詠ったのが、次の歌である。

味酒《うまさけ》　三輪の殿の　朝門《あさと》にも　出でて行かな　三輪の殿門《とのと》を

天皇も次のように詠った。

味酒　三輪の殿の　朝門にも　押し開かね　三輪の殿門を

そして、「即ち神宮の門を開きて幸行《いでま》す」とある。つまり、「三輪の殿」が「神宮」と記されているのである。「三輪の殿」、「神宮」の門を開けて、いざ宴の場をあとにしよう、という意味の歌である。
この物語では、大物主大神を祭る三輪の殿は神宮つまり神の宮と呼ばれ、大物主大神を祭る三輪の地には三輪の宮殿があった、と詠われている。そして、「大田田根子は、今の三輪君等が始祖なり」とある。

伊勢神宮の創祀

第四に注目されるのが、次の垂仁天皇二十五年三月の記事である。天照大神《あまてらすおおみかみ》を垂仁皇女の倭姫命《やまとひめのみこと》に託《つ》けて、そのよき鎮座の地を求めて大和国から近江国へ、そして美濃国へと廻ってついに伊勢国へと到った。そのときの記事に、「大神の教の随《まにま》に、其の祠を伊勢国に立てたまふ。因りて斎宮を五十鈴《い　すず》の川上に興《た》つ。是を磯宮《いそのみや》と謂ふ」とある。つまり、天照大神の鎮座の地は伊勢国で、その大神のために「祠」を立てたというのである。

それにともない「斎宮」を五十鈴川の河上に興ててその斎宮を「磯宮」と呼んだという。天照大神の鎮まり坐《いま》せるのは「祠」であり、大神の御杖代として奉祀する倭姫命のためには、その禊《みそ》ぎ祓《はら》えにふさわしい五十鈴川の河上に「斎宮」つまり「磯宮」と呼ばれる宮を興てたとする。天照大神は「宮」ではなく「祠」に鎮座され、倭姫命は「斎宮」「磯宮」つまり「宮」に住まいして奉祀したというのである。

出雲大社の創建

第五に注目されるのは同じく神話の記事で、出雲の大己貴神《おおなむちのかみ》の国譲り神話である。『日本書紀』第九段一書第二によると、大己貴神が「住むべき天日隅宮《あめのひすみのみや》は、今供造《つく》りまつらむこと、即ち千尋《ち　ひろ》の栲縄《たくなわ》を以て、結ひて百八十紐にせむ。其の宮を造る制は、柱は高く大し。板は広く厚くせむ」とあり、『古事記』では、大国主神が「唯僕《あ》が住所《すみか》をば、天つ神の御子の天津《あまつ》日《ひ》継《つぎ》知らしめす登《と》陀《だ》流《る》、天の御《み》巣《す》如《な》して、底津《そこつ》石根《いわね》に宮柱布斗《みやはしらふと》斯理《しり》、高天の原に氷《ひ》木《ぎ》多《た》迦《か》斯《し》理《り》て治め賜はば、僕は百足《ももた》らず八十《やそ》坰手《くまで》に隠りて侍《さもら》ひなむ」とある。つまり、『日本書紀』では神の住む「宮」という言い方がみられるのである。

第六に注目されるのは、その出雲大神を祭る宮についての『古事記』の記事である。言葉を発することができない垂仁天皇の皇子の本《ほ》牟《む》智《ち》和《わ》気《け》についての出雲大神の夢告では、「我が宮を天皇の御舎《みあらか》の如修理《ごとつくりおさ》めたまはば」とある。そして、出雲に参拝した本牟智和気のために、出雲国造の祖の岐比《きひ》佐都美《さつみ》が、「肥河《ひのかわ》の中に黒き巣橋を作り、仮宮を仕へ奉《まつ》りて坐《いま》さしめ」て、その河下に青葉の山を飾って大御《おおみ》食《け》を献上しようとしたときに、はじめて皇子が発した言葉が、「是の河下に、青葉の山の如きは、山と見えて山に非ず。若し出雲の石硐《いわくま》の曾宮《そのみや》に坐《いま》す葦原色許男大神《あしはらしこおのおおかみ》を以ち伊《い》都《つ》玖《く》祝《はふり》の大廷《おおにわ》か」という言葉であった。本牟智和気が出雲大神に参拝して言葉を発することができるようになったことを喜んだ垂仁天皇は、あらためて出雲大神のために「神宮《かみのみや》」を造らせたと記している。

以上、七世紀から八世紀初頭へかけての大和王権に関する情報集である『日本書紀』や『古事記』の記事によれば、このように古代の神々を祀るための装置として、「祠」、「社」、「宮」などの文言が使われている。そして、それらはいずれも建築物を表す語であった。

磐座祭祀から禁足地祭祀へ

しかし一方、考古学の知見を参考にすれば、四世紀後半の大和王権の人びとの神観念やその祭祀装置について考えることができる。それは、古くには祭神のための建物をとくに造らないような時代の存在である。たとえば、古墳時代前期の遺跡として注目されるのが、四世紀後半の奈良県三輪山祭祀遺跡や、四世紀後半からの祭祀の遺構や遺物が残る福岡県宗像《むなかた》沖ノ島遺跡などであり、それらからは磐座《いわくら》祭祀の段階や、その後の禁足地祭祀の段階があったことが想定できるのである。[2]

二〇〇九年に大規模な建築遺構が発見されて注目を集めた奈良盆地の纏向遺跡はその三輪山祭祀遺跡と地理的にほど近い遺跡であるが、その地は最近の発掘調査によれば女王卑弥呼で知られる邪馬台《やまたい》国《こく》の故地であった可能性が大である。考古学の知見[3]によれば、纏向遺跡は、

①時期は、出現期が二世紀初頭、拡大期が二六〇〜二七〇年頃、消滅が四世紀初頭。

②古墳時代との関係でいえば、開始期古墳の纏向石塚古墳や箸墓古墳などと対応する時期で、その開始期古墳の築造年代は二五〇年頃と推定される。

③邪馬台国との関係でいえば、女王卑弥呼（二三九年、魏の明帝に遣使）やその宗女壹与《いよ》（臺与《とよ》。二六六年、西晋に遣使）の時代に相当する。

その三世紀中後期の邪馬台国の時代から四世紀の初期大和王権成立の時代へ、そして五世紀初頭の倭の五王の讃の時代へ、という古代王権の歴史的展開を考える上では、たがいに近接している纏向遺跡と三輪山祭祀遺跡という二つの遺跡を比較してみるとよい。そこから、宗教的な女王の王権から武力的な男王の王権へ、という古代王権の移行という動向を探ることができる。三輪山祭祀遺跡のとくに山ノ神遺跡と奥垣内《おくがいと》遺跡の情報が貴重であり、[4]それによれば、三輪山祭祀遺跡は、

①時期は、祭祀の開始が四世紀後半以降で、その後、五世紀後半に至るまでの長期間、巨石の磐座を中心に、山ノ神遺跡では小型の素文鏡三点や碧玉製勾玉五点や水晶製勾玉一点など、奥垣内遺跡では多量の須恵器が注目されるという。ピークを迎えるのは五世紀後半の滑石製模造品の奉献の時期であり、六世紀前半にはまた新たな画期を迎える。

②祭場は、旧来の磐座祭祀が六世紀前半に新たな画期を迎えた後は、それまでの磐座から禁足地周辺へと移行し、祭祀具も子持勾玉を中心とするかたちへと移行していき、六世紀後半からは禁足地での祭祀が中心となっていく。

つまり、邪馬台国の故地と推定される纒向遺跡の終焉が四世紀初頭であるのに対して、初期大和王権の祭祀遺跡と推定される三輪山祭祀遺跡の開始時期がそれに続く四世紀後半以降ということである。その三輪山祭祀遺跡では、四世紀後半から五世紀後半までの前半期には磐座祭祀であったのに対して、六世紀前半からの後半期には禁足地祭祀へと転換しているというのである。

邪馬台国から初期大和王権へ

邪馬台国の女王壹与（臺与）が遣使した西晋が滅亡するのが四世紀前半の三一六年のことである。中国王朝の後ろ盾を失った邪馬台国もやがて滅亡していくこととなったのであろう。そして、新たな初期大和王権の時代へと移行していった。その四世紀の東アジアとは、新たな武闘と覇権争いの時代であり、中国北部は五胡十六国（のち四三九年に北魏が華北統一）、南部は東晋（のち四二〇年に宋が建国して南北朝時代へ）、そして朝鮮半島も高句麗、百済、新羅の三国時代へと移行していった。

三輪山祭祀遺跡の開始時期の四世紀後半とは、三九一年を基準年とする高句麗好太王碑文の語る時代である。それは倭国の王が邪馬台国の女王・宗教王の段階から新たな男王・武力王の段階へと大きく転換して、鉄資源や先進知識を求めて積極的に半島進出をくりかえすようになっていた時代であった。そして中国王朝の権威を後ろ盾とする邪馬台国の時代のような朝貢外交ではなく、みずから直接的に武力的に朝鮮半島に進出してその地の鉄資源や先端技術などを獲得する必要性が生じた時代であった。のちに倭王武が四七八年の上表文で「昔より祖禰《そでい》躬《みずか》ら甲冑を擐《つらぬ》き、山川を跋渉して寧処に遑《いとま》あらず、東は毛人を征すること五十五国、西は衆夷を服すること六十六国、渡りて海北を平《たいら》ぐること九十五国」（『宋書倭国伝』）と、先祖たちの事績としてそれを語り伝えていた時代のことであった。

宗像沖ノ島遺跡

初期大和王権による神祇祭祀が、早い時期には磐座祭祀の方式をとり、のちに禁足地祭祀の方式をとるかたちへと変化したことをより明確に示している遺跡がある。それが、高波荒れる玄界灘の海上に浮かぶ孤島、宗像沖ノ島祭祀遺跡である。三輪山祭祀遺跡の開始期の四世紀後半期、高句麗好太王碑文の伝える四世紀後半期、それと同時期の遺跡が最初期の第十七号遺跡である。そしてその後、八世紀から九世紀半ばの最終期の第一号遺跡まで、その沖ノ島には前後約四百五十年間にもわたる古代の奉献遺物がそれぞれの時代ごとの真正の遺物として伝存している。[5]

それぞれの遺跡とその時期について要点を整理すれば表1のとおりである。これによって四世紀後

4世紀

313年　高句麗、楽浪郡を滅ぼす
このころより、馬韓から百済が、辰韓から新羅がそれぞれ国家形成して抬頭する
314年　高句麗、帯方郡を陥れる
316年　匈奴、西晋を滅ぼす（五胡十六国時代へ、439年の北魏による華北統一まで）
343年　高句麗、前燕に入貢
372年　百済王、東晋に入貢
377年　高句麗・新羅、前秦に入貢
391年　倭軍、渡海　「高句麗好太王碑文」　■第17号遺跡（鏡・剣・玉）

5世紀

421年　倭王讃、宋に朝貢
438年　倭王珍、宋に朝貢　「安東大将軍倭国王」
451年　倭王済、「六国諸軍事安東将軍倭国王」
■第21号遺跡（鏡・剣・玉　鉄鋌）
475年　高句麗、百済を攻撃し、百済王戦死、都の漢城陥落
478年　倭王武、上表文　「六国諸軍事安東大将軍倭国王」

6世紀

512年　大伴金村、加耶（任那）4県を百済に割譲
■第7号遺跡（金銅製馬具）
■第8号遺跡（カットグラス）
527年　筑紫君磐井の乱
538年　百済の聖明王、仏像と経論を倭王におくる
562年　新羅が加耶を滅ぼす
6世紀末　古墳時代は終焉

7世紀

600年　遣隋使　　607年　遣隋使　■第6号遺跡
初期に　律令祭祀の萌芽　■第22号遺跡（金銅製紡績具）
後半に　律令祭祀の形成　■第5号遺跡

8世紀　律令祭祀の時代

■第1号遺跡（9世紀まで継続）

表1　沖ノ島祭祀の変遷

半以降は磐座祭祀であったが、それが禁足地祭祀へと変化するのは七世紀から八世紀の律令国家祭祀の形成の時期であったことがわかる。

神祇祭祀の民俗伝承とその意義

こうして、日本の神祇祭祀の基本は、文献史料からは「祠」「社」「宮」などの建造物であったことが、考古資料からは磐座祭祀や禁足地祭祀が古態であったことが、知られる。重要なことは、それらのさまざまな古態が歴史的に存在しながらも時代の推移の中で次々と消滅していったのかというと、決してそうではないということである。

古代から現代にまでつながる神祇祭祀の民俗伝承 tradition の中には、過去において日本の神祇祭祀が経験してきたさまざまな態様が、現在の日本各地の祭祀伝承の多様性の中に伝存しているのである。たとえば、磐座祭祀の遺存形態としては、大阪府交野市の磐船神社をはじめとする巨石や巨岩を御神体とする神社が日本各地に数多く伝えられ、禁足地祭祀の遺存形態としては、奈良県天理市の石上《いそのかみ》神宮の禁足地の例などが知られている。[6] そして、神祭りのたびに祭場に神籬《ひもろぎ》が設けられる遺存形態としては、島根県松江市の神魂《かもす》神社の神籬の例などが、また神祭りに際して神殿が造営されることの遺存形態としては、長野県諏訪市の諏訪大社の御柱《おんばしら》神事の例などが知られ、なによりも伊勢神宮の式年遷宮それ自体が、神聖なる祭場への清新なる神殿造営を繰り返してきた祭祀方式の遺存形態にほかならないのである。

つまり、①磐座祭祀、②禁足地祭祀、③祭地への神籬設置、④祭地への臨時的な社殿設置、⑤常設の宮殿設営という、かつて日本の神祇祭祀が歴史的に経験してきたそれぞれの方式と形態が、現在の神社祭祀の多様性の中に伝存しているのである。

第二章

氏神と鎮守と

1　氏神

大伴氏と氏神

こんにち日本の神社といえば、伊勢神宮や出雲大社、また厳島《いつくしま》神社や祇園八坂神社など、前章でふれた有名な神社を考えることが多いだろう。また一方では、ごくふつうの村や町の一画に祭られている氏神や鎮守のことを考える人ももちろん少なくないだろう。本章ではこの氏神と鎮守、そして土地の神たる産土《うぶすな》神について情報を整理してみることにする。

氏神という言葉は『古事記』や『日本書紀』には出てこない。それが出てくる早い例は『万葉集』（巻三－三七九、三八〇）に収める大伴《おおともの》坂上《さかのうえの》郎女《いらつめ》の天平五年（七三三）冬十一月「供祭大伴氏神之時」つまり大伴氏神を祭る時の次のような歌の後の詞書の部分である。

大伴坂上郎女、祭神歌一首

ひさかたの　天の原より　生《あ》れ来たる　神の命《みこと》の　奥山の　賢木の枝に　白香つけ　木綿とり付けて　斎瓮《いわいべ》を　斎ひほりするゑ　竹玉を　繁《しじ》に貫《ぬ》き垂り　鹿猪《しし》じもの　膝折り伏せて　手弱女《たわやめ》の　おすひ取り懸け　かくだにも　われは祈《こ》ひなむ　君に逢はぬかも

反歌

木綿畳《ゆうだたみ》　手に取り持ちて　かくだにも　われは祈《こ》ひなむ　君に逢はぬかも

右歌者、以天平五年冬十一月、供祭大伴氏神之時、聊作此歌。故曰祭神歌。

大伴坂上郎女は大伴旅人（六六五～七三一）の異母妹で大伴家持（七一八～七八五）の叔母である。歌の内容は、大伴の氏の神を祭るという歌であるが、同時に恋する人に逢わせてほしいという願いを込めた歌である。冒頭の「天の原より　生れ来たる　神の命の」の神の命の意味を、天孫降臨に際して瓊々杵尊《ににぎのみこと》の先導をつとめた大伴連の遠祖の天忍日命《あめのおしひのみこと》のことと考えれば、この「大伴氏神」の意味は祖神である天忍日命の意味だということになる。これよりもずっとのちの記事であるが、『続日本後紀』承和元年（八三四）一月十九日条には「山城国葛野郡上林郷地方一町、賜伴宿禰等、為祭氏神処」という記事がみえる。平安時代前期の承和年間には大伴連の後裔である伴宿禰に対して氏神を祭る場所として山城国葛野郡上林郷の一部を賜ったことがわかる。

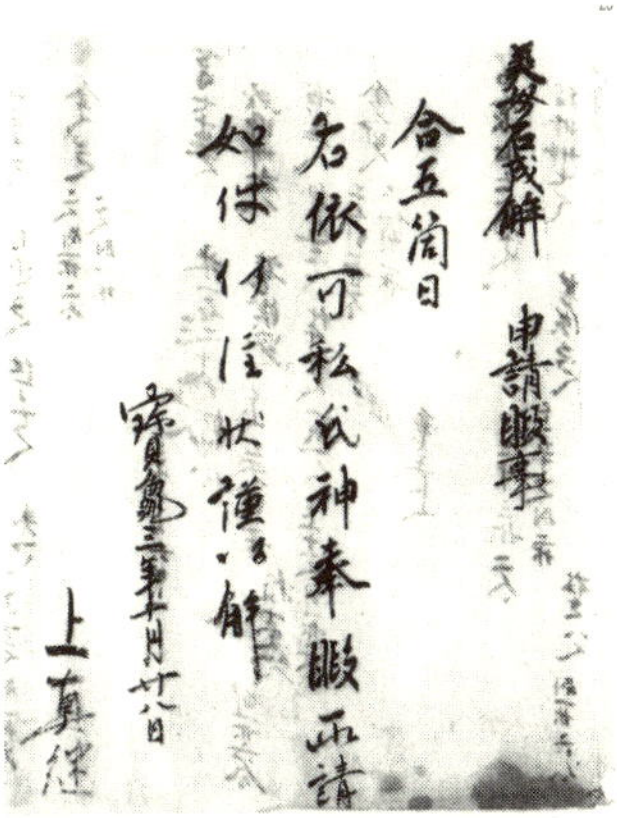
美努石成解　申請暇事
合五箇日
右依可私氏神奉暇所請
如件仍注状謹以解
寶亀三年十月廿八日

請暇解（宝亀３年10月28日付）

律令官人たちの氏神とその祭祀

正倉院文書には奈良時代の官人の氏神祭祀を公認する賜暇《しか》の記録が散見される。たとえば宝亀三年（七七二）十月二十八日付の請暇解《せいかげ》では、写経生の美努石成が「依可私氏神奉」という理由で五日間の休暇を申請している

（正倉院文書　続修　第二十巻）。また年未詳の文書であるが、写経生某が「欲鴨大神又氏神祭奉」という理由で二日間の休暇を申請している（同前）。その後、平安時代の『類聚三代格』にも後述のように氏神の祭りのための休暇や旅行に関する記事がみられる。

また、『続日本後紀』の承和元年（八三四）二月二十日条には「小野氏神社在近江国滋賀郡、勅聴彼氏五位已上毎至春秋之祭不待官符永以往還」とあり、遣隋使で知られる小野妹子の出身氏族である小野氏は、『新撰姓氏録』にも「小野朝臣　彦姥津命五世孫米餅搗大使主命之後也　大徳小野妹子家于近江国滋賀郡小野村　因以為氏」とあるように、近江国の滋賀郡小野村を本貫地としており、その地に氏神を祭っていて春秋の祭祀には現地に赴いて奉仕していたことが知られる。

『続日本後紀』の承和四年（八三七）二月十日条には「是日勅聴大春日、布瑠、粟田三氏、五位已上、准小野氏春秋二祠時不待官符向在近江国滋賀郡氏神社」とあり、他の氏族も小野氏に准じて氏神の春秋二季の祭祀に奉仕していたことがわかる。また、『三代実録』の貞観十五年（八七三）九月九日条には「掌侍従五位上春澄朝臣高子奉幣氏神向伊勢国、勅賜稲一千五百束、以為行旅之資」とあり、同じ『三代実録』の元慶二年（八七八）二月十九日条の「詔山城国正税稲三百束、賜従五位下山背忌寸大海全子、以奉幣氏神向彼国也」のように氏神祭祀に赴く官人に費用の給付を行なうような例もあった。

『類聚三代格』巻十九に収める寛平七年（八九五）十二月三日付の太政官符「応禁止五位以上及孫王輙出畿内」には、次のような記事がある。「又諸人氏神多在畿内、毎年二月四月十一月何廃先祖之常祀、若有申請者直下官宣、如此之類往還有程、不得任意留連経日遊蕩、其違越者録名言上、処違勅罪」、つまり、律令官人たちにとって氏神が平安京や平城京に近い畿内に多く祭られており、毎年二月、四月、十一月に「先祖之常祀」が行なわれていたというのである。[2]

これらの例からわかるのは、一つには、律令官人たちの出身氏族にとってその本貫地に氏神を祭る神社を設営している例が多かったこと、もう一つには、その祭祀には春秋の二季があり、それは稲作の祈年祭と収穫祭の性格が多くあったのではないかということ、である。氏族の本貫地に祀られている在地性の強い氏神であり、そこで先祖を祀るという意識もあったといってよいであろう。[3]

藤原氏と氏神

それらよりも早く奈良時代の文献で氏族の氏神という言葉が出てくる例は、藤原氏にみえる。『続日本紀』の宝亀八年（七七七）七月十六日条に「内大臣従二位藤原朝臣良継病。叙其氏神鹿嶋社正三位、香取神正四位上」とあるのがそれである。藤原良継が病気となったので、藤原氏の氏神である鹿嶋社と香取神にそれぞれ正三位と正四位上の神階を授けた、つまり氏神の加護によって良継の病気が平癒するように祈ったという。

その鹿嶋社の祭神はこんにち一般的に武甕槌《たけみかづち》神、香取社の祭神は経津主《ふつぬし》神とされており、その二柱の神の名がみえる古い記事は『古事記』と『日本書紀』のそれである。武甕槌神（『古事記』では建御雷神）は、国譲り神話と神武東征神話に登場して、国譲り神話では出雲の建御《たけみ》名《な》方《かた》神を力比べで圧倒する神として描かれている。そして、神武東征神話では苦戦する神武天皇のもとに、天照大神の命を受けた武甕槌神が自分の代わりに葦原《あしはらの》中国《なかつくに》を平定したときに使った劔《つるぎ》を下して神武天皇の危機を救ったといい、その武甕槌神の劔を韴霊《ふつのみたま》といったとある。『古事記』ではそれは布都御魂と呼ばれる横刀で、いまは石上《いそのかみ》神宮に収められているという。[4] 一方、経津主神（『古事記』には登場しない）は国譲り神話での活躍が伝えられるが、それは『日本書紀』の神代下第九段一書第二だけであり、本文にもその他の一書にも登場していない。そして、この二柱の神はそのように書かれてはいるが、これらの神が鹿嶋社や香取社の祭神ということは書かれていない。

藤原氏のもとの氏は中臣連である。そして、『古事記』や『日本書紀』が記すその祖神は天児屋命《あめのこやねのみこと》である。『古事記』では天孫降臨神話における五伴緒《いつとものお》の内の一としての天児屋命が中臣連等の祖と記されている。『日本書紀』では天石窟神話で「中臣連の遠祖天児屋命」、天孫降臨神話で「中臣の上祖天児屋命」とし、その「天児屋命は神事を主《つかさど》る宗源者」と記されている。そして、のちの『新撰姓氏録』にも藤原朝臣は天児屋命の後裔とある。

つまり、藤原氏の場合、先の『続日本紀』の宝亀八年（七七七）七月十六日条に記すその氏神は常陸の鹿嶋社と下総の香取神だといっているのであり、記紀神話の記す祖神の天児屋命を氏神とは呼んでいない。藤原氏の氏神は氏の祖神ではないのである。藤原の姓はもともと中臣鎌足《なかとみのかまたり》が天智八年（六六九）十月に危篤状態となったとき、天智天皇が生前の功労に報いるために、大織冠《たいしょっかん》の位を授け内大臣としてあらためて藤原の姓を賜ったことに始まるものであり、その藤原の名は鎌足の旧居の大和国高市郡の地名に由来するといわれている。その後、文武二年（六九八）に藤原の姓は鎌足の嫡嗣藤原不比等《ふひと》に継がせて同族の意美麻呂《おみまろ》らは神事に奉仕する氏族としてもとの中臣氏を名乗らせることとしたため、その後は不比等の子孫だけが藤原の姓を名乗ることとなったのである。

その藤原氏の祭る神社は奈良の春日社《かすが》である。が、その創建について鎌倉時代の記録である「古社記」の伝えるところでは、神護景雲二年（七六八）に春日御蓋山《みかさ》麓に創建されたといい、鹿嶋神が常陸国から大和に来臨して春日御蓋山の山頂の浮雲峯（本宮峯）に天降ったとの伝説がある。長承二年（一一三三）の奥書のある「春日大明神垂迹小社記」には、神護景雲一年（七六七）六月二十一日に常陸国鹿嶋宮を発してまず伊賀国名張郡夏身に渡御され、次に同国薦山に移られ、十一月に大和国安部山に渡御されて、翌二年一月九日に同国添上郡三笠山本宮に垂迹され、十一月九日に下津磐根に鎮座されたという伝えが記されている。平安時代の『三代実録』の元慶八年（八八四）八月二十六日条に「新造神琴二面、奉充春日神社、以神護景雲二年十一月九日所充破損也」とあるのも、奈良時代の神護景雲二年に春日社が創建されたというそれらの伝承を補強する記事と考えられている。[5]

一方、『常陸国風土記』によれば、鹿嶋は香島と書かれ鹿嶋の神は「香島の天の大神」と呼ばれている。しかし、祭神の名は記されていない。そして「風俗《くにぶり》の説《ことば》に霰零《あられふ》る香島の国と云ふ」という注記があり、『万葉集』巻二十に収める那珂郡上丁大舎人部千文という人物の歌（四三七〇）にも「霰降り鹿島の神を祈りつつ皇御軍《すめらみくさ》にわれは来にしを」とある。ここからは、鹿嶋には霰が降ってかしましい、やかましいという意味が含まれ、そしてその霰降る鹿嶋の神は皇御軍の武力に加護ある神であると考えられていたこともわかる。

なお、『古語拾遺』には、国譲り神話の段で天照大神と高皇産霊《たかみむすび》神が経津主神と武甕槌神を豊葦原中国に遣わす記事の中に経津主神が下総国の香取神、武甕槌神が常陸国の鹿嶋神だという注記があるが、それはあくまでも注記であり後補した記事の可能性があるので、それを史料上の初見とみなすことはさし控えておいた方がよい。

　鹿嶋社の祭神が武甕槌神と記される早い例は奈良時代には確認できず、平安時代になってからの『続日本後紀』の承和三年（八三六）五月九日条の記事である。そこに記されるのは、下総国香取郡のそれまで従三位であった伊波比主命《いわいぬし》に正二位を、常陸国鹿嶋郡のそれまで従二位勲一等であった建《たけ》御賀豆智《みかつち》命に正二位を、河内国河内郡のそれまで従三位勲三等であった天児屋根命に正三位を、従四位下であった比売神に従四位上を、それぞれ授けるという記事である。

　注目すべきは、このときの仁明天皇の詔には、まず「神那我良母皇御孫之御命乎堅磐尓常磐尓護奉幸閇奉給部」と、皇孫たる天皇の生命力への守護のことが祈念され、それとともに遣唐使として派遣される藤原常嗣の航海の安全と無事の帰国を祈るという趣旨が含まれていたという点である。もう一つは、「皇孫命仁坐四所大神」とあることである。それはのちの『延喜式』（九二七年完成、九六七年施行）に収める春日祭の祝詞で、「鹿嶋坐健御賀豆智命、香取坐伊波比主命、枚岡坐天之子八根命、比売神、四柱能皇神等能広前仁白久」とあるのに共通している。この「四柱大神」というとらえ方が、平安時代の九世紀前半期には一般化してきていたことを示す。

　そして、それこそがもっとも注意される点である。前述の奈良時代の『続日本紀』の宝亀八年（七七七）七月十六日条では内大臣藤原良継の病気平癒の祈願では鹿嶋社と香取神に祈っていたのであるが、この平安時代前期の『続日本後紀』の承和三年五月九日条の記事における藤原常嗣の航海安全の祈願では、鹿嶋坐建御賀豆智命と香取坐伊波比主命に加えて枚岡坐天之子八根命と比売神という「四柱大神」へと祈っているのである。八世紀後半には鹿嶋社と香取神の二柱であったのが九世紀前半には枚岡社の天之子八根命と比売神を加えて四柱へとなっているのである。

延暦の新制

その間の変化の背景を考える上で参考になるのは、すでに柳田國男も注意を促しているいわゆる「延暦の新制」である。[6] 天応元年（七八一）に四十五歳で即位した桓武天皇（七三七〜八〇六）の父親は光仁天皇（七〇九〜七八二）で生母は高野新笠《たかののにいがさ》という百済系の女性であった。その高野新笠の父親は百済系渡来氏族の和乙継《やまとのおとつぐ》であり、桓武天皇の神社祭祀にその百済系の生母の出自が大きな影響を与えていたことは上田正昭氏も指摘しているところであり、それは注目すべき古代日本の神祇祭祀の一つの転換でもあった。[7] たとえば、代表的な一例は、延暦四年（七八五）十一月十日の交野柏原への天神の郊祀である。その天神郊祀というのは中国皇帝が冬至の日に皇都南郊の天壇で行なう祭祀であり、その交野柏原というのは百済王氏の本拠地であった。

また注目される神社の創始の例といえば、平野神社の創始である。平城京の田村後宮つまりもと藤原仲麻呂の田村第であった邸宅をのちに光仁天皇の後宮としてしばしば酒宴や賜禄が行なわれていたその後宮に祀られていたのが今木大神という祭神であった。その今木大神を延暦年間[8]に平安京へと遷座して平野神社として新たに創建したのである。平野神社はその今木大神という祭神の名前からも知られるように今来大神つまり新たな半島渡来の神であり、[9] 平城京の田村後宮で光仁天皇と山部親王（即位前の桓武天皇）が親王の生母高野新笠やその父親の和乙継とともに祀っていた神である可能性が高い。桓武天皇はその今木大神を主神として久度《くど》神と古開《ふるあき》神という渡来系の二神を加えた三神に相殿比売神をのちに加えて計四神として皇大御神つまり皇室の守護神として祀ったのであった。

桓武天皇はまた、延暦三年（七八四）に奈良の平城京から山城の長岡京へと遷都するに際して、自分を擁立し支えてくれている藤原百川《ももかわ》やその子の緒継、また夫人乙牟漏《おとむろ》の父親の藤原良継や長岡京造宮長官に抜擢していた種継ら藤原氏一族の祭る平城京の春日社の祭神を、新しい長岡京へと遷座していたのであったが、その後延暦十三年（七九四）の平安京遷都ののちには平安京へとそれを遷座したのであり、それが大原野神社である。奈良の春日社はそのまま本社として祭祀が続けられ、大原野神社は新たに平安京における摂関家藤原氏の氏神として尊崇を集め、その後歴代の藤原氏出身の皇后や中宮の参詣があいつぐこととなったのである。

このような「延暦の新制」といわれる宮廷の神社祭祀の変化の中で、あらためて天児屋根命と比売神を祭神とする河内国の枚岡社の存在がクローズアップされてきたものと考えられる。枚岡社の歴史は明らかでなく、中臣氏の一族の平岡連が河内国を本貫としてその祖神を祭ったと伝えるが、その確証はなく史料的に追跡できる早い例は大同元年（八〇六）に神封六十戸、承和三年（八三六）に天児屋根命に正三位、比売神の従四位上の神階を授けたという記事である。その後、同六年にはそれぞれ従二位、正四位下、貞観元年（八五九）には天児屋根命に極位、比売神に従三位を授けたとある。[10]

こうして奈良の春日社、河内の枚岡社、平安京の大原野神社という藤原氏の祭る神社について整理してみてわかることとは何か。それは、藤原氏の氏神は、はじめのうちは鹿嶋社、香取社つまり「鹿嶋坐健御賀豆智命、香取坐伊波比主命」であったのが、のちには枚岡社の「枚岡坐天之子八根命、比売神」を加えていったことである。つまり、氏神の意味が藤原氏の場合、はじめ平城京の時代には守護神という意味であったものが、のちに平安京の時代には祖神という意味が加わっていったのである。

そして、平安京の貴族たちの間では現在も西京区大原野に鎮座している大原野神社が摂関家藤原氏の氏神と広く考えられていたのであり、それをよく示すのが、『伊勢物語』第七十六段の、「昔、二条の后の、まだ春宮の御息所と申しける時、氏神にまうで給ひけるに、近衛府にさぶらひける翁、人びとの禄たまはるついでに、御車よりたまはりて、よみて奉りける。

大原や　小塩の山もけふこそは　神世のことも　思ひ出づらめ

とて、心にもかなしとや思ひけん、いかが思ひけん、知らずかし」

という記事である。[11]

この歌は行幸に供奉した高子のかつての恋人在原業平の詠んだ歌である。大原とは大原野神社のことであり、春宮はのちの陽成天皇（八六九〜九四九。在位八七六〜八八四）である。二条の后とは藤原高子（八四二〜九一〇）のこと、高子は清和天皇の女御・皇后でのちの陽成天皇（貞明親王）の生母である。贈太政大臣藤原長良の女子、その兄が藤原基経である。この大原野神社は前述のように桓武天皇が延暦三年に長岡京へ遷都した際に奈良の春日社を勧請したもので、その後の平安遷都（七九四）にともない、平安京へと遷座して現在地へと祭られた神社である。祭神は春日社と同じく四座で、建御賀豆智命、伊波比主、天之子八根命、比咩大神である。

橘氏の氏神

『三代実録』の元慶三年（八七九）十一月六日条には「停梅宮祭、梅宮祠者、仁明天皇母、文徳天皇祖母、太后橘氏之神也。歴承和仁寿二代以為官祠。今永停廃焉」という記事がみえる。太后橘氏とあるのは、嵯峨天皇の皇后で、仁明天皇の母親、文徳天皇の祖母に当たる橘嘉智子のことである。その橘氏の氏神の梅宮は、橘嘉智子が祭り仕えた神社であった。同じ『三代実録』の元慶八年（八八四）四月七日条には「是日始祭梅宮神。是橘氏神也。頃年之間停春秋祀。今有勅更始而祭」とある。いったん停廃していた梅宮の祭りを再興したというのである。

『新撰姓氏録』によると、橘朝臣は敏達天皇皇子の難波皇子、その男子の栗隈王、その男子の美努王と県犬養三千代との間に生まれたのが葛城王で、その葛城王に賜ったのが橘姓である。その葛城王つまり橘諸兄《もろえ》は、聖武天皇の政権下で活躍したが、その男子橘奈良麻呂は謀反の罪に問われた。その孫娘に当たるのが橘嘉智子で、彼女は絶世の美女といわれて嵯峨天皇の皇后に迎えられ、仁明天皇の母親として大きな権勢を得た人物である。仏教への帰依が深く嵯峨野に壇林寺を創建して壇林皇后とも呼ばれた。この橘氏の氏神の場合は、皇位継承と立后をめぐる後宮の勢力競争の上で、大原野神社を祭る藤原氏に対抗する意味での創建と祭祀であった可能性が考えられる。

八幡信仰と石清水八幡宮

清和源氏の氏神として知られているのは京都の石清水八幡宮や鎌倉の鶴岡八幡宮の八幡神である。

八幡神は八幡大菩薩とも呼ばれており、神仏習合の典型的な神である。氏神とはいっても清和源氏の一族の先祖の神ではない。では、なぜ清和源氏の氏神が石清水や鶴岡の八幡神だといわれるのだろうか。その歴史と沿革とをひもといてみよう。

まず、八幡信仰の根本創始は九州の豊前の宇佐八幡宮である。それが平安時代の貞観元年（八五九）に京都の男山の地に勧請されて石清水八幡宮として創建され、その後、鎌倉の現在地に鶴岡八幡宮として最終的に勧請され鎮座したのは源頼朝によってであり、それは治承四年（一一八〇）十月十二日のことであった。

では、その宇佐八幡の創祀の時点から情報を整理してみよう。史料情報の少なさから八幡信仰の起源については不明の部分が多いが、それでもこれまでの研究[12]で一定の程度は明らかになっている。それらの点を整理すれば、以下のとおりとなる。まず、宇佐八幡宮の創祀から東大寺の手向山《たむけやま》八幡への勧請へという段階からである。

①宇佐八幡宮の創祀の前段階にあったのは、現在の宇佐八幡宮の東南方向五キロにある大元山《おもとやま》（御許山）に比定される馬城峯《まきのみね》の山頂に鼎立している三巨石を対象とする磐座祭祀であった。

②その御許山の巨石信仰は土着の豪族宇佐氏が祀っていたものと推定されるが、それに渡来系氏族で宇佐に住みついた辛嶋氏が祀っていた神と、大和からやってきた大神《おおが》氏が関与しながら形成されたのが八幡信仰である。

③史料的な早い例は、『続日本紀』の天平九年（七三七）四月乙巳一日条の「遣使於伊勢神宮、大神社、筑紫住吉・八幡二社及香椎宮奉幣、以告新羅无礼之状」の記事である。続いて天平十二年（七

四〇）十月壬戌九日条には藤原広嗣の乱の鎮定のために下向した大野東人が聖武天皇の詔によって反乱鎮圧を祈請しており、鎮定後の天平十三年（七四一）閏三月甲戌二十四日条に、「奉八幡神宮秘錦冠一頭、金字最勝王経、法華経各一部、度者十人、封戸馬五疋、又令造三重塔一区、賽宿禱也」とある。つまり、平城京の宮廷にとって八幡神は鎮護国家の祈禱を行なう神社の内の一つと位置づけられていたと考えられる。

④『続日本紀』天平勝宝元年（七四九）十二月丁亥二十七日条の詔に「豊前国宇佐郡尓坐広幡乃八幡大神尓申賜閇勅久、神我天神地祇乎率伊佐奈比天必成奉无事立不有、銅湯乎水止成、我身遠草木土尓交天、障事無久奈佐牟止勅賜奈我良成奴礼波、歓美貴美奈毛念食流」とあり、宇佐の八幡大神が天神地祇を率いて大仏造立の成就への協力を誓う旨の託宣を下している。宇佐八幡宮と平城京の朝廷との関係がとくに密接なものとなったのはこの聖武太上天皇の時代のことであった。東大寺の建立とともにその守護神として宇佐八幡神が勧請され手向山八幡宮として祀られた。八幡神の勧請の最初である。

⑤称徳女帝の時代、神護景雲三年（七六九）のいわゆる宇佐八幡神託事件は、その父親聖武の時代の宇佐八幡宮への篤い信仰の延長線上にあった。

次の段階は、石清水八幡宮の創建からそれ以降である。貞観元年（八五九）と伝えられる宇佐八幡神の京都の男山の地への勧請である。南都大安寺の僧行教が貞観五年（八六三）に書いたという「石清水八幡宮護国寺略記」によれば、次のような縁起が伝えられている。貞観元年にかねてより念願していた宇佐八幡宮に参籠した行教は、神前で昼は大乗経の転読、夜は真言陀羅尼を熱心に唱えて一夏、四月から六月を過ごした。そうして都へ帰ろうとした七月十五日の夜半、「都の近くに移座し、国家を鎮護せん」という託宣を受けた。その後、行教が京都の南の山崎のあたりまで帰ってきた八月二十三日の夜半、「移座すべき処は石清水男山の峯なり、われそこに現れん」と告げられ、驚いて南方に向かい百余遍八幡神を礼拝したところ、山城国巽方の山頂に和光瑞を垂れること月星のごとく、光照遍く満ち輝き、身の毛よだって地に伏したという。翌朝、山頂に登って三ヵ日夜祈誓し、そこに仮殿舎を設けた。そして清和天皇の朝廷に参内しこのことを奏上したところ、九月十九日に勅使の下向があり、ただちに宝殿の造営が始まって翌貞観二年（八六〇）に完成、そして四月三日に遷座されたという。

平城京の聖武朝の律令制王権にとってしばしば託宣を行なってその鎮護国家的な護国神の位置を得ていた宇佐八幡宮に代わって、清和天皇即位と摂政藤原良房という摂関制王権の出発の時点から以降の平安京において、その王城鎮護的な護国神となっていったのが石清水八幡宮であった。摂関政治期の軍事的な危機の代表例である承平・天慶の乱（九三一～九四七）や、ずっと後の鎌倉武家政権の時代の国家的危機の代表例である文永・弘安の役（一二七四年、一二八一年）などに際して、朝敵降伏や異国降伏の祈禱でその霊験をもっとも期待され熱心に祈願されたのが石清水八幡宮であった。鎌倉後期編纂の『八幡愚童訓』（一二九九～一三〇二、一三〇八～一三一八。上巻。垂迹事）では石清水八幡宮を「百王鎮護第二の宗廟」、つまり伊勢神宮に次ぐ第二の宗廟、天皇家の先祖を神として祀った神社と位置づけている。その祭神は、宇佐での創祀の頃とは異なり、記紀神話が伝える三韓征伐、新羅征討の神功皇后とその皇子の応神天皇へと仮託されてきていた。

八幡大菩薩と呼ばれる神仏習合の典型でもあるその祭神の八幡神を応神天皇になぞらえるようにな

ったのは、弘仁年間（八一〇～八二四）の頃からではないかと考えられる。弘仁六年（八一五）の宇佐八幡宮神主の大神清麻呂解状（「弘仁官符」）には「件大菩薩、是亦太上天皇御霊也」とあり、また『宇佐八幡宮弥勒寺縁起』（「承和縁起」）には「右御神者是品太天皇御霊也」とあり、それらの記事からみて、平安時代前半期の九世紀ころ以降のことと推定されるのである。そして、鎌倉時代十三世紀後半の蒙古襲来の国難のころには『八幡愚童訓』も「右大菩薩は、日本国人王第十六代の応神天皇の霊跡也」「八幡三所と申は、中は第一大菩薩、応神天皇、又は誉田の天皇とも申也。右は第二姫大神。左は第三大多羅志女、神功皇后、又は気長足姫尊とも申也」と記すように、八幡神とは応神天皇であるとする考え方が完全に普及してきていた。

また、その男山という社殿の立地からしても、東北方の艮《うしとら》の鬼門を守る比叡山延暦寺に対して、西南方の巽《たつみ》の裏鬼門を守るのが石清水八幡宮であり、まさに平安京を守る王城鎮護の神社として、天皇の行幸や上皇の御幸が円融天皇（九六九～九八四）を最初として、南朝の後村上天皇（一三三九～一三六八）まで、計二四〇回以上も行なわれてきた。そのような石清水八幡宮に対する信仰は、平安京の宮廷はもちろん広く貴族層にとっても篤いものであった。『大鏡』や『古事談』などの記録類が記しているように、大勢の貴族たちの参拝の例も多く、つまり、石清水八幡宮というのは、決して清和源氏にとってだけの特別な神社ではなかったのである。

清和源氏と氏神

その京都の石清水八幡宮や鎌倉の鶴岡八幡宮が、清和源氏の氏神とされていったのにはどのような事情があったのか、次にその歴史と沿革について追跡してみよう。

清和源氏の歴代で武将としてまず注目されるのは、源経基（?〜九六一）の子の源満仲（九一二〜九九七）の時代からであるが、その満仲の時代には石清水八幡宮との関係は見出せない。次の源頼信（九六八〜一〇四八）には、石清水八幡宮の「田中文書」の中に永承元年（一〇四六）に河内国羽曳野の誉田八幡宮へ納めたという告文があり、その中で「従四位上行河内守源朝臣頼信、研見潔白、凝心丹誠、跪白八幡権現三所法躰言、（中略）進敬奉煖先祖之本系者、大菩薩之聖躰者、忝モ某廿二世之氏祖也。（中略）是以先祖之権現者本朝之鎮守、憑神徳被尊貴賤、後胤之老翁者末代之窮士」と述べており、八幡大菩薩は応神天皇でありそれは自分たち清和源氏の二十二代の始祖であるとしている。しかし、この文書は真偽に疑いがあり、史実というよりも伝承を記しているものと考えておいた方がよい。

それに対して、十一世紀の前九年の役を描いた『陸奥話記』が記す源頼義（九八八〜一〇七五）の事績は、より明らかに八幡神への信仰があったことを伝えている。康平五年（一〇六二）九月十七日、安倍貞任の守る厨川の柵を攻める条で、「将軍馬より下りて、遥かに皇城を拝し誓っていはく、『（中略）伏して乞ふ、八幡三所、風を出し火を吹きて彼の柵を焼くことを』と。則ち自ら火を把りて神火と称して之を投ず。是の時に鳩有り、軍陣の上を翔る。将軍再拝す。暴風忽ち起り、烟焔飛ぶが如し」（将軍下馬遥拝皇城誓曰（中略）伏乞八幡三所、出風吹火焼彼柵、則自把火、称神火投之、是時有鳩翔軍陣上、将軍再拝、暴風忽起、烟焔如飛）とある。これと同じ趣旨のことは『扶桑略記』や『今昔物語集』にも記されており、よく知られた話題であったと考えられる。

しかし、『陸奥話記』が伝えるのは、将軍頼義の活躍はもちろんであるが、それとともにむしろ嫡男義家（一〇三九〜一一〇六）の事績である。康平五年（一〇六二）九月の厨川の柵の攻撃の年には将軍頼義はすでに七十五歳の高齢であるのに対して、源義家は二十四歳の若武者である。『古今著聞集』が伝える、戦陣の中にあっても武勇と風雅をそなえたすぐれた二人の武将の逸話として源義家は、安倍貞任とのあいだの「衣のたてはほころびにけり」（義家）、「年をへし糸のみだれのくるしさに」（貞任）、という和歌のかけあいのエピソードでも知られる。

『陸奥話記』にも「驍勇《ぎょうゆう》倫《りん》を絶し騎射《きしゃ》神の如し。白刃を冒し重囲《じゅうい》を突き賊の左右に出づ。大鏑箭《おおかぶらや》を以て頻《しき》りに賊の師《し》を射る。矢は空しく発せず中《あた》る所は必ず斃《たお》る。雷のごとく奔《はし》り風のごとく飛びて神《じん》武《む》命世《めいせい》なり。夷人靡《いじんなび》き走り、敢て当る者無し。夷人号を立てて八幡太郎と曰ふ」とある。義家が八幡太郎と呼ばれていたことは、『古事談』巻四－八の逸話からも知られるところである。義家が堀河左府俊房邸で囲碁を打っていたときのこと、何かの犯人が邸内に逃げ込んだとき、義家がみずから「義家が候ぞ、罷り留まれ」といったのには留まらなかった犯人が、義家の従者が「八幡殿のおはしますぞ、罷り留まれ」といったらたちまち刀を捨てて逮捕されたというのである。八幡殿という呼称がいかに広く知られていたかということを語る逸話である。

これらはいずれも、史実というよりも伝承として記録されたものであるが、のちの鎌倉時代の『吾妻鏡』にも伝えられていた伝承であった。治承四年（一一八〇）十月十二日条には次のような記事がある。

「為崇祖宗点小林郷之北山搆宮廟被奉遷鶴岡宮於此所、以専光坊暫為別当職令景義執行宮寺事武衛此間潔斎給。当宮御在所本新両所用捨賢慮猶危給之間、任神鑒於宝前自令取探鬮給治定当砌訖。然而未及花搆之餝先作茅茨之営。本社者後冷泉院御宇伊予守源朝臣頼義奉勅定征伐安倍貞任之時有丹祈之旨康平六年秋八月潜勧請石清水建瑞籬於当国由比郷今号之下若宮。永保元年二月陸奥守同朝臣義家加修復。今又奉遷小林郷致蘋蘩礼奠」

つまり、ここで『吾妻鏡』は、先の『陸奥話記』が康平五年（一〇六二）、厨川の柵での安倍貞任との戦いのときに、源頼義が八幡三所に丹精祈願を込めたという伝承を記しており、翌康平六年（一〇六三）に頼義はひそかに石清水八幡宮の御神霊を勧請して、相模国鎌倉の由比郷に鶴岡八幡の瑞籬《みずがき》を建立したという伝承を記しているのである。そしてその後、こんどは源義家が永保元年（一〇八一）にこれに修復を加えたという伝承をもまた記しているのである。『吾妻鏡』のこれらの記事は、結局のところ、その鶴岡八幡宮をいま源頼朝があらためて小林郷の北山の地に遷座したということを記すために、それまでの由緒と経緯とを記しているのである。

その源頼朝はこの治承四年八月に伊豆で挙兵したが、石橋山の合戦で敗れ、安房に逃れて態勢を立て直して十月に鎌倉へと入っている。その十月六日には鶴岡八幡宮を遥拝したと『吾妻鏡』は記しており、この十月十二日条で「為崇祖宗」と記していることからすれば、源頼朝はそこで先祖の頼義・義家父子を輝かしき武門の誉れとして尊崇し、その先祖が祈念し祭祀したという八幡神をこれから源氏の守り神として崇拝祭祀していくという姿勢を表明したということなのである。

一方、源義家が八幡太郎と呼ばれた史実らしき伝承は、その後、南北朝期に編纂された『尊卑分脈』のころには、さらに次のような伝説化が進んでいくこととなっていた。

「父頼義朝臣、参詣八幡宗廟、於社壇賜三寸霊剣之由、蒙感夢之告、且晨於其枕牀得一柄小剣、（中略）自蒙彼霊夢之月、妻室懐胞、即令出生男子畢、今義家朝臣是也。仍七歳春、於祖神社壇、依加首服、号八幡太郎云々」

つまり、義家が八幡太郎と呼ばれるのは、父親の頼義が石清水八幡宮に参詣したときの「霊夢之告」によるものであるという伝説である。このような話は『十訓抄』や『閨中抄』や『源平盛衰記』にもみえるもので、当時は広く知られていた伝説であったと考えられる。

平家と氏神

清和源氏の氏神が石清水八幡宮とされ、また鶴岡八幡宮とされてきた事情については、以上のとおりである。それに対して平家一門にとってはどうか。そこで注目されるのは、『日蓮遺文』の記事である。その中の「諫暁八幡抄」（一二八〇）には「安芸の国いつく島の大明神は平家の氏神なり」とある。しかし、『源平盛衰記』は厳島神社を「安芸国第一鎮守也」と記している。つまり、厳島神社は平家にとっては氏神であり、安芸国にとっては鎮守であるという理解があったことがわかる。「諫暁八幡抄」では「平城天皇の御宇、八幡の御託宣に云、我是日本鎮守八幡大菩薩也」とあり、石清水八幡宮が日本国の鎮守であるという考え方も当時流布していたことがわかる。平家一門はとくに平清盛の代に強力な権力を握ったが、「おごれる平家は久しからず」といわれたようにまもなく滅亡してしまい、氏神を祭るという伝承は消えていったのである。

それに対して、源氏は源頼朝からのちの時代にまで長く武門の棟梁としての位置を占め、その御家人たちによって鶴岡八幡の系統に連なる八幡神社が各地に勧請されて、尊崇の対象となっていった。

その八幡三所の神とは、前述のように、鎮座の原点の古代の第一段階の渡来系の神であり、かつ八幡大菩薩として神仏習合の神であり、国家鎮守の威力ある神であった段階から一歩進んで、十世紀以降の第二段階では応神天皇を中心にその后神と母神の神功皇后を祭る段階へと展開していたのである。『陸奥話記』では、源頼義は八幡三所の応神天皇を清和源氏の先祖と位置づけていたが、それは祭神の変化の第二段階での解釈であった。しかし、源氏の八幡信仰はもともとは武闘と武勇の一族の守り神という意味が中心であり、一族の先祖神としての性格はなかったといってよい。先祖神というのはいわばあとづけであり、八幡神は古代の第一段階では国家鎮護の神であり、それが源氏によって武勇の一門の守護神へと読み替えられ、またそのように読み込まれてもいったのである。

郷村の神としての氏神

現在の氏神はその多くが郷村で祭られる神社である。氏子はその郷村の住民である。氏神は氏子の先祖神ではなく、氏子は氏神の子孫ではない。このような現在の日本で一般的な郷村の神社を氏神というようになったのはいつごろからだろうか。それは、まずは近世の村請制のもとでのことと考えられるであろう。

『徳川禁令考』の第四十四章に収める「神社及禰宜神主法度」には、江戸後期の天保元年（一八三〇）の記事ではあるが、荘村の八幡社の氏子を離れて居村の八幡社の氏子になりたい旨を申し出ている例がある。また、江戸中期の「御触書宝暦集成」には幕府が全国の神社を対象として大小を問わずその掌握につとめた姿勢がうかがえる。その宝暦九年（一七五九）八月の日付で、次のような氏子という記述がみられる。

「諸国大小之神社、於京都御用ニ付て、当時所在之分不洩様取調、書付可被差出候、一氏子守護候社抔ニても、都《すべ》て社人有之候社、古来より有来候社、小分之社ニても書記可申候、尤社人等も無之程之小社ハ書記候ニ不及候事（以下略）」

つまり、日本各地で氏子が守り社人がいるような神社はすべて書き出すように、と命じているのである。

このような、村人がまつる郷村の神を氏神と呼ぶようになった早い例としては、室町時代の『臥雲日件録』文安四年（一四四七）八月十三日条の「凡そ世人、神明のわが生るるところの地を主《つかさど》るものをもつて、これを氏神といふ。予は泉州堺南に生れたる故に、住吉はすなはちわが氏神なり」という記事がある。[13] こうした理解の延長線上で、中世から近世への郷村制の展開にともない有力農民層を氏子とする郷村ごとの氏神祭祀がみられるようになったものと考えられる。近世幕藩体制下の村請制度のもとでは村落という地域的単位が重視されたために、それぞれの地域社会の構成員が氏子、そしてその守り神が氏神という関係ができあがったものと考えられるのである。それは出生地の神社に氏子身分を固定化するものであり、近代へと連続するものであった。

明治政府は当初、神仏分離の政策をとるとともに従来の寺請制度に代わるキリシタン禁制と戸籍整備のための氏子制度の法制化をはかり、明治四年（一八七一）、戸籍法とともに太政官布告「郷社定則」「大小神社氏子取調規則」を発布して、全国民を郷社の氏子として登録することとした。それは、出生や氏子入りに際しては必ず神社に届け出て各郷社が発行する氏子札を受けこれを所持すべしとした制度で、宗門改めにかわる氏子改めの意味があった。だが、まもなく明治六年（一八七三）、この氏子改めの制度はむしろ近代的戸籍制度の妨げとなるとして廃止され、明治十一年（一八七八）には戸籍法も整備されて、郡区町村編制法が公布され郷社氏子制と氏子取調は全廃された。

しかしその一方では、その後の国家神道の体制下での行政指導は継続され法的制度としてではなく、習俗や慣行としての氏子制度が地域社会に強力な規制力をもつものとして、第二次世界大戦終結まで大きな機能を果たした。戦後は神社神道が宗教法人化して神社に対する国家の保護が廃止されたため、氏神と氏子の制度の地域住民に対する規制力は失われたが、習俗や慣行としての氏神祭祀と氏子制度は依然として日本の地域社会では大きな機能を果たしている。

氏神の意味の差異と変遷

古代から現代まで氏神と呼ばれる神について歴史的な記録をたどってみると、氏神の意味には、その使われる場と時代とによって、Aタイプ「氏族の祖神」、Bタイプ「氏族がその本貫地で祭る神」、Cタイプ「氏族の守り神」、という三つの意味があったことが読みとれる。古代の例でいえば、まずはAタイプである。それは『万葉集』の大伴坂上郎女の歌から推定される大伴氏にとって天忍日命のような神話的な世界での氏族の祖神としての氏神の例である。次のBタイプは、『正倉院文書』にみえる律令官人たちの氏神祭祀のための休暇申請の例、また『続日本後紀』や『三代実録』にみえる氏神祭祀のための旅行申請や旅費支給の例などからわかるところの小野氏など、各氏族がその本貫地において春秋二季の祭祀を行なっていた氏神の例である。

最後のCタイプは、『続日本紀』にみえる藤原氏の祭る鹿嶋社と香取神のような氏族の守り神としての氏神である。藤原氏の祭る氏神はその八世紀後半には鹿嶋社と香取神の二柱であったのが、九世紀前半になると枚岡社が祭る神話的な世界の中臣連の祖神である天之子八根命と比売神を加えて四柱へとなっていく。平城京の段階では氏族の守り神という意味であった氏神が、平安京の時代には藤原氏は奈良の春日社、河内の枚岡社、平安京の大原野神社という四社を祭り、旧来の守り神としての建御賀豆智命と伊波比主命の二神に加えて、祖神としての天之子八根命と比売神の二神を加え四神としていったのである。つまり藤原氏の場合は、はじめはCタイプの守り神であったものが、のちにAタイプの祖神を加えていったのである。

それに対して、清和源氏の氏神とされた八幡神にはまた別の歴史があった。八幡神はもともと源氏とは関係なく、古代国家にとって国内外含めて国家鎮護の神であった。それが十世紀以降に三韓征伐の神話伝承に関連して応神天皇を中心にその后神と母神の神功皇后のいわゆる八幡三所の神を祭る段階へと展開していった。そして、その時期に鎮守府将軍源頼義とその嫡男源義家によって夷敵を征圧する武闘武勇の守護神として信仰されるようになり、そこから転じて源氏の氏神であり祖神であるというかたちへとなっていったのである。つまり、CタイプからAタイプへという氏神の変化の潮流の中で、国家鎮護と武勇の神である八幡神への信仰を中心にしながら、八幡三所とされていった応神天皇を清和源氏の先祖と位置づけて一族の祖神という性格が付加されたのである。基本的な祭神の性格としては古代以来の国家鎮護の神であるが、それに武勇の神としての意味と、源氏一族の祖神としての意味とを加えていったのである。

一方また、それらに対して、前述の『臥雲日件録』文安四年（一四四七）八月十三日条の「凡そ世人、神明のわが生るるところの地を主《つかさど》るものをもつて、これを氏神といふ。予は泉州堺南に生れたる故に、住吉はすなはちわが氏神なり」という記事が語っているのは、先のBタイプのような古代氏族の本貫地に祭られる神としての氏神のタイプの存続という伝承事実である。このBタイプの底流的な存続とその変遷の延長線上にある氏神が、やがて近世社会に定着してくる郷村の氏神の姿であったといってよいであろう。

2　産土神

産神と産子

現在につながる近世の郷村社会では、氏神と氏子には一方では産神と産子という表現も用いられていた。それは安芸国（広島県）や甲斐国（山梨県）の近世の古文書の記載例からわかる。

安芸国の北部一帯の社家の筆頭をつとめた壬生《みぶ》村（現・北広島町壬生）の壬生荘八幡宮の神主家である井上就吉家所蔵の古文書には、文化・文政期の記事に氏神と氏子とともに産神と産子という表現がみられる。文化五年（一八〇八）の「御国恩祭定書」には、「尤産神之儀成者産子ゟ心懸寄附等仕候儀者勝手次第之事」とあり、その他の記録にも氏神、氏子、氏宮、産神、産子という表現がみられる。[1]これは氏神を産神と考え、氏子を産子と考える傾向がこの地域一帯にはみられたことを示している。そのような村落でまつる神社を氏神とも産神とも呼んでいる例は、ほかにも甲州（山梨県）や肥後（熊本県）でも見出せる。[2]出生地の神を産まれた土地の神として敬う信仰があったのである。

　そのような信仰のあり方を示す比較的古い例としては、『今昔物語集』巻三十第六話がある。「形・有様ハ失ニシ向腹ノ姫君ニハ勝レテナム有ケル。其レガ七条辺ニテ産レタリケレバ、産神ニ御ストテ、二月ノ初午ノ日稲荷へ参ラムトテ、大和ヨリ京ニ上リテ、其ノ日歩ニテ稲荷ニ詣デタリケルニ」という記事である。その姫君は七条あたりに生まれたので伏見稲荷社が産神だというのである。

　この「産神」の読みについて、岩波の古典文学大系本では「うぶすな」と読み、その読みは室町時代の温故知新書によると注記している。それに対して新古典文学大系本では「うぶかみ」と読み、その人の生まれた土地の守護神（うぶすながみ）のことであろうと解説して、後世、「産神（うぶかみ）」は出産の守護神で、別の神となる、と注記している。

「うぶすな」と読んでいる古典文学大系本が参考にしたという室町時代の温故知新書とは何か、そこには明記されていないが、可能性としては辞書の『壒嚢鈔《あいのうしょう》』[3]が考えられる。その『壒嚢鈔 八』十一には「ウブスナト云ハ何事ゾ。当時ハ所生ノ所ノ神ヲ云歟。或ハ本居ト書キ、或ハ産生ト書キ、又宇夫須那共書也」とある。しかし、これとほぼ同じ記事がすでに鎌倉中期の辞書『塵袋《ちりぶくろ》』にもみられる。そこでは「ウブスナトハイカナル義ゾ」という項目が立てられて、うぶすなとは「ムマレタル地ヲ云フベキカトオボユ」、「今ノ世ニハヒトヘニムマレタル所ニオハスル神ヲウブスナトハ云フメリ」と解説している。そして、「但シ日本記《ママ》ニハ本居トカキテウブスナトヨメリ。必ズ神ノ心ナラネドモ、本トアリシトコロヲバ云尓《しかいう》。古天皇ノ御時、安曇ムラジ阿陪臣ガ申タル辞ニ葛城ノ県ハモトヤツカレガウブスナリト云ヘリ。コレニイツカハ神ノ心アリトミエタル」と追記している。つまり、うぶすなとは、それぞれの氏の本拠の地をいうのであったが、それがやがてその本拠の地で祭る神の意味へとなったのだというのである。そして、『日本書紀』では本居と書いてうぶすなと読んでいると指摘している。

この同じ部分を『塵添壒嚢鈔《じんてん》』では「推古天皇ノ御宇、安曇連阿部臣ガ申タル辞葛城県ハ僕《やつかれ》カ本《もと》ノ産生《うぶすな》也ト侍リ。是等ニハ神ノ心不見也」と記している。『塵袋』に「古天皇ノ御時」とあるのは、『塵添壒嚢鈔』にあるようにもとは「推古天皇ノ御宇」とあったものと思われる。ただし、その推古天皇三十二年十月朔日条にみえる『日本書紀』の本居の記事は、阿部臣ではなく、蘇我馬子が「『葛城県は元臣が本居なり。故、其の県に因りて姓名を為せり。是を以て冀《ねが》はくは、常に其の県を得《たまわ》りて、臣が封県とせむと欲《ねが》ふ』とまうす」と奏請したという記事である。『日本書紀』の岩崎本の訓読では、この「本居」を「うぶすな」と読んでおり、北野本でも「うぶすな」と読んでいる。しかし、『日本書紀』編纂の当時の奈良時代、すでに「うぶすな」と読んでいたかどうかは定かではない。

出生地とその土地の神

ただし、鎌倉時代には『塵袋』が記すように、「うぶすな」とはもともとの語義は生まれた土地のことと理解されていたが、それと同時に、生まれた土地の神のことをさす語とも考えられるようになってきていた。そのように「うぶすな」が生まれた土地のことだと考えられていたことは、院政期にまでさかのぼれる可能性がある。『今昔物語集』巻十九第二十一話の次の記事が注目される。「今ハ昔、比叡ノ山ニ有ケル僧ノ、山ニテ指《さした》ル事无カリセバ、山ヲ去テ本ノ生土ニテ、摂津ノ国□□ノ郡ニ行テ、妻ナド儲《もうけ》テ有ケル程ニ（以下略）」という記事の中の「生土」を、岩波の古典文学大系本では「ウブスナ」と読ませている。

それぞれの氏族の出身地や本貫地をさして「うぶすな」と言い表していたことは、少なくともこの『今昔物語集』の時点でほぼ認められ、実際はそれ以前からのことであったろうと考えられる。そして、その「うぶすな」の神という考え方と、「産神」という表記とが、そのころすでに存在していたであろうことは、先の『今昔物語集』巻三十第六話によっても認められるであろう。つまり、先に見た安芸国や甲斐国の近世の古文書の中に散見される「うぶすな」の神を「産神」と表記する歴史の古いこと、それがすでに『今昔物語集』の時代からのことであるということが知られるのである。

江戸時代になると、氏神と産土神とが同じような意味で考えられていた。それを示すのは伊勢貞丈の『貞丈雑記』の記事である。「氏神と産土神と一つ事に覚たる人あり。あやまり也。産土神は人々生れたる在所の鎮守の神也。氏神は氏の元祖神也」とある。つまり、貞丈は、氏神と産土神を同じだという人もいる、しかし、それは誤りであり、生まれた土地の鎮守の神が産土神だ、というのである。また、『歌林四季物語』には賀茂の社を「ことにこの御国の一の宮井にておはして、みかどの御うぶすなの御神なれば」とあるが、この『歌林四季物語』は鴨長明の著作と仮託されているが、実はそうではなく江戸時代のものである。

結局のところ、生まれた土地の神を「うぶすな」の神と呼ぶ早い例として確かなものは『今昔物語集』の時点であり、そこでは「産神」とも書かれていたということが知られるのである。[4]

3　鎮守神

鎮守という呼称

「村の鎮守の　神様の　今日はめでたい　御祭日《おまつりび》」（「村祭」）の歌で知られるように、郷村の氏神はまた鎮守とも呼ばれてきた。この歌は、明治四十五年（一九一二）刊行の小学校向け音楽教科書「尋常小学唱歌」に載せられたもので、日本全国の多くの子供たちが歌ったものである。このような郷村でまつられている神社は、概して近畿地方から中国地方など西日本では氏神と呼ばれるのに対して、北関東地方など東日本では氏神ではなく鎮守と呼ばれることが多い。関東地方ではウジガミといえば、家ごとに祭る屋敷神の呼称である例が多いのに対して、郷村で祭る神社のことは鎮守と呼ぶ例が多いのである。ではその鎮守という呼称は何に由来するのか。それについてはこれまでの研究では横井靖仁氏がもっともていねいに整理しており[1]、ここではそれを参考にしながら歴史上の追跡を試みてみよう。

夷俘の反乱と鎮守

鎮守の文字がみえる早い例は、『続日本紀』天平九年（七三七）四月戊午十四日の記事である。それは遣陸奥持節大使藤原麻呂が鎮守将軍大野東人とともに「山道」「海道」を開く計画に際して、玉造柵や多賀柵をはじめとする「自余諸柵、依旧鎮守」とある記事である。そして、その鎮守は軍事的な意味であり、神祇についてではない。

鎮守が神祇に関する意味で用いられる早い例として知られるのは、『本朝世紀』の記す天慶二年（九三九）の「官符三通、皆給出羽国、一通応練精兵勤警固禦要害備機急事、一通応国内浪人不論高家雑人差宛軍役事、一通鎮守正二位勲三等大物忌明神山燃有御占事恠」という記事である。ここにいう三通の太政官符は、天慶二年（九三九）四月の出羽国の夷俘の反乱に際して発給されたものである。その夷俘の反乱は、同年十一月に常陸国府を攻撃した平将門の乱とも時期を同じくした反乱として、平安京の中央貴族に深刻な危機意識をもたらしたものであった。

この官符で鎮守と位置づけられている大物忌明神とは、これよりさき承和五年（八三八）五月丁卯十一日条に従五位上勲五等から正五位下に神階昇叙されたと『続日本後紀』が記す、出羽国飽海郡に鎮座する神である。その記事を初見として、承和七年（八四〇）にはこの神に従四位下の神階と神封二戸を与えられている。そのときの仁明天皇の詔によると、[2]一つには、平安京で物怪のことがあり卜《うらな》ったところ出羽国飽海郡の大物忌大神の祟りと出たこと、もう一つには、前年八月に遣唐使船が南海で海賊に襲われた際、多勢に無勢であったが大神の「神助」によって退けることができたこと、この二つによる加増であった。

貞観十三年（八七一）には鳥海山が噴火するが、『三代実録』が記すそのときの出羽国司の報告には「弘仁年中山中見火、其後不幾有事兵仗」とあり、弘仁年間（八一〇〜八二四）の噴火の時にも兵乱の先触れであったと認識されていた。その後、元慶二年（八七八）三月には出羽国の夷俘の反乱が起こるが、そのときこの大物忌神《おおものいみのかみ》と月山神《がっさんのかみ》と袁《お》物忌神《ものいみのかみ》の三神に、それぞれ勲三等、勲四等、勲七等の叙勲が行なわれている。その出羽の夷俘の反乱の平定に当たった出羽権守藤原保則の奏上には、「此三神自上古時、方有征戦、殊標奇験、去五月賊徒襲来挑戦官軍、当此之時、雲霧晦合、対坐不相見、営中擾乱、官軍敗績、求之蓍亀、神気帰賊、我祈無感、増其爵級、必有霊応、国宰斎戒、祈請慇懃、望請加進位階、将答神望、仍増此等級」とある。つまり、出羽国飽海郡の大物忌神は、元慶年間（八七七〜八八五）から天慶年間（九三八〜九四七）の夷俘の反乱に際して、官軍を加護する神として位置づけられてきていたのである。それを『本朝世紀』は「鎮守」と記していたのである。

次に鎮守の神という表現がみられるのは、寛弘元年（一〇〇四）に尾張国の国守であった大江匡衡が尾張国の熱田社に大般若経の供養を行なったときの『本朝文粋』巻十三に収める願文である。そこには「当国守、代々奉為鎮主熱田宮、奉書大般若経一部六百巻、已為恒例事」とある。熱田の祭神が

「鎮主」と表現されており、鎮守に通じるものといってよかろう。尾張国の国守が代々熱田宮を鎮主として崇敬していたことがわかる。また、永保三年（一〇八三）に大江佐国が著述した「賀茂社桜会縁起」には賀茂社の神が「朝家鎮守」と表現されており、そこでは賀茂社が王家の鎮守神と位置づけられている。

しかし、賀茂社とはもともと「山城国風土記逸文」によれば、賀茂建角身命《かものたけつのみのみこと》が丹波国の伊賀古夜比売《いかこやひめ》との間に儲けたのが玉依比古と玉依比売であり、その玉依比売が石川の瀬見の小川で川遊びをしているときに流れきた丹塗矢を拾って身ごもり誕生したのが賀茂別雷命《かものわけいかずちのみこと》で、それらの神々を祭神とする神社である。そして玉依比古は賀茂県主《かものあがたぬし》らの遠祖であるとされ、王家との関係はなかった神である。それが、「賀茂社桜会縁起」では、賀茂別雷神社（上賀茂神社）の先代の神主賀茂県主成助が春季に八軸の法花経を開演したところ随喜した人たちが「桜会」と号したことに始まり、それ以後、春の二月か三月ころに行なわれて盛況を博するようになると、その評判が朝廷にも届き、経典が皇后や公卿らにも書写され分与され天皇にも献上されたという。その縁起に大江佐国が「朝家鎮守」という表現を用いたのである。これら熱田社や賀茂社の例は「鎮守」の神という表現のいわば散発的な使用例であったが、広く「鎮守」の神という表現が増加してくるのはそれよりも後のことで十二世紀に入ってからであった。

保安四年（一一二三）七月、比叡山の山門強訴の騒動に困惑した白河法皇は、石清水八幡宮に告文[3]を捧げて、その中で「抑我朝ハ神国なり、鎮守の誓願長垂無窮たり」とのべている。その他の告文でも「大菩薩者、鎮護之誓不朽寸[4]」「大菩薩ハ鎮護国家乃誓深久[5]」などとのべており、白河法皇にとって石清水八幡宮の八幡大菩薩は、国家鎮護の神仏であり国家の鎮守として位置づけられていたことがわかる。

八幡宮と八幡大菩薩が鎮守の神であるという考え方が、院政期には平安京だけでなく地方でもみられるようになっていたことが、久安元年（一一四五）の豊後国由原《ゆすはら》八幡宮の解文に「当社是大日本国鎮守百王守護神霊也」とあることによって知られる。そしてそのころ、平安京でも祇園社、祇園感神院が国家の鎮守に位置づけられるようになっていたことが、久安三年（一一四七）七月の鳥羽上皇の院宣からうかがえる。そこには「祇園濫行事、衆徒参洛之時、可有裁許之由、被仰下畢、然者沙汰之間、縦経日数、任　勅定、暫可相待成敗也、何況感神院者、非只天台之末社、亦為国家之鎮守」とあり、院政期になって天皇の行幸や院の御幸や、国家による臨時祭の対象としての神社となった祇園社は、「国家之鎮守」と位置づけられるようになっていたのである。

そのような動向の中で、新たに現れてくるのが、「王城鎮守」「国鎮守」「郡鎮守」という表現である。石山寺に伝えられる永暦二年（一一六一）七月の聖人覚西の祭文[6]には「王城鎮守天神地祇廿二社諸神」という表現がみえ、永万二年（一一六六）三月の散位足羽友包の起請文[7]には「梵天王帝尺天衆五道冥宮天王天衆四大天王日月御星二十八宿殊王城鎮主十八大明神鴨下上八幡三所松尾稲□平野大原北野、別テハ当国鎮主山王七社王子眷属楗部兵主三神大明神当郡鎮主三尾十九所大明神□□□八所当御庄大井小井等大明神」という表現がみえる。起請文では鎮守でなく鎮主と表記されているが鎮守と同じ意味であろう。

この史料を紹介した井上寛司氏によれば、当国とは近江国で、国鎮守は近江国の建部神社、郡鎮守は高島郡の水尾神社、そしてその下に荘郷鎮守が祭られていると読み取れるとして、起請対象の神祇が、「王城鎮守」―「国鎮守」―「郡鎮守」―「荘郷鎮守」というように体系立てられていたのだとのべている。[8]

嘉応二年（一一七〇）三月の肥前国留守所から佐嘉郡司に宛てた下文にも「当社者、是為当国第一之鎮守之間、為奉祈天朝国家、奉寄講経免之処」とあり、国鎮守は地方の国の鎮守であると同時に中央の天朝国家の鎮守でもあるというふうに位置づけられていたことがわかる。それは、鎌倉時代においても同様で、貞応二年（一二二三）四月の淡路国の大田文にも「王城鎮守諸大明神・当国鎮守十一箇所大明神」と、「王城鎮守」と「国鎮守」がセットになっている表現がみえる。

「王城鎮守」と「国鎮守」については井上寛司氏や横井靖仁氏たちの研究が進められているが、たしかに「二十二社・一宮制」と「王城鎮守・国鎮守」を中世日本の神祇体系の基本ととらえることができるであろう。では、その「王城鎮守・国鎮守」とセットになって説明される「二十二社・一宮制」とは何か。ここで少し説明が必要であろう。

「二十二社・一宮制」と「王城鎮守・国鎮守」

古代日本の神祇祭祀のあり方には、七世紀末から八世紀初頭の天武朝から大宝年間にかけて形成された神祇令を中心とする「律令祭祀制」と、九世紀から十世紀にかけて新たに形成された「平安祭祀制」とがあり、その両者は時代的な推移の中でしばらくは共存・並行しながらも、やがて前者から後者へと移行した。そのことを明らかにしたのは岡田荘司氏である。[9]

古い律令祭祀制の特徴は、それは①神祇官による運営、②年中四度の祭祀つまり祈年祭・月次祭《つきなみ》・新嘗祭が中心、③全国の官社を対象としてその祝部《はふりべ》が朝廷に幣帛を受け取りにくる幣帛班給制度にあった。それに対して、新しい平安祭祀制では、国家祭祀と天皇祭祀とが重なり合い、やがて天皇祭祀の性格が濃厚となるという点が大きな変化であった。律令祭祀制のもとでの全国の官社を対象とする幣帛班給制度から、新たな平安祭祀制のもとで京畿を中心とする十六社やのちに二十二社など特定の有力大社を対象とする奉幣制度へと転換し、旧来の祈年祭や新嘗祭とは別の臨時祭が重視されるようになり、二十二社の中の有力神社である賀茂社や石清水八幡宮などへの天皇の神社行幸がさかんに行なわれるようになったのである。

そのような変化の起点にあったのは、藤原氏の氏神である春日社の春日祭など、外戚の氏神祭祀を中心とした公祭制の成立であり、それは、藤原良房が摂政となる清和朝（八五八～八七六）における一つの画期であった。その後、宇多朝（八八七～八九七）から以降は、賀茂臨時祭をはじめとする神社臨時祭の方式が成立するとともに、中央の有力神社の十六社から二十二社へ向けての奉幣制度が確立し、天皇の代替わりごとに大神宝使が遣わされるかたちが制度として定着することとなった。このような平安祭祀制は、とくに宇多朝から後三条朝（一〇六八～一〇七三）にかけて展開したものであったが、そうした中で、天皇祭祀の対象となった中央の二十二社が「王城鎮守」と位置づけられるようになっていったのである。

では、それに対して、地方の諸国で成立していった一宮制とは何か。古くは律令祭祀制のもとで地方の官社への幣帛班給の制度つまり班幣制度が行なわれていたが、遠隔地の神社の中には幣帛を受け取りにこない事態も生まれた。そこで、延暦十七年（七九八）、全国の官社を二系統に分けて、神祇官から幣帛を直接受け取る官幣社と、諸国の国司を通して幣帛を受け取る国幣社とに区別することとした。国司はそこで朝廷から任命されて地方の任国に赴くと、その国内の有力神社への巡拝と班幣を行なうこととなり、それが「国司神拝」と呼ばれるものであった。その後、平安中後期になると、国司の巡拝は任国内の有力な神社から順番に行なわれるようになり、その国司が巡拝する順番によって、一宮、二宮、三宮と呼ばれるようになった。

それがやがて、巡拝を煩わしく思う国司の場合、国内の有力な祭神を一つの神社に勧請して集めて祭り、その神社に参拝することで神拝を済ませることとして、そのような神社が惣社（総社）と呼ばれた。そうした一宮と総社という祭祀形態は、一方では国司神拝の便宜上行なわれるようになったものであると同時に、もう一方では任国に下向しなくなった国司に代わって地方行政の中心的な存在となった在庁官人たちにとって、その自らの神社祭祀の対象であり権威の象徴としての意味をもつこととなった。

こうして、平安京の天皇と摂関貴族にとっての中央の二十二社制と、地方国衙と在庁官人にとっての一宮制という、国内神祇祭祀の上での相互補完の体制が出来上がったのであり、その二十二社が「王城鎮守」、一宮が「国鎮守」と呼ばれたのであった。そういう意味では、鎮守や鎮守神とは、中世日本の神祇体系の中で成立していった神々の呼称であり、その意味での国家鎮護の思想のもとでの位置づけを表す呼称なのであった。

近世から近代の鎮守

鎮守とは、このように中世社会で生み出された呼称と概念であったが、その後、近世社会ではその意味を広げながら流通していった。『神道名目類聚抄』（一六九九年）では「又寺院に神社を祭て、其寺院の鎮守の神とす。其仏法守護の神と云」、「鎮守社境内に神社を祭て、其所の鎮守の神とす」などと説明されており、『落穂集』（一七二七年）では「御城内鎮守の事　当城の鎮守の社は無之やと御尋被遊候」などとある。そして、明治以降の近代になると、「今日はこの土地のちんじゅのまつりです」（西邨貞『幼学読本』一八八七年）とか、「燃えて居るのは丁度鎮守の森の東表に向かった、大きな家で」（田山花袋『重右衛門の最後』一九〇二年）、また「こんもりと茂った鎮守の杜」（島崎藤村『夜明け前』一九三二〜三五年）などと、郷村で祭られている神社のことを意味する呼称となり、郷村の氏神とほぼ同じ意味の呼称となっていったのである。

第三章　神社の変遷史

鎮守社から氏神へ、職能者祭祀から宮座祭祀へ

日本の神社については、このように氏神という言い方と鎮守という言い方、そして産土の神という言い方の三者があり、その呼ばれ方の歴史について記録を整理してみた結果は、いま第二章でみてきたとおりである。

では、具体的な神社の事例と史実をとおしてその歴史的な展開をみてみるならば、どうであろうか。それをこの第三章で試みてみる。すると、はじめ古代の平安時代に荘園領主によって荘園鎮守社として創建された神社が、中世の鎌倉時代になるころにはその荘園の現地経営に当たっていた在地武士たちにとっての氏神となり、さらには近世の幕藩体制下になると荘園は解体されてそれを構成していた村落の住民にとって村の氏神に位置づけられるようになって、それが現在にいたるという神社の変遷史が浮かび上がってくる。そしてその間に、それぞれの神社の祭祀を担う人物は誰なのか、その変遷史とも連動していることがみえてくる。

荘園鎮守社の場合は、平安京を中心とする畿内に拠点を構える荘園領主が任命し現地に派遣する専門的な祭祀職能者が中心となり、現地では荘官として荘園経営に当たる公文《くもん》や地頭などと呼ばれた在地武士が世俗的にそれを支えるかたちが一般的であった。それが中世の在地武士の氏神へと展開していくなかで、その有力武士層の間で順番に当屋を決めて祭祀する宮座祭祀という方式が採られるようになった。それが近世社会の村落祭祀へと展開すると、有力な村落住民の間で順番に当屋を決めて一年神主として務める宮座祭祀のかたちが採られるようになり、それが現在に至っているということが

わかる。それを追跡してみたのが、本章でとりあげる隅田《すだ》荘と隅田八幡神社、苗村《なむら》神社の九村三十余郷と式年大祭、大柳生《おおやぎゅう》の宮座と氏神祭祀である。

ただし、そのような宮座祭祀を特徴とする神社祭祀の変遷史は主として近畿地方でみられるものであり、荘園と鎮守社というかたちを基本とするものであった。しかし、日本各地の氏神の神社の形成は、それとはまた別の展開も各地でみられた。荘園鎮守社が歴史的にあらわれなかった神社祭祀の展開史である。そのような具体的な事例を、武士と村落社会の歴史的変遷の中に追跡してみたのが、戦国武将吉川氏と郷村社会の氏神祭祀である。

1　荘園鎮守社の創祀と変遷――隅田八幡宮

隅田八幡宮人物画像鏡

和歌山県橋本市隅田町に隅田八幡神社という古い由緒を伝える神社がある。よく知られているのは神社が所蔵していた隅田八幡宮人物画像鏡銘と呼ばれる古墳時代の銅鏡で、その銘文には「癸未年」（四四三年もしくは五〇三年）、「男弟王、在意柴沙加宮」（継体天皇とその忍坂宮《おしさか》とみる説もあり）などとあり、貴重な歴史資料として国宝に指定されている。現在は東京国立博物館に寄託されているが、な

紀ノ川左岸より北方に隅田荘を望む。中央部が中島、右部が隅田八幡神社のある垂井

ぜそのような貴重な古代の銅鏡がこの隅田八幡神社に所蔵されていたのかは明らかでない。近世の記録にはその所蔵がみられるから、それ以前のいつの時代にか、この地域のどこかで発見された銅鏡がこの神社に奉納され保存されていたものと推察される。

近郷十六ヵ村の氏神

現在、一般によく知られているのは、その銅鏡よりもむしろこの神社の秋祭りである。毎年十月の第一土曜日（宵宮）と日曜日（本宮）が祭日で、近郷近在の十六ヵ村の氏子が奉仕する祭礼である。和歌山県の無形民俗文化財にも指定されており、現在では山手（霜草・境原・山内・平野）・宮本（垂井・芋生・中下）・下手（中島・下兵庫・河瀬）・川南（恋野・赤塚・中道）の四つの地域に分かれており、地域ごとにそれを構成している四つか三つの村がそれぞれ順番を決めて一台ずつダンジリを出している。現在では四地区十三ヵ村の十三台があり、それが順番に出られるようになっているが、安政四年（一八五七）の「放生会御神事入用割賦帳」（「隅田八幡神社文書」）によれば、山手に杉尾、下手の兵庫は上と下との二つ、川南に上田があり、そのころは計十六ヵ村の十六台が出ていたとされる。現在でも十六ヵ村が奉仕する祭礼という言い方が伝えられているが、それもそのためと考えられる。

ふつうの鎮守社や氏神は、郷村で一社がまつられ、氏子の範囲もその郷村の住民で構成されている

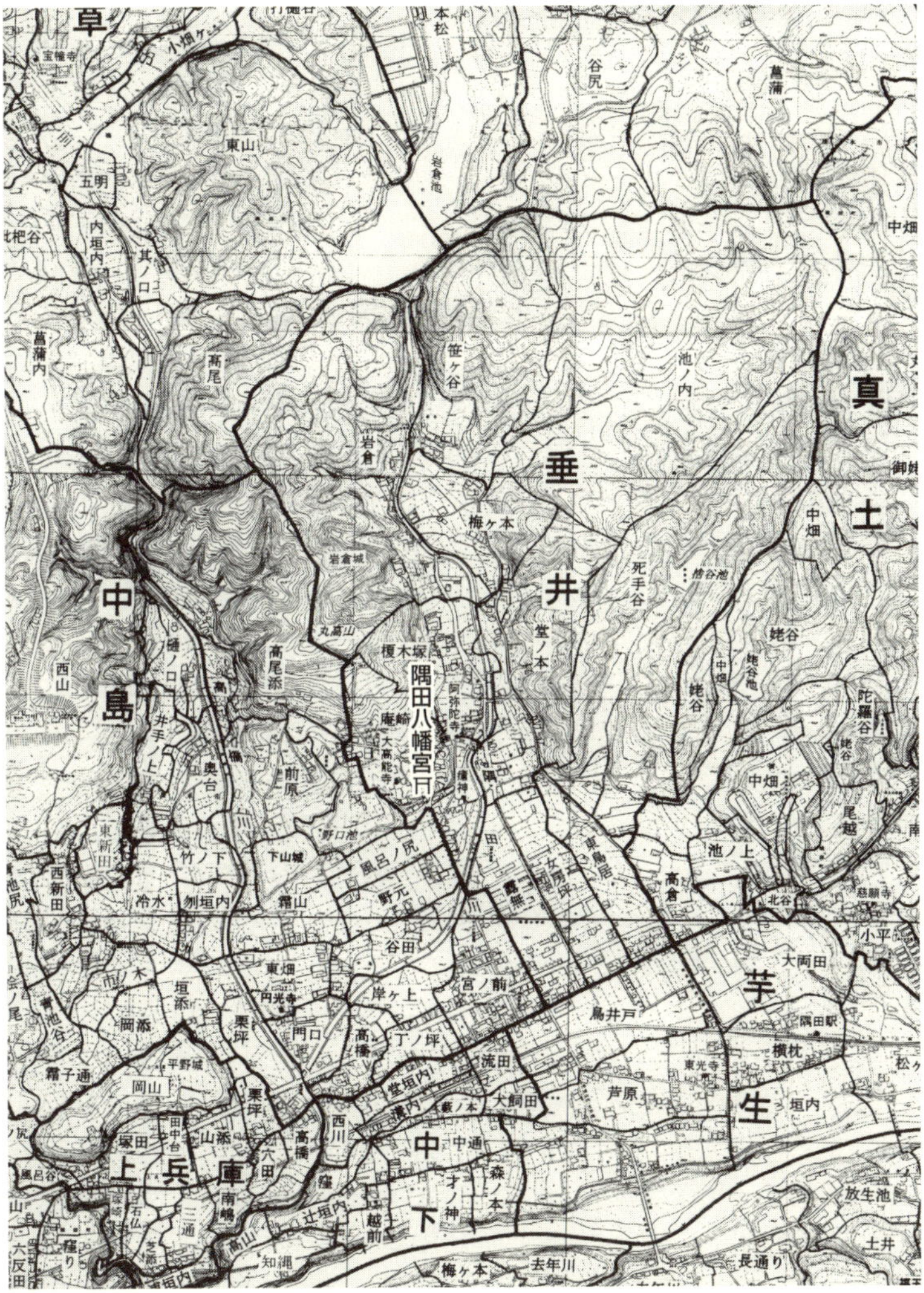

隅田荘の中心部と隅田八幡宮（歴史的な地名照合は勝田至氏による）

例が多いのに対して、この隅田八幡神社は氏子の範囲が郷村の範囲を超えて広大に広がっている。それはこの神社の由緒と沿革にその原因がある。歴史的に遡ってみると、この隅田八幡神社は、古代から中世にこの一帯に存在した隅田荘という荘園の荘園鎮守社だった歴史をもっているのである。

豊富な研究蓄積

この隅田荘と在地の武士団の隅田党についての歴史研究の蓄積はこれまでにひじょうに豊富である。その成果としては、奥田真啓[1]、佐藤藤三郎[2]、舟越康寿[3]、遠山茂樹[4]、我妻建治[5]、豊田武[6]、佐藤和彦[7]、増山正憲[8]、井上寛司[9]、高村隆[10]、埴岡真弓[11]などの論考がある。そして、筆者も一九九二年度から一九九三年度に実施された国立歴史民俗博物館の共同研究に参加して、その地域の社寺や旧家に伝蔵されている古文書の現物調査に当たったことがある。[12]

その時に痛感したのは、従来の歴史研究が主要な史料として読み解いている古文書のほとんどが近世の写しであり、しかもそこに記されている中世の年号の時代に相当する内容とは思えないような史料がひじょうに多いということであった。歴史研究の基本中の基本である、古文書の真偽をめぐる文献史料批判が十分になされないままに、それらを利用することはたいへん危険な事実誤認につながるという危惧を抱いた。それはとうぜんその共同研究に参加していた歴史学の専門家にも痛感されたようで、中世史研究の久留島典子氏の論文「隅田荘関係文書の再検討―隅田葛原氏を中心に―」（『国立歴史民俗博物館研究報告』第六九集、一九九六年）ではその点が詳述され、史料批判をふまえた上での貴重な見解が提示されている。そこで、これまでの研究によって明らかにされてきている隅田荘と隅田党武士と隅田八幡神社の歴史について、ここであらためて要点を整理しておくことにしたい。なお、ここで活用する隅田荘関係の古文書は、『高野山文書』と『和歌山県史　中世資料編』の中の隅田荘関係の文書、『国立歴史民俗博物館』の共同研究で収集撮影された古文書であり、それぞれ整理番号を付しておいた。

隅田荘の成立

まず、隅田荘という荘園の成立については、延久四年（一〇七二）九月の太政官牒（『平安遺文』三一〇八三　石清水田中家文書）の記事が注目される。それによって隅田荘は、平安時代中期の寛和二年（九八六）に大入道相国（藤原兼家）が外孫一条天皇の御願による三昧堂を石清水八幡宮に建立し、その御料所として石清水八幡宮へ寄進したところから、その歴史が始まったことがわかる。その後、永祚二年（九九〇）には同じく摂政兼家の命によって三昧供田二十町の官物が免除され、続いて万寿五年（一〇二八）には宣旨によって「入勘使弁司寄人等臨時雑役免除」、つまり臨時の雑役も免除される特権が付与されてきていたこともわかる。

そして、この延久四年九月の太政官牒、それ自体からわかるのは、その三年前に発令された後三条天皇のもとでのいわゆる延久の荘園整理令（一〇六九年）に際しても、この隅田荘はその存続と二十九町の免田の所有とが認められたこと、つまり荘園としての基礎がこの時点で固められたことである。この隅田荘からの収益は、石清水八幡宮内に建立された三昧院の四季懺法や八十四日仏聖灯油の費用、また修僧等衣供料幷不断御香料に充てられた。そして、ずっとのちの十五世紀初頭の史料

（『石清水八幡宮史　史料五輯』一三七頁）には、隅田八幡宮の境内にも三昧堂が建立されていたことを伝える記録もある。

藤原忠延

石清水八幡宮の荘園支配のありかたは、隅田の地に本社の別宮を勧請創建して、その別宮を拠点として行なうものであった。その別宮が現在の隅田八幡神社につながるものであり、石清水八幡宮の三綱（上座・寺主・都維那《ついな》）の職にある僧が荘園の預所職に補任されて現地に赴いて、別宮の政所の長官を兼帯して荘園の経営と支配に当たった。そのような石清水八幡宮から派遣された僧官や神官の間から[13]か、または彼らと現地の有力層との婚姻関係その他の関係を通してか[14]、実力を蓄えて成長してきたのが、後に隅田党と呼ばれる武士団の祖と伝えられた藤原忠延であった。

藤原忠延は、長治二年（一一〇五）に隅田八幡宮の若宮の宝殿造営の功により隅田八幡宮の俗別当に補任されて[15]祭祀の中心的な担い手となり、天永二年（一一一一）には隅田荘の公文職にも補任されて[16]荘務を支配する立場ともなって、聖俗の「両職」を兼帯してその子孫がそれを代々相伝することとなったという。しかし、この藤原忠延について記す古文書は疑義のあるものであり、他に確証のある記録もなく[17]、あくまでも伝説上の人物として位置づけておく方がよいであろう。

ただその忠延の子の藤原忠村については実在が認められる。藤原忠村も隅田八幡宮の俗別当職と隅田荘の公文職の両職を兼帯しており、現地の隅田荘経営における実質的な中心人物であったと考えられるが、応保二年（一一六二）九月二十六日付の「密厳院政所陳状案」（根来要書、平安遺文四八〇五）

によれば、長承元年（一一三二）から応保二年（一一六二）までの長きにわたって石清水八幡宮領の隅田荘とその西側に隣接する高野山密厳院領の相賀荘との相論がくりかえされており、それにこの藤原忠村が関わっていたことがわかる。

隅田荘と相賀荘との相論

この応保の文書の存在は井上寛司氏が指摘したものであるが[18]、それによると相論の発端は、長承元年（一一三二）に鳥羽上皇の院宣によって成立した高野山密厳院領の相賀荘において、領主の密厳院の使いの者と紀伊国の使いの者とが相賀荘の領地の四至の境を示す牓示を打ったところ、隣接する隅田荘の経営に当たっていた石清水八幡宮別当権僧都光清が使いを送ってその牓示を抜き棄て、相賀荘内にその使いを入れて乱暴をほしいままにして相賀荘内の在家を追捕した事件にあった。

この両者の荘園の相論はその後なかなか解決をみずに長引いてしまったが、ついに応保二年にいたり、院庁において両者がそれぞれの証文を提示して前後三回にわたって直接対決することとなった。しかし、そのとき隅田荘側の沙汰人であった石清水八幡宮所司の任範と隅田荘公文の藤原忠村は自分たちの不利を悟ったらしく、急に院庁から逃脱してしまい相賀荘側の勝訴、隅田荘の敗訴という結果となった。

この相論に関する史料から浮かび上がってくるのは、二つの事柄である。一つは、預所と公文との関係である。隅田荘の領家である石清水八幡宮の荘園支配においては、別当光清や所司任範のような石清水八幡宮から隅田荘に預所職として下向してくる者と、現地に居住し隅田荘の公文職に任じられて荘園経営に当たる者とがあり、その両者の関係は、預所が公文に対して「於庄務幷下知事、皆悉可令沙汰」とか「以件人所定遣公文之職」などとあるように、預所は石清水八幡宮から現地の隅田荘に下向してくるものの、実際の荘園支配の権限は公文の藤原忠村に任されていたということである。

もう一つは、その公文の藤原氏の周辺には、たとえば保延五年（一一三九）七月十八日付の「鳥羽上皇院庁下文案[19]」に「可停止為石清水宮寺被押妨相賀庄東境牓示内幷称神人駈仕庄民等事」とあるように、隅田荘の荘民は石清水八幡宮の神人《じにん》として組織化されていたことである。隅田荘の荘民は石清水八幡宮の神人であるとともにその別宮の隅田八幡宮の神人でもあるとされていたのであり、隅田八幡宮は、信仰の対象としての神社であるとともに、荘園支配の世俗的かつ精神的な支柱としての機能も果たしていたのである。

藤原氏から隅田氏へ

平安時代半ばの十世紀に石清水八幡宮の荘園として成立した隅田荘であったが、平安時代末の十二世紀には領家である石清水八幡宮から派遣される預所職とは別に、その下で現地荘園の公文職と隅田八幡宮の俗別当職とその両職に補任されたという藤原忠延、忠村父子、そしてその後の代々が、隅田荘の経営に当たるかたちができあがってきていたことが考えられる。次の段階は、鎌倉時代の武家政権の時代となり在地領主として成長する藤原氏のありかたである。藤原氏が在地名の隅田氏を名乗るようになり、その一族が実力を蓄えた領主としての展開を示すようになる段階である。久留島典子氏の史料吟味を経た上での隅田荘の荘官であった藤原氏・隅田氏の展開を追跡してみる。

正治二年（一二〇〇）正月日付の「藤原為教譲状案」（隅田 三）によると、石清水八幡宮領の阿波国萱嶋荘の下司職と惣公文職が為教から能村に譲られているが、その為教は「為宮仕、伺候京都」ともいい、在京していた隅田氏の本宗家であった可能性があると久留島典子氏はいう。その為教は単に隅田荘の荘官だけでなく、阿波国の萱嶋荘の荘官をもつとめていることが注目され、網野善彦氏が、石清水八幡宮の荘園や別宮が瀬戸内沿岸に濃密に分布している事実から石清水八幡宮の神人が瀬戸内海の交通に深く関与していたと指摘していること[20]をふまえて、この当時の隅田一族は本宗家と庶子家も含めて、在京して中央での政治的な各種の接触をもったり、西進すれば紀ノ川筋を経て瀬戸内海さらには対岸の阿波国にもつながり、東進すれば大和国へ、陸路を北上すれば紀見峠を経て河内国へとつながるという、まさに東西南北の交通の要衝にあった隅田の地勢を生かした活発な領主的展開をみせていたのではないかとのべている。

井上寛司氏は、その為教（入道行円）の三男藤原俊村に関する院庁下文と請文の書式を示した史料を提示して、そのもとの文書が存在した可能性をのべて、そこに記されている藤原俊村の隅田荘の地元以外での活動に注目している。

久留島典子氏は、その院庁下文と請文に熊野別当湛増が出てくるので、時代は十二世紀末頃と推定して重要な指摘を行なっている。罪科のために院宣によって召喚しようとした俊村が、その院の命令に従わないので、彼が山科寺（興福寺）東金堂油寄人であるということから東金堂に身柄を進めるよう命じた。しかし、東金堂衆は、すでに俊村については油寄人職を停止し、近来彼は熊野別当湛増の房人として彼の近くに伺候しているとの風聞があると答えている。その熊野別当湛増は当時熊野水軍の首領として知られた人物であり、隅田荘の下司であった俊村が、一方では石清水八幡宮とは別の興福寺東金堂油寄人となっていたり、熊野水軍の首領の近くに伺候しているなど、縦横に広がる活動領域をもつ存在となっていたことが考えられる。隅田氏は草深い農村で農業生産物に依拠する在地領主への道を、ただ静かに歩んでいたわけではなかったのである。

隅田本宗家の滅亡

宝治元年（一二四七）、鎌倉では北条時頼によって三浦氏が討伐された。それまで紀伊国守護は三浦氏であったが、北条氏一門が紀伊国守護となる。[21] その北条氏の一族（重時流）が隅田荘の地頭職となる。『吾妻鏡』建長六年（一二五四）十月六日の記事には、この日、執権北条時頼の妻（重時の娘）が女子を産み、安産祈願の験者のための禄が送られたとき、北条重時の使者として隅田次郎左衛門尉の名がみえる。その隅田次郎左衛門尉は北条重時の家人であったと考えられる。井上寛司氏によれば、北条重時が六波羅探題として京都に赴任（一二三〇〜一二四七）していたときに隅田氏との関係が結ばれたと考えられるという。

その後、北条氏一門の重時流の被官として隅田荘地頭代となった隅田氏の中で、その名が知られるのは隅田三郎兵衛会願、隅田忠能（沙弥信教）たちである。しかし鎌倉幕府が滅亡に向かう元弘・建武の戦乱に際しては、多くの隅田一族が奮戦しそして滅んでいったことが『太平記』に記されている。たとえば、隅田氏と高橋氏が南北両六波羅探題の軍奉行《いくさぶぎょう》であったこと、元弘元年（一三三一）九月の笠置攻めにおいては六波羅検断の隅田次郎左衛門が参戦していたこと、元弘二年（一三三二）五月の天王寺渡辺橋の攻防戦では楠正成の智略によって隅田と高橋の大軍が破れて、六条河原の高札で「渡部の水いかばかり早ければ高橋落ちて隅田流るらむ」と京童にからかわれた話などが、戦記物語として記されている。

そして元弘三年（一三三三）五月の六波羅探題の北条仲時主従四百三十余名が近江の番場で自害して果てたとき、隅田源七左衛門が自害したとし、またその番場の「過去帳」には、「隅田左衛門尉時親三十九歳、同孫五郎清親二十八歳、同藤内左衛門尉八村四十二歳、同与一真親十九歳、同四郎光親二十六歳、同五郎重親二十歳、同新左衛門尉信近二十歳、同孫七国村二十二歳、同又五郎能近十六歳、同藤三国近十七歳、同三郎祐近二十五歳」たち十一名が自害して果てたと記されている。また、鎌倉でも執権北条高時以下一門が自害して果てる中に、隅田二郎左衛門がいた。つまり、隅田荘の地頭代の職を有し、北条一門の重時流の被官として鎌倉幕府の中枢部でその勢力を振るうほどになっていた鎌倉武士としての隅田氏は、その本宗家を中心として幕府とともに滅び去ったのである。

隅田一族の結衆

しかし、隅田一族の中には新しい時代へと生き延びた者もいた。幕府滅亡による大量の所領の没収によって生じた闕所、つまり一時的に領主を失った所領は次に誰に給付するか、という問題についての先駆的な研究が笠松宏至氏の「中世闕所地給与に関する一考察[22]」である。それによると、その所領が根本私領であればもともとの本主の権利が優先されるのが通常であり、一般に中世の闕所地の処分に当たっては、被没収者の一族の者、没収地の本主、また後には守護がそれぞれその給与を要求しうる法的な、また慣習的な根拠をもっていたことが指摘されている。この隅田荘の場合は、北条氏の被官となって勢力をふるっていた隅田の本宗家が滅亡したわけで、それに代わって隅田荘の領有権を安堵される可能性がもっとも高かったのは、隅田一族の者たちであったと考えられる。

久留島典子氏の整理によれば、隅田一族のうち、三郎左衛門尉忠長（了覚）の存在の可能性は高いという。その了覚が署判者の一人となっているのが、正平十年（一三五五）の隅田一族の起請文である（隅田文書　乾　隅田一族起請文）。その起請文には、了覚以下二十五人の署判があり、了覚（隅田三郎左衛門尉忠長）をはじめとする隅田一族の衆中が、隅田八幡宮の御神用米の未進を防止するための起請をしている。隅田の本宗家を失った隅田一族は、その一族の衆中の結束によって隅田荘の経営を行ない、武士としての存続をはかったのである。その上での聖俗両面での支柱となっていたのが隅田八幡宮の存在であり、その祭祀であったと考えられる。

隅田八幡宮の主要な祭礼は、正月一日を中心とする御朝拝と、八月十五日の放生会《ほうじょうえ》とであり、起請文の中に「御せち米弁に御神用かた」とあるのは「御節米」つまり御朝拝の神事用の年貢米のことであり、「ゑれうのさた人よりあいて」とあるのは「会料の沙汰人」、つまり放生会の会料の年貢米の沙汰人のことである。その沙汰人が了覚をはじめとする隅田一族衆中であり、彼らが「しんそなく」親疎なく「ねんくをけゝして」年貢を結解《けつげ》していき、「供僧三昧のとくふん」、つまり供僧や三昧僧の得分についてもその配分を差配するというのである。

この了覚は当時の隅田一族の代表的な存在であるが、彼はこれから新たにその本拠地の名である「かつらはら」、葛原の姓を名乗ることとなり、その子孫も長く葛原の姓を名乗ることになる。

この了覚（忠長）の正平九年（一三五四）の「了覚譲状」（隅田 一〇〇、葛原 四〇）には、「一そく（族）中へくほう（公方）より給たる御をん（恩）」とあり、その御恩とは、次世代の葛原忠氏（明観）の応安七年（一三七四）十一月十八日付の「隅田慶満寺連署田畠寄進状案」（和佐家文書『和歌山県史中世史料二』）にみえる、紀州名草郡の和佐荘の地頭職のことである。葛原忠長の次の世代の葛原忠氏（明観）の時代に、隅田一族はその紀州名草郡の和佐荘の地頭職を和佐観音寺に寄進している。つまり、隅田一族は和佐荘の地頭職をも得ており、その所領所職は南北朝期にあってもかつての鎌倉時代と同じように、単に隅田荘の現地だけにとどまっていたわけではなかったのである。

当時の隅田一族の中には、他にもたとえば歴代の内には山城国の守護高師英のもとで守護代となっていた隅田三郎左衛門の例[23]や、紀伊国の守護畠山満家の被官となっていた隅田右京亮家秀の例[24]、宝徳年間（一四四九〜一四五二）に山城国の守護畠山持国（徳本）のもとで山城上三郡（久世・綴喜・相楽）の守護代をつとめていた隅田佐渡入道の例[25]などが知られている。

葛原忠満

本宗家が滅亡したのちの隅田一族の中心的な存在が、その葛原忠長（了覚）—忠氏（明観）—忠満へと続く葛原氏であったが、忠氏から所領の譲状を受けた子の忠満の世代で注目される事柄は二つある。一つはすでに久留島典子氏も指摘しているように、隅田八幡宮の社僧等に訴えられた事件である。永享二年（一四三〇）十一月七日の阿闍梨以下六人による御一族中充申状[26]は、忠満が行なった先例を破る行為として、八幡宮修理田など八幡宮の神物や神田の押領や質入れ行為、社僧らへの入供や節料などの賦課の増大、社僧らの不当な使役、雇料や食料や放生会幣紙などの支給の停止、社僧の子息を下部《しもべ》としたこと、などをあげて訴えている。

強く抗議する社僧や神子《みこ》や神官たちは八幡宮から離散（逃散）するという強硬手段に訴えたらしく、忠満は一族の隅田右京亮、つまり先述の守護畠山満家の被官となっていた人物への書状[27]の中で、社僧らの帰参を促すよう口入れを依頼するとともに、「惣而社家の事、如往古に御一族中申合候て可致沙汰候」、「いまより以後の事ハ御一族中御意をそむき申ましく候上ハ」と、隅田一族衆中の意志を最優先すると誓っている。忠満の権限があくまでも隅田一族の衆中の一員としてのものであったことが、この事件の顚末からわかる。

「庁座」をめぐる相論

もう一つは、隅田八幡宮の神事祭礼の座次をめぐって起こった葛原忠満と高坊実敏の相論である。隅田本宗家の滅亡と南北朝の内乱を経るなか、隅田荘地域の武士たちの動向で注目されるのは、鎌倉期の隅田氏の本宗家を中心とした一族の縦の結束というかたちから、南北朝期の隅田一族の衆中の横の連合への変化がみられるようになったことである。そして、それに加えて隅田荘の荘域の外部から新たに政所一族という勢力が進出してきたことである。旧来の隅田一族と新来の政所一族とが連携したり対立したりという関係をもちながら、隅田荘地域の歴史が刻まれるようになってきたのである。

久留島典子氏は、康永二年（一三四三）八月十五日付の隅田八幡宮神事帳写から文安六年（一四四九）三月九日付の借物出銭日記など年未詳の文書も含めて計二十八通の連署状を整理して、葛原氏を中心とする隅田一族と高坊氏を中心とする政所一族との両者あわせて計三十七の氏の名前をあげている。そして、その両者の連携にとって主要な契機として機能したのが隅田八幡宮の祭祀であり、両者とも隅田八幡宮の氏人であるという位置づけであった。

政所一族の中心である高坊氏がもともとその本拠としていたのは、隅田荘の西隣の相賀荘からそのさらに西隣で、旧高野口町のほぼ全域にあたる官省符荘（政所荘、高野荘）においてであり、高坊氏はその荘園の惣執行をつとめていた一族であった。高野山文書の中にはその官省符荘関係の文書が多く含まれており、高野山の大検注に関係するとみられる応永三年（一三九六）八月十三日付の官省符荘庁番殿原請文（『大日本古文書　高野山文書』一六三三年、又続宝簡集 九三）があり、そこには庁番殿原として高野山から免家役を認められた者たちが名を連ねている。姓こそ記されていないものの、おそらく彼らが政所一族と称された者たちと推定できる。

また、同じ大検注の時と推定できる官省符荘上方分田支配注文（『大日本古文書　高野山文書』一六五六年、又続宝簡集 九三）の「所司三十口」という項目には、高坊・亀岡・大野・小田・埴坂など、隅田荘関係の連署状でも目にする政所一族の姓が並んでいる。『花営三代記』康暦二年（一三八〇）八月三日条には「紀州凶徒高野政所幷隅田一族等没落」とあり、両者は荘域を越えて共同軍事行動をとっていたことがわかる。

その隅田一族の代表である葛原忠満と政所一族の代表である高坊実敏との間に、前述の隅田八幡宮の神事祭礼における座次相論が起こったのは、応永二十五年（一四一八）八月のことであった。その訴訟は守護の畠山氏の法廷に持ち込まれ、三問三答と守護方奉行人の尋問（「応永二十六年九月六日隅田八幡宮相論尋下条々事書案」葛原　八九）などを経て、畠山満家奉行人奉書案によれば、応永二十七年（一四二〇）八月に葛原方勝利の判決が出ている。

高坊実敏の訴状と葛原忠満の陳状によれば、「高坊ハ僧別当の職お買得候て、（中略）其職別当にて候間、座敷も僧座の座上に着座仕候、是お今俗人共の着座仕候庁の座上と申なし候ハんと、うろん（胡乱）の訴訟お企候間」（「葛原忠満再陳状案」葛原　七八）といい、「高坊は僧別当にて、僧座の座上ニとる饗にて候、其謂庁の座上と申候ハ、法躰のものかなわす候ニよりて、小西・上田・忠満たてゑほし（立烏帽子）浄衣にて、おやおやの入道としより上に座着仕□□御遏迹あるへく候か」（「葛原忠満三陳状案」葛原　八一）と述べており、この葛原忠満の主張が正当であるとして勝訴しているのである。高坊実敏は隅田八幡宮の僧座の僧別当職を買得したのであり、僧座の座上に着すはずであるのに、庁之座の座上を望むのは胡乱《うろん》である、それは不当であるという結論であった。

この葛原忠満の陳状には、「所詮此事ハ隅田の惣領、あふミ（近江）のはんは（番場）にてうせてより此かた、忠満代々相続仕来て、社家の事を毎事沙汰仕、座上にも毎年着座仕来て候事、廿五人の地頭其外名字のものともにて御候ハヽ、其かくれあるましく候、高坊ハ先例も候ハぬしんき（新規）のかんそ（奸訴）おくわたて候て、無窮の申状を捧候、不便の至極にて候」とあり、隅田の惣領家が近江の番場で全滅したという伝承があったこと、そのあとを受けて葛原忠満の先祖から代々が中心となって地頭その他隅田の名字を名乗る者たち二十五人で隅田八幡宮の祭祀を沙汰してきたという主張があったこと、そして結局は高坊の主張は無理であったこと、などがわかる。

また、外部からの新来勢力である高坊が、新たに隅田八幡宮の僧別当職を買得して僧座の座上に着すようになっていたこともわかる。隅田八幡宮の祭祀に参加して一定の座に着すこと、その座の構成員となることが、この隅田荘の荘域内も含めて荘域以外の活動においても、それぞれの一族にとってその領域支配を有利に展開していく上でひじょうに重要であったということも知れる。そして、高坊が望んだように、隅田八幡宮の祭祀の座席では、庁の座の方が僧の座よりも優位であったことも明らかになる。

八幡宮祭祀の三段階

では、その隅田八幡宮の祭祀とはどのようなものであったのか、その庁の座や僧の座も含めて、ここで整理してみよう。隅田八幡宮の神社祭祀の歴史的な展開は、[28]大きく三つの段階に整理できる。第一段階は平安時代の隅田荘の時期であり、第二段階は鎌倉から南北朝を経て室町にかけてである。そして、第三段階が近世の江戸時代である。

第一段階は、石清水八幡宮が荘園支配を進めるために、その別宮として十二世紀初めころにこの地に隅田八幡宮を勧請してその祭祀と運営を掌握していた時期である。隅田八幡宮の祭祀は、神宮寺として設けられた大高能寺と三昧堂の供僧、また神社の大禰宜や神主など石清水八幡宮から派遣された別宮祭司団の手に握られており、神人として組織された在地の有力層が俗別当などに任ぜられ、それを補佐するかたちであったと考えられる。その俗別当職に任ぜられたのが在地豪族の藤原氏を名乗る隅田氏であり、隅田氏はその俗別当職を世襲してやがて荘園の公文職をも兼帯するようになる。

第二段階は、隅田荘支配の実権がその後、武士として成長していった隅田一族に移行していくにともない、隅田八幡宮が隅田一族が祭るその氏社化していく時期である。[29] つまり、荘園鎮守社であった隅田八幡宮が、隅田氏の氏神としての神社となっていく段階である。鎌倉時代に入った十三世紀初めになると、隅田荘は隅田氏の経営が主となる請所となり、石清水八幡宮の支配が後退する。そして隅田氏は隅田荘以外の地でも活躍し、鎌倉時代後期になると幕府執権の北条氏の被官となり、地頭代職を得て実力を強化して、六波羅探題の北条仲時のもとで軍奉行などをつとめる。しかし、元弘の乱での鎌倉幕府滅亡にともない、隅田惣領家一族は滅亡してしまう。

それに代わって、隅田一族の中のとくに葛原氏が中心となって隅田一族の衆中の連帯のもとで在地経営が行なわれることとなり、新たに進出してきた政所一族もそれに加わって、ともに隅田一族の衆中を形成していった。その彼らの連帯の精神的紐帯として機能したのが隅田八幡宮であり、その祭祀であった。隅田八幡宮はその段階で隅田荘の荘園鎮守社であるとともに、それだけではなく隅田一族の衆中が祭る氏神としての神社へと位置づけられていったのである。石清水八幡宮の別宮として勧請され、隅田荘の荘園鎮守社として祭祀されていた段階から、新たな隅田一族の氏神として崇敬祭祀される段階へと展開していたと考えられるのである。

隅田八幡宮の御朝拝と放生会

その隅田八幡宮の主要な祭礼行事には、毎年正月一日の御朝拝と、八月十五日の放生会との二つがあった。毎年正月一日の御朝拝の頭人の差定を記録した文書が、葛原文書九―十七として残されている。それらのうち、たとえば弘安五年（一二八二）の文書の記事が参考になる。それによれば、正月の御朝拝の頭役は「庁座」の四つの座席、つまり西座南、西座北、東座南、東座北にそれぞれ対応して四人の頭人が選ばれ奉仕しており、隅田一族の者がその頭人の役をつとめていた。その「庁座」に奉仕する資格はもともと隅田氏が世襲してきた俗別当職の系譜を引くものと考えられる。その御朝拝頭役日記の類が、鎌倉期の葛原文書一八（正応二年〔一二八九〕）と室町期の同六九（応永二十三年〔一四一六〕）として残っている。それらによると、頭人は御榊差しの役をつとめること、御供の米、御酒、御布施の米や銭、御餅、魚、御幣の紙、浄衣の布、立烏帽子、湯帷子《ゆかたびら》、楽師や神楽の費用など、さまざまな入用が必要であったことなどがわかる。隅田八幡宮の祭祀の中でもこの毎年正月一日の御朝拝はもっとも重要なものであった。

もう一つの八月十五日の放生会は、京都の石清水八幡宮でも重要な神事祭礼とされ、その「別宮」としての隅田八幡宮でもやはり重要な神事祭礼であった。その頭人の差定を記録した文書が、葛原文書三一、三二、三四として残されている。

たとえば元亨三年（一三二三）の文書によれば、隅田八幡宮でも勅祭であった京都の石清水八幡宮の放生会にならって、「御供頭」、「饗頭」、「猿楽頭」、「相撲頭」、「伶人頭」などの頭人が任じられ、「流鏑馬《やぶさめ》」も行なわれている。頭役の者の名前をみると、「新二郎子息」など少年や幼児が多く任ぜられており、「舞童」も同様に幼児がつとめる役とされていた。しかし、「御供頭」と「饗頭」は隅田一族の成員がつとめており、それがひじょうに重要な役であったことは、葛原文書三五の「某書状案（後欠）」の記事からもわかる。「この文書は、筆致、料紙等より推測すれば、鎌倉時代後期と推定される」と『和歌山県史　中世史料一』の解説では位置づけられているが、その文書からわかるのは、以下のような事柄である。
①隅田八幡宮の放生会の頭人の役は、隅田一族の成員にとっては鎌倉から帰郷してでもつとめるべき重要な役であった。
②放生会の頭人の役をつとめるには、八月十五日に先立って三月三日から精進をして準備する必要があった。
③隅田一族の本人が支障ある場合には、代官を立ててつとめてもらうこともありえた。

「庁座」が優越した祭祀組織

このような放生会と御朝拝を中心とした、隅田八幡宮の祭祀組織はいったいどのようなものだったのか、それについての記録に注意してみる。すると、隅田氏が世襲した俗別当職の系譜を引くと考えられる正月の御朝拝の「庁座」が中心であるが、その他に「僧座」や「神子座」というものがあった。嘉吉元年（一四四一）八月の葛原文書 一〇九には、「五十二人庁朝座」と並んで「女九人神子座」「十六人僧座」と記されている。この「僧座」と「神子座」の構成を考える上で参考になるのが、葛原文書 三七や隅田文書 四である。

葛原文書 三七の康永二年（一三四三）八月十五日の神事帳写には、座衆として「別当」「供僧」「三昧僧」や「神子」「宮仕」「禰宜」などが書き出されており、前者が「僧座」で後者が「神子座」に属していたと考える見解もあるが[30]、それは後述の「庄中」と大高能寺と六坊家についての説明のところで指摘するように正確ではない。それより以前、古く隅田文書 四の天治二年（一一二五）七月に隅田八幡宮の俗別当藤原忠村の解に署名を加えている「神人大禰宜」「権俗別当」「神主」「別宮別当僧」たちというのは、その時代に石清水八幡宮から派遣されたか、直接任命されたか、そのいずれかであろうが、彼らが隅田八幡宮とその神宮寺である大高能寺の祭祀集団を構成する人物たちであったことはまちがいはない。そして、その祭祀集団の系譜を引くのが、後の「僧座」や「神子座」であったと考えられる。

こうして「庁座」が隅田一族の独占する隅田八幡宮の祭祀の頭役の座であり、「僧座」や「神子座」が祭祀の実務に奉仕する宗教者集団の座であったと考えられるのであるが、「庁座」が優位であったことは前述の葛原忠満と高坊実敏との間の座次相論からも明白である。隅田一族は「庁座」の頭役を独占することによって隅田八幡宮の祭祀権を掌握し、それを根幹として隅田荘の世俗支配をも維持継続していたと考えられるのである。

恋野地区の堂座講

堂座講について

なお、中世的な荘宮座から近世的な村宮座へという展開の仮説[31]に対応するかたちで、埴岡真弓氏は荘宮座「庁座」と村宮座「堂座」とを対比させて、荘宮座としての「庁座」に対し、十四世紀半ばの在地領主制の展開と有力中下層民の抬頭による惣的結合への動きとの接点で、村宮座としての「堂座」が形成されたとする見解を述べている。[32]

しかし、その埴岡氏が論拠とする明応元年（一四九二）三月七日との異筆書き入れのある「芋生氏知行分長帳」は、筆者の現地での直接確認によっても中世史料としての信頼性がきわめて疑問である。そこで、ここではその見解についての評価を保留しておきたい。芋生家も主要な構成員である恋野地区の堂座講の民俗伝承についての参与調査も、筆者は行なっているが、それが「村宮座」として中世にさかのぼるものとは考え難い。むしろ隅田党武士の荘宮座であった「庁座」とは関係なく、近世社会の中で中世的な由緒を伝える隅田組地士など上層農民が中心となってそれぞれの村ごとにその結集をはかる意味で近世社会であらためて形成されたものと位置づける方が自然と考える。

八幡宮再建と氏子の費用負担

十六世紀の戦国期には、隅田一族は守護畠山氏の被官として近隣の生地氏や贄川氏とともに、河内国や和泉国方面にしばしば出陣し軍功をあげて対外的に発展し、元亀四年（一五七三）六月に畠山氏が滅亡すると、新たな実力者織田信長方に属して石山本願寺との戦争にも参陣している。その石山本願寺が天正八年（一五八〇）八月に焼失すると、信長は次に高野山への攻撃を開始して隅田一族もそれに参陣したが、天正十年（一五八二）六月の本能寺の変ののちは、豊臣秀吉の支配下でその存続をはかったようである。

豊臣秀吉と高野山との間で奔走した人物の一人が、真言僧木食応其《もくじきおうご》である。彼は高野山の中興の功労者ということで、秀吉の奏請により後陽成天皇からその興山上人の号を賜った人物でもある。その応其が実は隅田一族とも親密な関係にあったことを示す文書がある。それが隅田家文書一七の「興山上人応基書状案」である。そこには農業用水としての池堤の造成について記されているが、そこは現在、垂井の小字岩倉の奥にある岩倉池のことと考えられる。その農業用水としての溜め池の造成の意義を評価し、これからもその維持管理や修理を怠らずに活用するように、という意味の書状である。そこでとくに注目されるのは、その宛名に「隅田名乗中」と併記して「同地下人中」とあることである。隅田を名乗る衆中と地下人の衆中とが並んで宛名とされているのである。つまり、戦国期を経る中で、隅田荘域の地元では、隅田一族だけがその勢力がぬきんでているのではなく、地下人たちつまり中小農民層の成長がみられたということがわかるのである。

その後、豊臣政権から徳川政権へ移行するなかで隅田八幡宮は戦火で焼失することになるのだが、近世に入って慶長十九年（一六一四）にその再建が行なわれる。そのときのことを記す六坊家共有文書一九には、二つの注目すべき記事がある。一つは、隅田八幡宮の再建に当たって、「庄中人へち壱人ものこらす壱升つゝ」、つまり隅田荘在住の者は一人残らず米一升を出すこと、もう一つは、河瀬村、山内村、中嶋、さかい原、中道、赤つか村等々、村ごとの肝煎りの者が責任を以て集めること、と取り決めていることである。そして、他国にいる者でも「八幡之氏下」の者、つまり八幡宮の氏子という意味であろうが、その者たち女人も児童も区別なくみんな同じく米一升を出すように指示している。「庄中」つまり隅田荘の村落に居住する住民すべてと、他国在住でも八幡の氏子の者は、みんなこのたびの八幡宮の再建の費用を分担しようというのである。

隅田八幡宮は隅田一族がその祭祀権を独占するかたちでは、もはやなくなっていたのである。「氏人之御衆」も米一斗ずつ出すこととし、「其上ハ相応心さし次第」に出してもらいたい、という言い方がまた微妙である。女子供も一升ずつ出すのだから、隅田一族の衆は一斗くらいは当然であり、その上は家の由緒や立場に応じて相応の負担をしてくれるはずだという意味が含まれている。その一方で、隅田荘内の村々でも努めて勧進、つまり寄進を募るようにするというのであり、近世の隅田八幡宮は、それまで「氏人之御衆」つまり隅田一族が氏人として祭祀の中心となっていた中世の状態から、戦国期を経るなかで、新たに「庄中」つまり、隅田荘の村々の住民や他国在住の「氏下」の者もみんな一緒になって祭祀する神社へと展開していったのである。それは隅田八幡宮が、隅田一族の氏神であった段階から、隅田荘住民、「庄中」の氏神へ、という変化と展開だったのである。

これが前述の隅田八幡宮祭祀の三段階変化の中の、第三段階である。

「庄中」と大高能寺と六坊家と

注目すべきもう一点は、この慶長十九年（一六一四）の六坊家共有文書一九に記されている連名者の最後の一人に「たん宮本　阿闍利坊」とあることである。このことに注目した岩城卓二氏によれば、この「たん」は隅田八幡宮境内の小名である「壇」のことで、そこに居住している六坊家の供僧の内の阿闍梨と呼称される一﨟のことであり、彼は供僧たちの利益代表であったと読み解いている。[33]岩城氏によると、近世の隅田八幡宮の運営と祭祀においては、元和五年（一六一九）の徳川頼宣《よりのぶ》の入国ののちに隅田一族の中から再編されていった隅田組地士二十五家と、「庄中」として成長し実力を確保してきた氏子村十六ヵ村、それに加えて「座中」と呼ばれる宗教者集団、という三者がそれぞれの役割を果たしていたといい、その宗教者集団の「座中」とは、神宮寺の大高能寺と、社人（神主・

大禰宜・禰宜）・神子、供僧（六坊家の乾之坊・辻之坊・角之坊・南之坊・中之坊・新之坊と宮使・承使で、応保元年（一一六一）に空山上人が隅田八幡宮別当職に任ぜられて下向してきた際にともに移住してきた八名の後裔という伝説をもつ）の三者であったという。

もともと大高能寺は隅田荘の成立のころから隅田八幡宮の境内に創られた神宮寺であったが、その後、近世になると本山末寺制度の編成により寛文年間（一六六一〜一六七三）に京都の真言宗古義仁和寺直末となって、庄内二十ヵ寺の本寺として庄内安全、五穀豊穣の祈禱につとめ、「庄中」からの料物で維持される寺となっていた。元禄十六年（一七〇三）には和歌山藩から隅田八幡宮別当職に任ぜられるが、無住となった末寺の兼帯をするなどしながら、神宮寺として隅田八幡宮の管理運営を担っていた。

それに対して、前述の六坊と称される乾之坊・辻之坊・角之坊・南之坊・中之坊・新之坊は、系譜的には古く一条院の御願の三昧堂として創設された隅田三昧堂の供僧の系譜を引くものと考えられるが、中世末から近世初頭にかけては、神事その他の庶務をつとめる一方で、妻帯して農業を営む「在家同然」の者たちであった。それが慶長検地の際に隅田八幡宮境内一帯が宮壇村として一村立てされて免除地となった。その農地は隅田一族から神田として寄進されたもので供僧は耕作していただけであったのに、宮壇村として一村立てされたことで、その検地帳を供僧が管理するようになり、「供僧八人之内元来世帯よろしき方二三輩有之候[34]」といわれた一定の経済力をもつようになっていた。ただ、供僧の内でも、宮使・承使は六坊より下位に位置し、境内掃除役などを主なつとめとしていた。

一方、社人・神子は隅田八幡宮の境内ではなく近村に居住しており、神事に奉仕することで「庄中」

から渡される料物が主な経済基盤であり、「庄中之心ニ違候而ハ渡世送りかたき」といわれるような経済状態の人びとであった。

そのような「座中」は、中世以来の宗教的職能をそれぞれ果たしてきており、新たな近世社会の到来のなかでもその利害関係をめぐって対立を繰り返したが、それらを経てそれぞれの社会的役割がほぼ確定するのが、およそ天明年間（一七八一～一七八九）のことであった。それを示すのが、天明七年（一七八七）の隅田八幡神社文書 三一一である。同文書からは、まずは隅田八幡宮の境内地に住居を構えていた六坊の供僧仲間と、荘内の村々に居住していた社人や神子の様子がわかる。そして、その彼らはこれからは別当大高能寺の指図を受けるかたちで、それぞれの役目を果たし、隅田八幡宮の境内を清浄な神域として維持運営していくことを、この天明七年（一七八七）の時点で定めたのであった。そして、その運営を統括するのが、このとき「庄中」つまり「村々十六ヵ村」だとされているのである。

その隅田の庄中の村々十六ヵ村とは、河瀬村、下兵庫村、上兵庫村、中島村、境原村、杉尾村、霜草村、平野村、山内村、垂井村、芋生村、中下村、上田村、中道村、赤塚村、恋野村である。その「庄中」村々十六ヵ村が連帯して隅田八幡宮の運営を統括し、「座中」の大高能寺・供僧・社人・神子のいずれもが、それぞれこの地域社会の中で果たすべき社会的役割が確定していったというのである。

つまり、歴史的な観点からいえば、隅田八幡宮の祭祀を担う存在としてもっとも古い由緒をもっていたのは、系譜的には①「座中」（神宮寺の大高能寺・社人・神子、供僧）であり、それに次ぐのが、中世的な系譜を引く、②隅田組地士二十五家であったが、それに対して近世社会で抬頭してきて天明年間にその中心的な位置を占めるようになったのが、③「庄中」（氏子村十六ヵ村）だった、というわけである。

上田傅右衛門家

この天明七年の定書は、大高能寺・供僧仲間・社人仲間・庄中村々役人の四者の間で取り決められたものであり、ここに隅田一族についての言及はない。しかし、隅田一族も近世社会の到来の中で大きな変化を遂げることになる。徳川頼宣（南龍院）の和歌山への入国は元和五年（一六一九）のことであったが、隅田一族の動きを語る史料として参考になるのは、上田正嗣家文書 四－四七三の「由緒書」である。

それによれば、徳川頼宣の入国に当たって、渡辺直綱（鉄砲衆）、水野正重（鉄砲衆）、彦坂光正（家老）という藩の重臣からの命令で、伊勢国桑名まで迎えに出向き和歌山まで送迎したという。その後、藩からの「御改」があったので「由緒書」を提出したところ、元和七年（一六二一）十二月一日に隅田党の十五人が和歌山城下に召し出され、隅田組と命名されて切米三十石を支給され、先の三人の重臣の配下の与力として配属されたという。

しかし、その後、正保二年（一六四五）に藩政改革が行なわれて与力の隅田組はいっせいに切米を召し上げられ、承応三年（一六五四）からは和歌山藩の「地士」制度のなかに組み込まれて、農村居住の「地士」身分を与えられる。名字帯刀の特権を与えられるとともにいざというときの軍役の負担も課されることとなった。そうして「地士」としての身分を獲得した隅田組の家々であったが、隅田一族の中でもその地士としての身分を得られなかった家々もあり、彼らはその獲得への願い上げを行なっている。その一方では世代交代の中で隅田組の家々にも盛衰があり、没落する家の例もありまた勢力を増す家の例もあった。

たとえば、この上田正嗣家文書を伝来している上田家（屋号ドイ）の例でみれば、中世以来の隅田一族の有力な家であったことは確実であり、先の徳川頼宣の入国に際して送迎をした傳右衛門正種（一六七九年没。享年八十）から、その子傳右衛門正陳（一七一二年没。享年七十）、孫傳右衛門正之（一七四四年没。享年五十五）までは隅田組地士としての家督をしっかりと維持できていた。しかし、正之のまだ若い五十五歳での病死は愛娘二人を残したままであったため、家督の相続の危機が訪れる。

複雑な経緯を経てそれを救ったのは、近隣の分家の上田家（屋号ゴンノカミ）から養嗣子として入った傳右衛門演委（一八一四年没。享年七十）であった。[35] その傳右衛門演委は、寛政三年（一七九一）四月に口熊野大島浦に異国船漂流の時、三人扶持と人足一人の証文を下し置かれて口熊野へ馳せ参じお褒めの言葉と銀子を頂戴したという。また、寛政五年（一七九三）から和州河州寺領越米改役をつとめたといい、また先規のとおり城下での毎年年頭のお目見えを仰せ付けられ熨斗目《のしめ》を着用して相つとめたという。その傳右衛門演委が藩に提出した「覚」がある。それが上田正嗣家文書一七〇である。

その「覚」が提出された亥年とは寛政三年（一七九一）のことであり、ちょうど演委が口熊野大島浦への異国船漂流に対応して口熊野に出張した年に提出された「覚」と考えられる。その文書には隅田組惣代として上田傳右衛門と隅田半右衛門とが連署しているが、それによると隅田八幡宮の主要な祭礼である八月十五日の放生会で隅田組の面々による武装しての仲間桟敷への参列がいつからとなく勝手勝手になってきているが、これからはあらためて先規の通りに整備し実行していきたいという旨が記されている。

こうして隅田組地士の権威回復が実現していったのは、この寛政年間以降のことと考えられるが、隅田八幡宮での神事や祭礼の場において、彼らの特別な桟敷への参列、しかも槍など武装しての参列というのは、やはり彼らが一般村民とは異なる由緒をもつ隅田党武士の子孫であるということの存在証明として、またその特権を表現する場として重要な意味をもっていたのである。

だんじり屋台の登場

現在の隅田八幡宮は隅田八幡神社と呼ばれており、その祭礼は隅田八幡神社秋祭りとして県指定無形民俗文化財（平成七年指定）となっている。毎年十月第二土曜日が宵宮、日曜日が本祭となっている。しかし、もともと隅田八幡宮の祭礼といえば、正月元旦の御朝拝と、八月十五日の放生会の二つが重要な祭りであったはずである。それが現在ではもうほとんど忘れられているかのようである。神社の存続の歴史的な長さとともに、その一方では、祭礼の内容には大きな変化が起こっていくのだということが思い知らされる。近世から近代への時代の推移の中で、正月元旦の御朝拝は行なわれなくなり、旧暦八月十五日の放生会も新暦十月十五日前後の秋祭りへと、その季節とかたちとを変えてきているのである。

その隅田八幡神社の秋祭りは、今では各地区から出されるだんじり屋台の神社境内での豪壮な練りと、校舎移築によって隅田中学校の敷地内となっているかつての「芦原のお旅所」への渡御で知られ

隅田八幡宮の例祭。当番にあたった地区がダンジリを繰り出す

る祭りとなっている。その変化の推移をさかのぼってみると、まず旧暦八月から新暦十月への祭日の変更の背景にあったのは明治の神仏分離令であった。それとともに仏教的な放生会の色彩が失われ、秋祭りの色彩が濃くなっていった。決定的だったのは、明治四十年（一九〇七）の和歌山県令による例祭日の旧暦八月十五日から新暦十月十五日への変更の指示であった。そして、戦後の昭和三十二年（一九五七）には市議会でその十月十五日を橋本市の地方祭の日と定められたが、その条例は平成二年（一九九〇）には廃止され、平成五年（一九九三）からは十月の第二土曜日・日曜日が祭日とされて現在に至っている。

旧来の正月元旦の御朝拝と八月十五日の放生会の二つが重要な祭りであった隅田八幡宮の祭礼に大きな変化をもたらした最大の原因とは何か。それはすでに近世の十八世紀後半に起こっていた変化であった。つまり、前述のような隅田八幡宮が隅田一族が中心となっていたその氏神から、新たに庄中村々十六ヵ村が祭る彼らの氏神へとなっていったことである。そのことをなによりも具体的に視覚的に祭礼の上で表現したのが「だんじり屋台」の登場であった。

そのだんじり屋台の登場について知らせる史料は、明和四年（一七六七）八月の「雨請願満小踊御祭礼段尻入用割符取立帳」（田中家文書）である。そこには、だんじり屋台を飾る水引や簾とともに、「出し花二百五十」と記されており、だんじり屋台に括り付ける竹の「出し花」がそのころは数多く準備されていたらしいことがわかる。[36] この明和四年というのは、庄中村々役人と大高能寺・供僧仲間・社人仲間との間で取り決められた前述の「定書」の天明七年（一七八七）よりも少し前のことである。その庄中村々十六ヵ村がそれぞれ順番を決めてだんじり屋台を担ぎ出し、放生会が自分たちの祭りともなったことを示威し、かつそれは雨乞いという農作豊穣への祈願ともなってきていたのである。文政元年（一八一八）の芋生孝治家文書　三四九、宮下彰義家文書　一七九－一八一には、「毎年庄中四郷之中、一郷組合ニ而壱ケ村宛、順番ニ屋台持参、御輿御渡御供」というしきたりができてきており、その屋台の担ぎ手は「若連中」であったという。

現在では、山手（霜草・境原・山内・平野）・宮本（垂井・芋生・中下）・下手（中島・下兵庫・河瀬）・川南（恋野・赤塚・中道）の四つの地域に分かれており、四地域ごとにそれを構成している個々の四つか三つの村がそれぞれ順番を決めて一台ずつダンジリを出し、その四地区の十三ヵ村の十三台が順番に出られるようになっている。つまり、文政元年（一八一八）の芋生家文書や宮下家文書に記されている「四郷」の区分けが、現在も山手・宮本・下手・川南の四地区として継承されているのである。

そして、もう一つ注目されるのが、安政四年（一八五七）の「放生会御神事入用割賦帳」（「隅田八幡神社文書」）である。それによれば、山手に杉尾、下手の兵庫は上と下との二つ、川南に上田があり、そのころは計十六ヵ村の十六台が出ていたことがわかる。現在では十三ヵ村の十三台が順番に出ているのだが、古くからの伝承としては十六ヵ村が奉仕する祭礼という言い方が伝えられており、それはこのためと考えられるのである。

祭礼の際の隅田一族の装束（昭和初期）

神社の創建と祭礼の伝承

近世社会においてもその維持がはかられていた隅田組地士の特権であったが、それは隅田八幡宮の主要な祭礼である八月十五日の放生会で、武装して仲間桟敷へ参列することで表現されていた。それは祭礼でのさまざまな芸能、たとえば中世以来の猿楽や相撲、童舞、流鏑馬などの観覧の場でもあった。しかし、近世後期から祭礼の催し物の中心的な位置を占めてきたのは、村々の若連中によるだんじり屋台の練りであった。そして、明治以降の神仏分離や祭日の変更などとともに、仲間桟敷それ自体が喪失していったのであった。そうしたなかでも昭和初期までは隅田組一族の家筋の人たちは特別な装束で祭礼に参加していた。しかし、現在ではすでにそれは古老の昔語りとなっている。

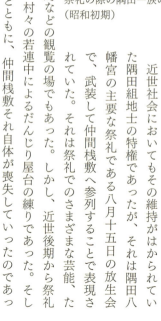

現在の隅田八幡神社は、古い由緒を伝える神社であるとともに、広く地域社会に開かれて近郷の村々の氏子の人たちが熱い思いでその秋祭りを伝えている神社である。その存在感は大きく、地元の橋本市の文化財としてだけでなく和歌山県の無形民俗文化財にも指定されており、地元関係者はもちろんおおぜいの観光客を集める祭礼ともなっている。

漠然と古い由緒を伝えている神社であっても、このようなそもそもの創建と由緒と沿革を細かくたずねてみると、なかなかに奥の深い歴史と何世代にもわたる多くの先祖の人たちの苦労や努力がはかりしれないほどにあったことがわかるのである。[37] 隅田八幡神社の祭礼はこのような深い歴史を背負いながら、これからもまだそれぞれの時代に適応しながら変化を重ねつつ、長く長く伝承されていくにちがいない。

2　郷村の氏神祭祀——苗村神社と九村三十余郷

滋賀県竜王町の苗村神社

　古い由緒を伝える大きな神社があり、近郷近在にその祭礼に参加する村々が数多くあるというかたちは、いまみた和歌山県橋本市の隅田八幡神社をはじめとして、近畿地方ではよくみられる神社のありかたである。隅田八幡神社の場合は、近郷の十六ヵ村のそれぞれの村々には個別に氏神の神社が祭られるかたちとはなっていなかったが、これから紹介する滋賀県蒲生郡竜王町の苗村《なむら》神社は、本社とともにその広い氏子圏の村々にも個別に氏神の神社が祭られるかたちとなっている。そこで、この苗村神社の祭礼と、その広い氏子圏を構成している九村と三十余郷について紹介することにしよう。なお、筆者もこの地域は長く調査を継続しており、二〇一五年十月の三十三年式年大祭も直接調査見学することができたが、今回の大祭はその詳細な調査記録が『苗村神社三十三年式年大祭調査報告書』[1]

苗村神社楼門

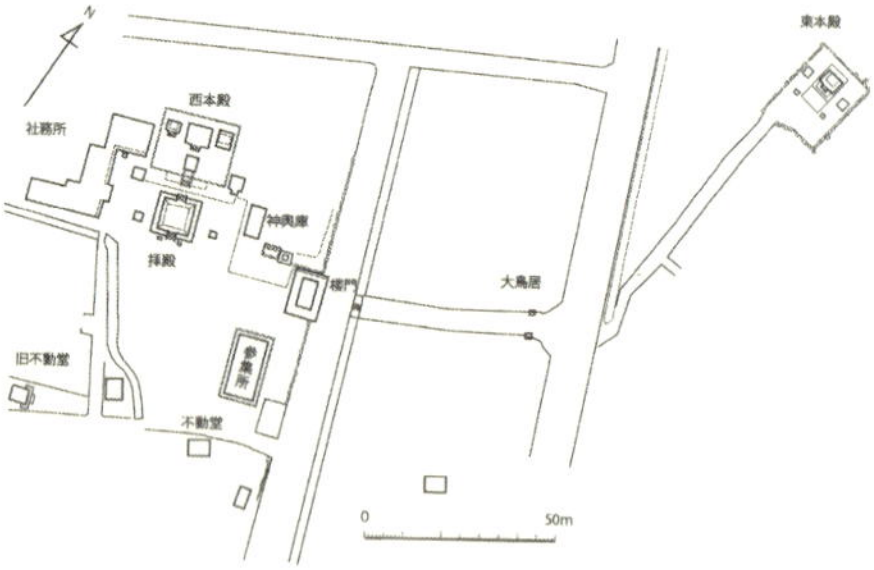

苗村神社境内図

として刊行されており、参考になる。

苗村神社は、滋賀県蒲生郡竜王町の綾戸に鎮座している古社である。地理的にみると、西に鏡山と東に雪野山（竜王山）という東西二つの山系に挟まれて広がる広大な平野部の中央に位置している。その広い平野部は、西南から東北に流れる日野川が造った沖積地である。社殿は、県道五四一号線を挟んで東西に二社の本殿があり、東本殿は那牟羅彦神と那牟羅姫神を祭神とし、西本殿は大和国吉野金峯山《きんぷせん》から勧請したと伝える国狭槌尊を祭神としている。ただし現在では、那牟羅彦神と那牟羅姫神は西本殿に祭られている。那牟羅彦神と那牟羅姫神を祭神としていた東本殿は古くから長寸神社と称していたといい、『延喜式 神名帳』にある近江国蒲生郡長寸神社がこれに比定されるという説もあるが、確証はない。西本殿については、吉野金峯山から国狭槌尊を勧請して創建されたのが安和二年（九六九）のことだという伝承がある。いずれも伝承であり、史実としての追跡や実証は不可能である。

しかし、現存している苗村神社が、そのような古い由緒と伝承をもちながら、近郷の村々の氏神の神社として祭られているという事実には大きな意味がある。古文書などの記録類は曖昧で少ないが、祭礼の伝承は古式を推量させる、そういう神社、それがこの苗村神社なのである。そこで、記録と祭礼伝承の二つの面からこの神社の歴史と意味とを読み取るということを、以下で試みてみよう。

社殿と棟札

神社建築の上でまず注目されるのは、昭和三十年（一九五五）に国宝に指定された西本殿であり、徳治三年（一三〇八）三月に修造された時の棟札には、「建保五年十月五日、願主大法師喜淵御代官恵一、神主佐々木筑前四郎太郎義綱御代官森□社太夫延寿、大工　藤原宗定（以下四名略）」「注進　建保五年丁丑歳　大明神御宝前、八月廿六日造立始拾月五日棟上、昔者遠所之雖沙汰志天難有造立、今者源有宗故刑部殿度文之以状本尊院彼岸所領知之間、奉造立所始之源行守、藤原家平、仲原近永、下神主佐々木六郎禅師殿御代官河守四平御子平助時、源家弘、此氏人時造立也、十月五日」「注進　徳治参年戊申弐月四日造立之始、三月十九日棟上、願主岩王御前弁村人、此於以天取所造立也、大工藤原吉守　小口安陪清興（以下五名略）　執筆　僧信快　同　安弘」[2]とあり、この徳治三年三月に修造された社殿は、もと建保五年（一二一七）十月に造立された社殿であったことがわかる。そして、建保五年十月の造立時の文言からは、昔は特別な有力者おそらくはこの苗村荘を領有した荘園領主によって造立されていたが、今では源行守、藤原家平、仲原近永、平助時、源家弘たちおそらく在地の小領主層であろうが、彼ら「氏人」によって造立されるかたちとなっていたこと、そして徳治三年三月の修造時の文言からは、「村人」も参加して修造するようになっていたことが知られる。

その他、苗村神社境内の建築物で重要文化財に指定されているのは、西本殿を挟んで建てられている八幡社本殿（室町時代）と十禅師社本殿（室町時代）、楼門（大永二年〈一五二二〉）、神輿庫（天文五年〈一五三六〉）、そして東本殿（室町時代）である。いずれも室町時代に建立された社殿である。その室町時代の文明年間の二つの棟札が注目される。一つは、文明六年（一四七四）九月の鳥居の棟札である。その中に次のような文言がみられる。

「爰仁江州蒲生郡九村氏人等、催貴賤芳心、早速奉造立鶏栖之功徳、一万三千仏供養同シ、彼浄境台於歩運出入輩、七千万劫罪障消滅、乃至法界利益周遍、

于時文明六年甲午　九月三日棟上　弓削兵衛四郎　惣大工　藤原宗弘」

もう一つが、西本殿の棟札で、その中には次のような文言がみられる。

「抑御□造栄之元者、九村老少男女一人不残、人別廿文宛以出作立申候也、御柱立、文明八年丙申正月廿三日、同大工河守左衛門五郎左衛門、塗師大工八日市河口藤八弁赤金大工横関将資、加治之大工綾戸与一也、併シ棟上者同八月レレ、

雖為悪筆、以後刻見令書写畢、比興く、

于時文明八年丙申六月吉

時之聖綾戸住人範祐（花押）」

この二つの棟札にみられる「九村氏人等、催貴賤芳心」とか、「九村老少男女一人不残、人別廿文宛以出」という中の「九村」というのは、苗村神社の地元の村落のことで、現在も苗村神社の祭礼では特別に芸能を奉納するなど篤い奉仕を行なっている村落である。その「九村」の「氏人」が「男女

一人不残、人別廿文宛」拠出したというのである。つまり、文明年間にはすでに、この苗村神社は、「九村」の「氏人」が祭る氏神となっていたということがわかるのである。

荘園鎮守社から郷村の氏神社への三段階変化

先にみた和歌山県橋本市の隅田八幡神社の場合には文献記録が豊富に伝えられていたので、第一段階（平安後期）が隅田荘の荘園鎮守社、第二段階（鎌倉・室町期）が隅田党武士の氏神としての神社、第三段階（江戸中期以降）が庄内十六ヵ村の村人たちの氏神としての神社、という三段階の歴史的な展開がみられたことが追跡できたわけであるが、この苗村神社の場合には文献記録がほとんどなく、その歴史的展開を文献史料をもとに追跡することはひじょうに困難である。

しかし、先の隅田荘と隅田八幡神社の例を参照枠として設定するならば、これらわずかな棟札の記録からではあるが、第一段階（平安後期）が苗村荘の荘園鎮守社、第二段階（鎌倉期）が在地武士たちの氏神としての神社、第三段階（室町期以降）が「九村」を中心とする周辺の村々の村人たちの氏神としての神社、という三段階の歴史的な展開がみられたであろうことが推定できる。郷村の村人たちにとっての氏神として祭られるようになったのが室町期の文明年間というのは、隅田八幡神社の場合と比べるとひじょうに早い段階であったといえる。その理由としては、この苗村荘と苗村神社の場合は、先の隅田荘と隅田八幡宮のような隅田党や隅田一族という武士団が強い影響力を残すというかたちで歴史が展開しなかったからではないかと考えられる。

近畿地方の荘園村落で祭られる神社の歴史的な展開過程を考える上では、このような、荘園領主が祭る荘園鎮守社としての神社、在地武士が祭る氏神としての神社、村落の村人たちが祭る氏神としての神社、という三段階を経るという仮説がここに提出できるであろう。

祭礼と九村三十余郷

苗村神社の年間の祭礼行事は数多いが、なかでも重要なものは、四月二十日の例祭、五月五日の節句祭、八月三日の夏祭りの三つである。このうち夏祭りは、もともと明治の神仏分離令以前の神仏習合の時代にこの苗村神社でさかんに行なわれていた、旧暦六月二十七日の「三十余郷盗賊退散之御祈禱」[3]といわれた神前護摩供祈禱の流れを引くものである。もっとも重要なのは四月二十日の例祭で、これは旧暦の時代も四月の祭礼であった。

苗村神社の祭礼に参加する氏子と祭祀圏については、九村と三十余郷という二つが存在することがその特徴である。地図1が苗村神社に伝わる略図で、地図2が現在の地図で示したものである。九村は苗村神社に近い位置にある村々で、特別な出役の奉仕や芸能を奉納する村々である。現在では、子之初内《このはうち》（綾戸・田中）・殿村（川守・岩井）・島村（島）・駕輿丁村（駕輿丁）・神部村（鵜川・駕輿丁の菱田一統）・川上村（川上）・奥村（浄土寺・庄・林）と、きりょう村（橋本）の八つであるが、明治十九年（一八八六）の式年大祭までは、葛巻村（葛巻）を加えた計九つの村であった。[4]

この九村の特徴の一つが、島村や川上村のように一つの集落で九村の一つとなっている場合と、殿村や子之初内や奥村のように二つか三つの集落で九村の一つとなっている場合と、神部のように鵜川に駕輿丁村の菱田一統六戸（もと七戸）だけが加わって一つとなっている場合があるように、九村の

「村」というのは単純な集落としての村や、行政上の単位としての村という意味ではないということである。つまり、この九村の村とは、苗村神社に特別な諸役や芸能で奉仕する集団という意味での「村」なのである。

そのような九村の伝承に対して、三十余郷というのは、苗村神社の近郷の氏子の村々であり、四月十九日の御葉山《みはやま》神事でミハヤマと呼ばれる神迎使が巡回する順序からいえば、上廻りの、鵜川・七

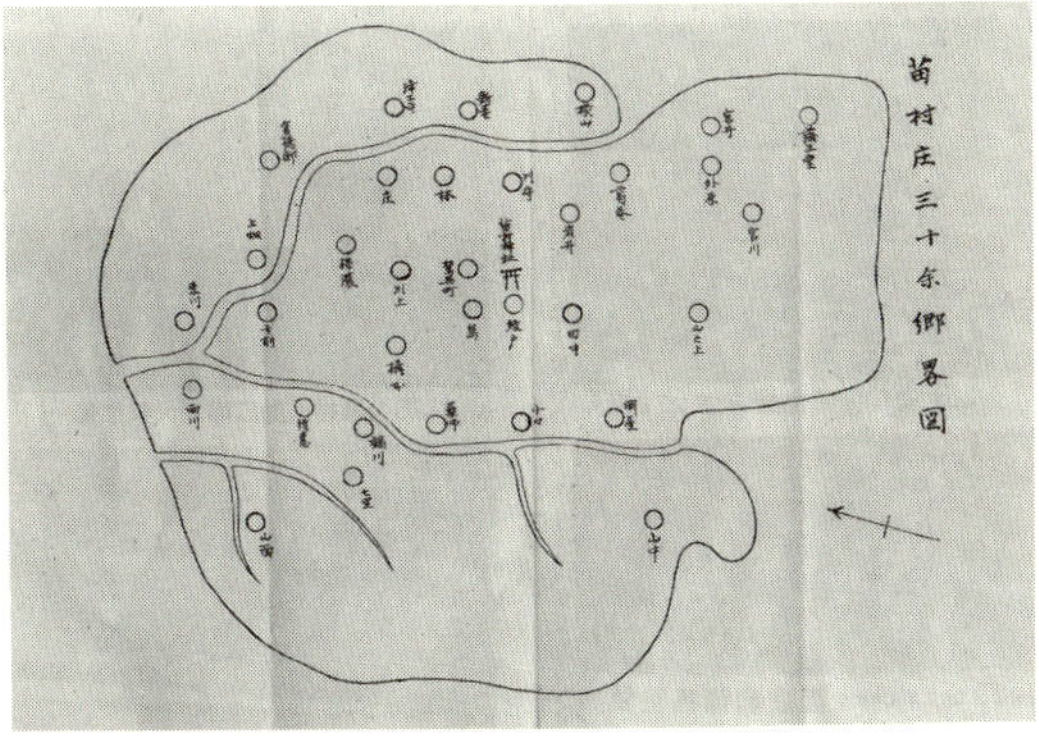

地図１　苗村庄三十余郷略図

地図２　苗村神社の位置と九村（□で囲ってある地区）と三十余郷

里・薬師・小口・岡屋・山中・山之上・宮川・外原・蒲生堂・宮井・横山、下廻りの、川上・信濃・弓削・須恵・西川・東川・上畑・倉橋部・新巻の、あわせて二十一ヵ村である。

例祭

四月の例祭の次第は、以下のとおりである。

四月十四日　七日参り

九村・三十余郷の各集落の当屋が神社に参拝してお祓いをうける。

四月十九日　御葉山神事

子之初内（綾戸・田中）二人・殿村（川守・岩井）二人・神部（鵜川・駕輿丁の七戸）二人・駕輿丁一人の九村の当屋または年行司の役の人物、計七人が白丁（白装束）を着て草鞋をはき、粽《ちまき》と昼の弁当をもって、朝七時に苗村神社に参った後、上廻りと下廻りの二手に分かれて一日がかりで三十余郷の村々の氏神の神社に参拝してまわる。

それが終わるのは夜の七時か八時になるが、上廻りと下廻りの七人の年行司が川守の天神社に集まり、一緒に苗村神社へ大榊を納めに行く。それでこの大榊に三十余郷の村々の氏神の御神霊を迎えてきたことになる。

四月二十日　本殿祭

三十余郷の氏子代表が参列。各村では当屋宅か集会所でシュウシ（宴会）が行なわれる。そのあ

九村と氏神

綾戸（子《こ》之《の》初内《はうち》）	綾之宮	田中（子《こ》之《の》初内《はうち》）	八幡神社
川守（殿村）	天神社	岩井（殿村）	八幡神社
鵜川（神部）	天満宮	駕輿丁	若宮神社
島	八幡神社	川上村	若宮八幡神社
浄土寺	天神社		
林	天神社（もとは浄土寺の天神社）		
庄	八幡神社（もとは浄土寺の天神社）		

三十余郷と氏神

（きりょう）	橋本	左右神社		
（上廻り）	鵜川	天満宮	七里	石部神社
	薬師	勝手神社	小口	真気神社
	岡屋	勝手神社	山中	大山咋神社
	山之上（西山と西出）	日吉神社	山之上（東出）	杉之木神社
	宮川	八坂神社	外原	八幡神社
	蒲生堂	落神社	宮井	八幡神社
	横山	支那堂神社		
（下廻り）	川上	若宮八幡神社	信濃	稲荷神社
	弓削	小日吉神社	須恵	八幡神社
	西川	吉水神社	綾井	鍵取神社
	東川	宇賀神社	上畑	天神社
	倉橋部	安吉神社	浄土寺	天神社
	林	天神社（もとは浄土寺の天神社）		
	庄	八幡神社（もとは浄土寺の天神社）		
	新巻	日吉神社		
	葛巻	永見神社		

（葛巻は、明治19年〔1886〕の三十三年式年大祭までは、九村に属していたが、その後は抜けて三十余郷の一つとなっている）

御旅所への渡御に出発する一行

御旅所

と、当屋の家から苗村神社へお渡り。当屋宅では前年度の当屋から引き継いだオタチ（大太刀）が一年間祀られている。その「お太刀受け」をすると「一年間は神さまのおかげで元気でいられる」といっている。そのお太刀を持つ者を先頭に、御幣を付けた長い竹、神輿担ぎ役、警固役が続く。当屋は烏帽子に白装束で馬に乗って行列する。行列が苗村神社に着くと、本社に参り、村ごとに定められたシュウシ場に着座して酒宴となる。拝殿に三基の神輿（国狭槌尊・那牟羅彦神・那牟羅姫神）が安置されており、宮司の祝詞奏上のあと神酒と御供が各村々に渡される。

御旅所への渡御

御旅所は岩井の集落の東北方向の場所にある。日野川からの取水路の起点としての歴史が推定される場所の近くである。昭和五十七年（一九八二）の「苗村神社三十三年式年大祭記録」によれば、こ

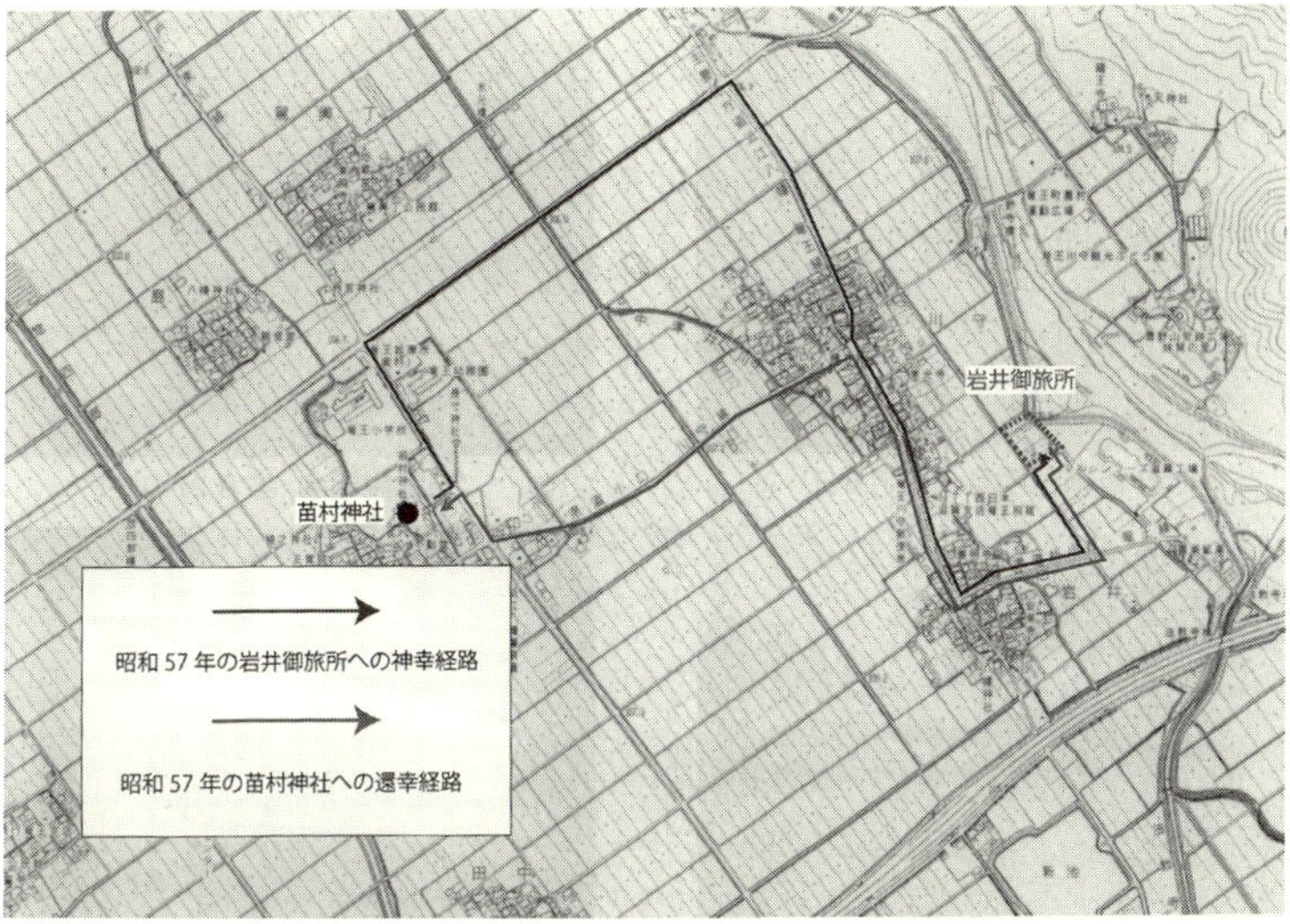

苗村神社から御旅所への神幸経路と還幸経路

の岩井の御旅所は古くから日野川の河川敷に設営されていたという。その渡御の経路は、上の地図にみる通りである。途中で、橋本が駕輿丁の若宮神社で待機し、渡御の合図を受けて行列に加わりその先頭をつとめることになっている。橋本は「きりょう」と呼ばれて特別な位置づけがなされており、御旅所での桟敷でも図2にみるように神職と並ぶ場所が与えられている。

御旅所での神事が終わると、往路とは別の経路で苗村神社へと還御する。この行事が終わった後、各村々の当屋の引継ぎが行なわれる。村によっては翌日に引継ぎをする村もある。

雲生、井戸掛、大穂生、惣礼詣与下露

渡御の行列で唱えられるのが、この「うんしょう、いどかけ、おおぼしょう、それもよかろう」という掛け声である。その意味について現在では、「雲より生ずる恵みの雨をたのみとし、

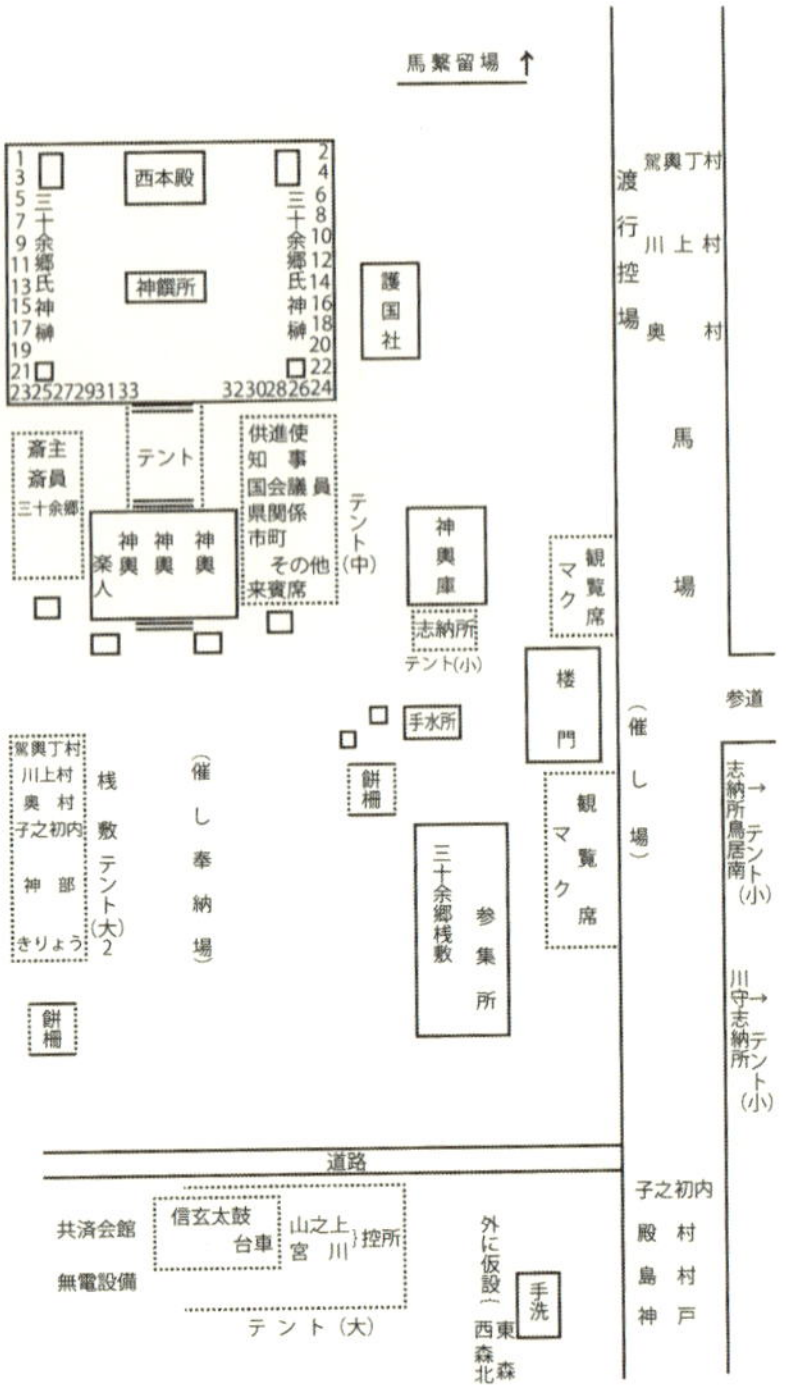

図1　苗村神社第1・2日境内指定所図

いたる所の荒れ地や田の頭に溜め井戸をつくり、水を汲み上げて大きな稲穂が育つよう、惣（村）が神に詣でて、露でも天から与えてほしい」という意味だと言い伝えられている。

この掛け声の由来が、漢字が先か仮名が先か、その前後関係の論証はむずかしい。ただ、注目されるのは、現在は広く豊かな水田が広がる九村と三十余郷であるが、その生活経営史という観点からみれば、時として洪水で荒れる日野川をはじめとするこの平野部を囲む水系からの取水による水田稲作経営の安定こそが、この苗村神社への信仰の基盤にあったことを想定させる伝承という点である。

三十三年式年大祭

苗村神社の祭礼の特徴の一つが、このような九村と三十余郷という氏子組織の二重性であるが、もう一つが、毎年恒例の四月二十日の例祭とは別に、三十三年ごとに一回行なわれてきている秋十月の式年大祭である。最近では、平成二十六年（二〇一四）十月十一～十三日の三日間にわたって行なわれた。例祭が春祭りであるのに対してこの式年大祭は秋祭りであるという点と、祭礼構成が例祭を大規模化したものであるという点が特徴である。十月十一日が本殿祭、十二日が御旅所への渡御、十三日が山車《だし》の奉納である。平成二十六年は十三日は台風の接近で山車の奉納は中止となったが芸能の奉納は行なわれた。紙幅の都合上、ここでは要点のみを紹介しておくことにする。

　この三十三年式年大祭の歴史を知らせる記録の現存最古のものは、苗村神社文書の中の寛文二年（一六六二）の「苗村神社寛文式年大祭渡御等次第書」[5]である。その後、三十三年ごとの式年に大祭を行なってきたことは記録類から確認できるが、それ以前については、『近江蒲生郡志』巻六に「慶長四年三十三年の大祭に当たり、地頭稲葉兵庫頭は米弐石を寄附」とあるものの、その裏付けとなる同時代の記録はない。三十三年ごとの式年大祭が近世社会の到来の中で始められたものなのか、それとも中世社会においてすでに行なわれていたのかについても不明である。

　ただし、前述のように、文明六年（一四七四）の鳥居の棟札に「九村氏人等」、文明八年（一四七六）の西本殿の棟札に

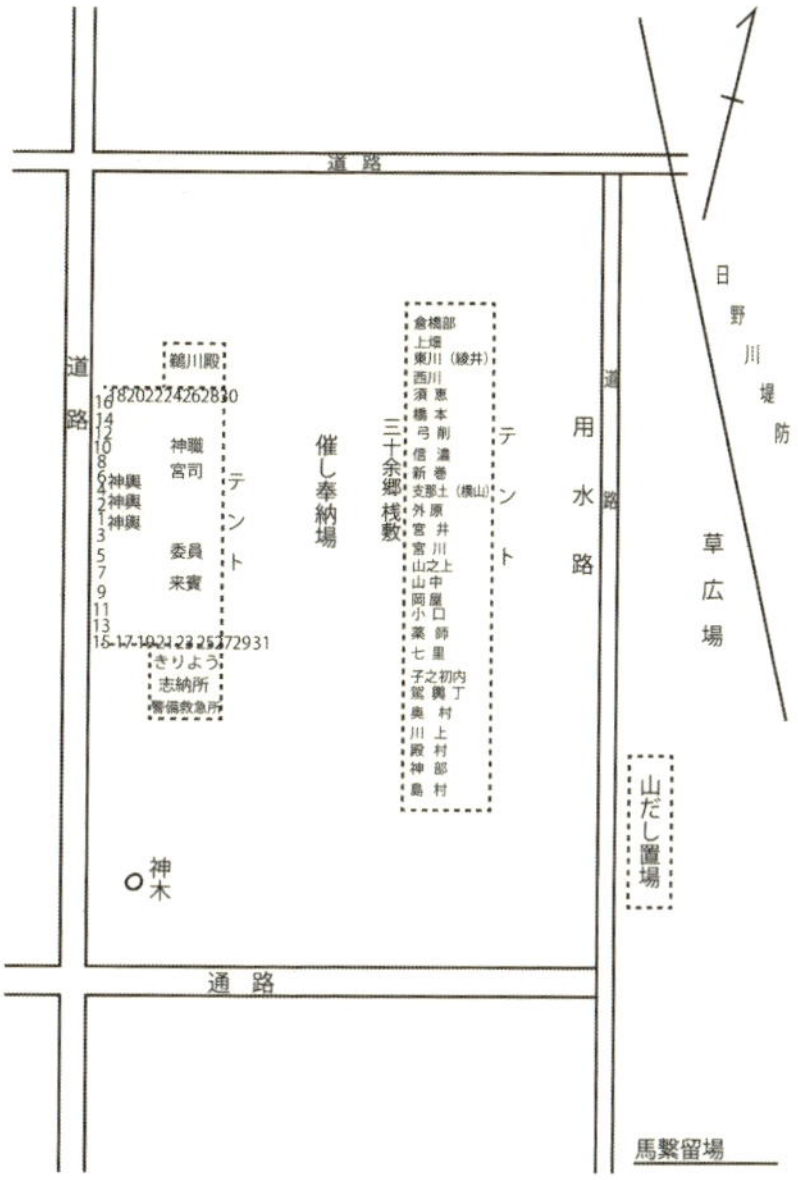

図２　岩井御渡所式場略図

「九村老少男女一人不残、人別廿文宛」、などとあるように、室町時代の文明年間には九村の人たちが苗村神社を自分たちの氏神として祭っていたことは確かであり、さらにさかのぼれば、徳治三年（一三〇八）三月に修造された時の西本殿の棟札に、「源行守、藤原家平、仲原近永」、「平助時、源家弘、此氏人時造立也」とあるように、鎌倉時代にはおそらく近郷の在地の中小領主層であろう武士たちが「氏人」として、苗村神社を祭っていたことは確実である。

この文明年間の「九村」は現在の九村に系譜的につながるものであり、そして鎌倉時代にこの苗村神社の「氏人」であると称していた近郷の在地小領主層の範囲が、現在の三十余郷に系譜的につながるものではないか、と考えられる。とするならば、この苗村神社の九村と三十余郷を総結集する三十三年ごとの式年大祭と、その二種類の氏子の基本的関係を維持継続させている毎年四月の例祭とは、少なくとも中世社会において形成されてきた祭礼方式であったと考えてよいであろう。

鵜川殿の記録と伝承

式年大祭で現在も特別待遇されている旧家、それが鵜川家、鵜川殿である。この鵜川殿の存在がとくに注目されるのは、御旅所への渡御行列への参列の場面と、御旅所祭で特別な桟敷席が用意されている場面などである。ではその鵜川殿とは何か、鵜川家に伝来する古文書を見てみることにしよう。[6]

いずれも近世文書であるが、ここで注目される文書が二つある。その一つが、「江州蒲生の上郡河東河中川面之床の惣社苗村大明神頭弁鵜川氏の記録」と冒頭に記しているものである。文安三年（一四四六）三月の文書としながらもその文書が虫損の状態なので、村役人立ち会いのもとで、文化九年

（一八一二）三月に改めて書いたと記している。同じ文言の文書が五点ある。いずれも古代中世の史実としてではなく、近世における伝承として参考にすべき情報といえる。

この鵜川家に伝えられている記録伝承は、いくつかの興味深い歴史情報を提供している。以下に列記してみる。

①安和二年（九六九）の大和国金峯山から蔵王の眷属、弥陀の垂迹、子守大明神として降臨したという縁起を伝えていた。

②罪悪生死の輩に法楽を得させるため、貧窮無福の者に財宝を授けんがため、という現世利益が強調されていた。

③この苗村神社は農業、農作の神であり、春季の三月二十日と四月一日とを忌日とする慣例ができていた。

④山之上村が文安三年（一四四六）三月二十日に、忌日の禁忌を犯して耕作を決行し、鵜川殿たち苗村神社の祭祀集団の秩序を破壊しようとした。神輿を出して山之上村を責めたが、逆襲されてしまった。そのとき神明の霊威が振るわれて降伏させることができた。

この記録から注意されるのは、山之上村がみずからを「神人」と位置づけていたこと、三月二十日と四月一日の忌日の禁忌を犯して耕作を決行したこと、神威によって山之上村が降伏したこと、の三点である。そこから指摘できるのは、荘園としての苗村荘が存在し

岩井の御渡所での芸能披露

荘民は「神人」として位置づけられていた、荘園としての秩序は三月二十日と四月一日という忌日の設定によって構築されていた、その秩序が動揺する時代状況が現れてきていた、この文安三年から約三十年後の文明六年（一四七四）、文明八年（一四七六）には、前述のように苗村神社の鳥居や西本殿の棟札から、「九村氏人等、催貴賤芳心」「九村老少男女一人不残、人別廿文宛以出」という文言がみえるようになっている。つまり、この十五世紀半ばというのは、広域の苗村荘の等質的な荘園経営の段階から、苗村神社の地元の小村落が「九村」として編成され、旧来の苗村荘の村落が三十余郷として編成されるという、村落を単位としながら結集するという、新たな段階へと展開してきていたということを推測させるのである。

⑤三月二十日と四月一日の忌日を厳重に守るべきことが再確認された。

⑥苗村大明神は三十余郷の惣氏神であり、三十三年に一度の神事がある。その際、鵜川七郎兵衛の家筋には特別な由緒があり、鵜川村は三十余郷の親郷であり、鵜川七郎兵衛は三十余郷の第一番の上座というのが慣例である。

⑦なお、現在の祭礼奉仕の上で、鵜川村が駕輿丁村の一部菱田一統六戸（もと七戸）と一緒になって神部とされている理由については、この文書が記すように鵜川七郎兵衛が一時不如意におよびそこで駕輿丁村の親類の協力を頼んだことがあったというところからきている。

中世在地領主の系譜を伝える鵜川氏

もう一つ、この鵜川家文書で注目されるのが、これも、同じく文化九年（一八一二）に同じ村役人の立ち会いの下で古い文書を書き改めたとしてその末尾に次のように記す文書である。

「文化九年壬申三月　日

此度本書右虫喰ニ相成難分候間御相方村役人立会之上改書仕相違無之候以上

手前方年寄治郎左衛門　㊞

同　　組頭　　利　七　㊞

御相領方庄屋市左衛門　㊞

鵜川七郎兵衛殿　　」

この文書で、鵜川氏は、

①もともと京都と関係の深い武士であり、太閤秀吉に召し上げられるまでは一定の知行高の実績があった。

②苗村神社への奉仕は先祖代々格別であり、烏帽子、素襖《すおう》に九曜の星の紋所で祭礼に参列してきている。

③神部としての伝統を保持し、村方とは縁組しない家筋である。

などと記しており、村役人もそれを了解している。この文中にあるように、鵜川氏が苗村神社の祭礼に奉仕する神部であったとするならば、現在、鵜川村と駕輿丁村の一部の家が神部として奉仕しているのは後の変化によるものであり、前述した鵜川氏が一時不如意となったときから、という可能性が考えられる。

この苗村神社の祭礼における鵜川殿の存在は、中世後期の文明年間に「九村」を中心とする村方が氏子として奉仕する段階へとなる以前において、近郷の在地領主層が氏人として苗村神社を奉祭していた、より古い段階の名残りをいまに伝えるものといってよい。民俗学・民俗伝承学の視点からみるということは、伝承文化についていわばパソコンデータ上の上書き保存と消去の履歴を解明するような視点からみるということであり、鵜川殿の保存データは後の村方の上書き保存データのなかにもまだ消去されずに生き続けてきているデータであると位置づけることができよう。

前節（「1　隅田荘と隅田八幡神社」）でみた隅田八幡神社の祭礼の場で隅田党武士の後裔の隅田組地士が武装して桟敷の座席にその特権を表現していた伝承が、データの上ではすでに消去されてしまっているのに対して、この苗村神社の鵜川氏の伝承はまだデータの上で保存再生され続けているものだという位置づけができるであろう。

九村と三十余郷の村々の氏神

この苗村神社は九村と三十余郷の惣氏神であり、その由緒の古く深いことはいまみてきたとおりである。しかし、その一方で、この九村と三十余郷には、村々でそれごとに氏神を祀っている。この苗村神社の祭祀圏では、いわば惣氏神と村氏神とが併存しているのである。そこで、次に村氏神の祭祀についてみてみよう。

まず九村の氏神は、先に表1にみたとおりである。そして、三十余郷の氏神は、同じく表2でみたとおりである。そうして、このように九村と三十余郷は苗村神社の同じ氏子圏でありながら、それとともに村ごとに氏神の神社も祭っている。

これら九村と三十余郷の氏神祭祀について調査分析した関沢まゆみ氏によると、[7] その特徴は「宮座と長老衆・村附き（座入り）・座人帳」の三点にあるという。そして、九村の場合と余郷の場合には少しずつの差異が認められるという。具体的な例をいくつかあげてみれば次のとおりである。

事例1　九村の島

島は戸数十八戸で、氏神の八幡神社を祭っている。村人の長男が数え年で十四歳になると、「村附き」を行なう。すると八幡神社の本殿の「鍵受け」をして、「年行事」の役を一年間つとめる。年行事は十二月二十四日から翌年の十二月二十三日まで八幡神社の年間祭事と神社の管理や清掃などを行なう。翌年の十五歳で苗村神社の五月の節句祭の当屋をつとめ、十六歳で苗村神社の四月の例祭の当屋をつとめる。当屋は苗村神社からの大太刀を受けて一年間自宅に祭り、例祭が終わると次の当屋へと送る。ここまでのつとめを果たすと、オトナ（長老）への加入資格が得られる。島のオトナは三人でかつては終身制であったが、平成七年（一九九五）からは四月一日を区切りとして五年任期とされている。

事例2　きりょうの橋本

橋本は南村三十戸と北村三十戸とからなり、氏神の左右神社を祭っている。南村から五人、北村から五人の合わせて十人がオトナ（長老）となって終身つとめる。最長老はイチバンジョウ（一番尉）と呼ばれる。オトナの中から南村と北村と一年交代で神主をつとめる。毎月一日と十六日がオトナの仕事日で、紋付、羽織袴を着用の上で左右神社に参集して月並みの祭りをする。オトナの中の一人が死亡すると、野辺送りに行って帰ったその足で、残った九人のオトナと「年行司」が左右神社に集まり、神主が鈴、北村のニバンジョウ（二番尉）が鼓、南村のニバンジョウ（二番尉）が太鼓をつとめて「足洗い神楽」をあげて、亡くなった仲間の冥福を祈る。最長老のイチバンジョウ（一番尉）は「お役御免」といわれて、何の役にも当たらない。負担金も出さなくてよく、オトナの行事への出欠も自由とされている。

この橋本では長男が十四歳頃に「村附き」をする。イチバンジョウ（一番尉）に申し出て「花米之記」と呼ばれるいわば宮座の戸籍簿に登録される。村附きの順番に南村と北村でそれぞれ一名ずつ「年行司」と呼ばれる役を一年間つとめる。年行司は左右神社の四月十九日の神事の当屋を兼ねる。当屋は二人ともそれぞれ、七升、五升、三升の赤飯を炊き、氏神の左右神社に供える御供を調整する。その後、六十歳頃に、苗村神社の四月二十日の例祭の当屋をつとめる。そうして順番を待ってオトナに加入していく。

事例3　余郷の弓削

弓削は苗村神社の余郷でありその氏子圏に属して毎年の例祭にも三十三年式年大祭にも参加している。しかし、同時に、倉橋部・上畑・東川・信濃とともに、中世に安吉庄にも属していたという伝承があり、そのため安吉庄の総鎮守とされる倉橋部に鎮座する安吉神社にも四月の例祭と五月の節句祭に奉仕している。弓削の村で祭っている氏神は小日吉神社である。したがって、この弓削は苗村荘の苗村神社の氏子であり、安吉庄の安吉神社の氏子でもあり、弓削村の小日吉神社の氏子でもある、という三重の氏神と氏子という関係にある。

この弓削は、明治二十九年（一八九六）九月七日の日野川の大洪水により、集落の西側にあった家々が移転して、上弓削と下弓削とに現在は分かれている。平成十二年（二〇〇〇）現在、上弓削は二十戸、下弓削は六十戸である。氏神はともに小日吉神社である。神社の世話は社守《しゃもり》と呼ばれる世襲の三戸によって行なわれている。宮の座には左座と右座があり、左座の最年長者から七人、右座の最年長者から五人の合わせて十二人を「十二人長老《おとな》」といい、そのうち左座と右座の長老から四人ずつが「八人長老《おとな》」と呼ばれている。むかしは大村と小村という名称が用いられていて、大村を左座、小村を右座といっていた。八人長老は阿弥陀堂の管理と年間の行事を行なっている。

長男が十五歳になると「村附き」をして一人前のムラニン（村人）になる。社守と十二人長老を招いて、小日吉神社で村附きの儀式として座入りの挨拶と饗応を行なう。村附きをするとき、左座か右座かどちらかを選択するが、「親が死んで座順が上がるのを、親父食いはよくない」といって嫌い、親が左座なら子は右座に入ることになっている。村附きした人物の名前は、最長老のイチバンジョウ（一番尉）が「座下り帳」に記帳する。平成十一年（一九九九）の調査の時点では、村附きした者は約百三十人ほどであった。村附きした者は、年長者から順番に毎年二月一日に阿弥陀堂で行なわれる射親祭りで、左座と右座各二名ずつ弓親をつとめる。その役が最年少者までいくと、サカモドリ（逆戻り）といって最年長者からまた座下りに順番がまわる。

六十歳頃になると年行司という役をつとめる。オトナの行なう神事祭礼の世話役である。十二月十

	村座名	村	神社	長老衆の有無	村附きの有無	座人帳の有無	備　考
九村	子之初内村	綾　戸	綾之宮	無	無	無	
		田　中	八幡神社	有	無	無	
	島　村	島	八幡神社	有	有	無	
	殿　村	川　守	天神社	有	有	無	
		岩　井	八幡神社	有	無	無	
	神部村	鵜　川	天満宮	有	有	無	
		（駕輿丁の菱田一統）					
	駕輿丁村	駕輿丁	若宮神社	有	有	有	村附き名簿
	川上村	川　上	若宮八幡神社	（有）	有	無	
	奥　村	浄土寺	天神社	有	有	無	
		林	天神社	有	無	無	
		庄	八幡神社	有	有	無	
	きりよう村	橋　本	左右神社	有	有	有	花米之記
余郷		倉橋部	安吉神社	有	有	有	村附覚帳
		弓　削	小日吉神社	有	有	有	座下り帳
		須　恵	八幡神社	有	有	有	座人帳

長老衆・村附き・座人帳

四日に八人長老を自宅に招待して「年行司受け」を行ない、一年間、そのつとめを行なう。たとえば十二月二十日の古茂式では阿弥陀堂の庭の銀杏の大木に薦を巻く。一月一日通夜の射親の行事は、阿弥陀堂の縁側からイチバンジョウ（一番尉）と年行司が弓矢を射る行事であるが、イチバンジョウが「福徳円満此処ニ射止申ス」と唱えて矢を二本射ると、次に年行司が「悪魔外道此書ヨリ千里ノ先マデ射払ヒ申ス」と唱えて矢を二本射る。そして、勧請打ち縄を作る。一月二十九日には年行司宅で八人長老による花びら餅作りが行なわれる。前年に誕生した村の男児と女児に、長老の手で伸ばした餅と、柳の木で作った牛王《ごおう》を一本ずつ、阿弥陀堂で祈禱をした後で配る。年行司の出仕と出資はたいへんだといわれるが、一年間こうして年行司をつとめ上げると、順番を待って長老入りを果たしていく。

座小屋での座衆の会合。上座の壇上が長老衆

座入り・座人帳・長老衆

以上のような事例を数多く調査した関沢まゆみ氏は、表のように整理して、長老衆の有無、村附きの有無、座人帳の有無、に注目して次のような指摘を行なっている。[8]

①オトナなどの長老衆の存在は、九村でも形成されており、[9] 余郷でも形成されている。

②村附き（座入り）の儀礼は九村でも存在する例が多いが、曖昧な例もある。余郷では存在するのが通常である。

③余郷では、長老衆・村附き（座入り）・座人帳という三要素がそろっているのが通常である。

④氏神祭祀の組織的な結集を示す座人帳が苗村神社近辺の綾戸ほか九村の村々では必ずしも必要とされていないが、[10] それは村人の結集を促しているのが苗村神社という存在自体だからだと考えられる。

⑤余郷で、座人帳がとくに重要視されているのは座人帳こそが村人の結集を象徴する村の氏神の祭祀資格者名簿、根本台帳だからである。

⑥余郷で、長老衆が存在し、村附きの儀礼が重視され、座人帳が長老衆の管理する氏神祭祀の基本台帳として重要視されて

いるのは、村々の氏神祭祀の秩序構成こそが村人の結集を強化し維持し続ける基軸だと考えられているからである。

⑦そのような村々の氏神祭祀の秩序構成の中核にあったのは、長老衆の形成とそれにともなう年齢秩序の構成であった。つまり年齢・年魂《としだま》の数を重ねる長老たちの生命力に対して、氏神という村人の生命を守る神としての霊威力という、その両者の間に共通する生命観・霊魂観が連想されたからであり、年齢力が生命力であるとする信仰が村人の間で醸成されてきていたからであろう。年齢秩序重視の考え方の背景には氏子の生命力と氏神の霊威力との通貫性・共通性への連想がある。

そしてまた関沢氏は、余郷の一つの倉橋部の例では、「村附き」の記録が、「正徳五年未正月廿四日神事田村附覚書」から残されていることを指摘、その研究視界の先に、中世末から近世初頭以降の近畿地方村落における郷村の村人中心の氏神祭祀と宮座祭祀の形成と展開という歴史の中で、長老衆の形成とともに年齢秩序の形成が実現していったその歴史的な意味を読み取ろうとしている。[11]

氏神祭祀と宮座祭祀

ここで、あらためて論点をまとめてみると、およそ以下のようになるであろう。

①村ごとの氏神祭祀は、なによりも村人の結集力の強化を意味するものであった。それぞれの氏神の神社の歴史については、『近江蒲生郡志』の情報を参考にするならば、中世の早い例では鎌倉期、遅くても室町期までさかのぼることができよう。

②近世社会では、その村ごとの氏神祭祀は村人の中から選ばれた人物が担当する方式、つまり宮座

が形成されていった。苗村神社のような大きな神社では由緒ある神主家が中心となって祭祀を担当したが、村ごとの氏神にはそのような神主は存在しなかったからである。

③氏神祭祀の組織としての宮座には、前述の隅田八幡宮の事例のように中世の在地武士層による宮座祭祀の形成の例もみられたが、この苗村神社の祭祀では記録や伝承の上からはそれは追跡確認できない。

④村人の中から選ばれた人物が氏神祭祀を担当する方式として整備されたのが、村人たちによる宮座祭祀であった。ここ苗村神社の九村と余郷では、それぞれの村々の氏神祭祀の組織として、村人たちによる宮座が形成されて、その宮座祭祀という方式が現在にまで変遷を重ねながら伝承されてきている。

⑤その宮座祭祀とは、村人の連帯による祭祀方式であり、その公正な運営のために選ばれたのが村人の年齢秩序という基準であった。その背景にあったのは、年齢力こそが生命力であるという信仰であった。年齢力は生命力の強さであるというその信仰は、村人の誕生から成長そして長寿祝いまで、村人の生命を守ることを第一とする氏神信仰の中核でもあり、氏神祭祀の基本でもあった。

⑥そのような信仰を背景として、この苗村神社の九村と三十余郷という祭祀圏の村々で近世社会で形成されてきたのが、「座入りと年行司や当屋などの座役」「長老衆と座人帳の管理」を基本とする氏神の宮座祭祀という方式であった。

⑦九村では、苗村神社という存在が村と村人の結集力に大きく作用したが、一方の三十余郷では、村々の氏神とその祭祀が村と村人の結集力に大きく作用した。その三十余郷の氏神祭祀においてはと

くに、長老衆を頂点とする村附きと座人帳による年齢秩序と、その中で年行司や当屋などの諸役が分担されるという宮座祭祀の方式が採用された。

多数村落の神社結集とその理由

苗村神社の九村と三十余郷という広域な祭祀圏・氏子圏を形成させた理由またその背景には何があったのか、ここでその点についても考えておこう。

第一に考えられるのは、苗村神社が広大な水田地帯の真ん中に鎮座しており古くから水田経営を中心とする農業を守る神さまであるという信仰を伝えてきており、日野川からの共同用水の利用、つまり水利慣行の上での共同規制が作用しているのではないかという解釈である。この解釈には二つの関連有力情報もある。一つは、春祭り・祈年祭としての性格をもつ例祭と、秋祭り・収穫祭としての性格をもつ大祭と、その両者においてともに重要な神事である岩井の御旅所への渡御である。その岩井の御旅所とは古くから日野川の河川敷に設営されてきたのであり、日野川からの農業用水と生活用水の取水を象徴する御旅所への渡御であったと考えられる。もう一つは、前述のような渡御の行列で唱えられる「雲生、井戸掛、大穂生、惣礼詣与下露」「うんしょう、いどかけ、おおぼしょう、それもよかろう」という掛け声である。「雲より生ずる恵みの雨をたのみとし、いたる所の荒れ地や田の頭に溜め井戸をつくり、水を汲み上げて大きな稲穂が育つよう、惣（村）が神に詣でて、露でも天から与えてほしい」という意味だという伝承である。

しかし一方、このような用水利用の共同的な水利慣行が複数の村落参加の神社祭祀の背景にあるのではないかとする考え方は、他にもよく指摘されているが、[12]そのような単純な用水利用の共同的慣行からだけで村落結合と共同祭祀を説明するのには無理がある、ということもまた早くから指摘されているところである。[13]たしかに『蒲生町史』[14]や『竜王町史』[15]によれば、日野川から取水する用水には、五里井（葛巻・外原・宮井・宮川）・祇園井（宮川・山之上）・宮井（岩井・川守・綾戸・田中）・中津井（川守・綾戸・信濃・川上・弓削・橋本・鵜川）の四つの用水があり、それぞれ（　）内のような井郷が形成されているのであり、氏子圏と用水圏とは一致していない。したがって、この第一の水利慣行に由来する結合ではないかとする単純な仮説には無理があるということになる。

第二に考えられるのは、第一がいわば人文地理的要因を考えるものであったのに対して、歴史的要因を考えてみる視点である。同じく苗村神社の祭祀集団・氏子集団であっても、九村と三十余郷とではこれまでみてきたように、祭礼への奉仕の内容や役割の上での差異がある。そして、「長老衆・村附き・座人帳」という三つの要素についてもその有無に差異がある。もう一つ、同じ余郷であっても前述のように、弓削・倉橋部・上畑・東川・信濃の五つの村は、中世に安吉庄にも属していたという伝承があり、そのため安吉庄の総鎮守で倉橋部に鎮座する安吉神社にも氏子として奉仕しており、各村の氏神と苗村神社と安吉神社の三重の氏神氏子関係をもっている。つまり、余郷のあいだでも村ごとに差異があるのである。

そこで、結論的にいうならば、次の第三の仮説が有効ではないかと考える。

まずは領家による荘園設営という政治的かつ経済的な営みと、荘園鎮守社の祭祀という信仰的な営みとの両者があり、それを前提として荘園内村落の領民たちが神人として荘園経営と鎮守社祭祀に奉仕するというかたちが形成された。それが歴史的な根本的理由であり、それに加えて共同体的な水利慣行も祭祀集団の結集の要因ともなった。このような複合的な背景を考えるのが自然である、ということである。第二の歴史的要因が優先し、第一の人文地理的要因も一定の作用をしてきた、それが中世の在地領主制の展開や有力農民の抬頭など荘園経営の変遷、近世の荘園制解体と村請け制の成立という歴史的な展開、それらの歴史的事実をいわば上書き保存的にまた上書き消去も含めて反映しているのが、現在にまで変遷を重ねながら伝承されているこの苗村神社の祭祀圏及び氏子圏ではないか、と考えられるのである。

3　宮座の形成と運営――大柳生の氏神祭祀

春日社領神戸四箇郷

奈良県や滋賀県など近畿地方の多くの農村村落では、宮座という村人による氏神のための祭祀組織が整備されている例が多い。東西南北に長い日本列島の各地の村落の神社とその祭祀を見渡してみても、宮座という祭祀組織が整備されそれが重要な役目を担っているというのは、近畿地方村落における郷村の氏神の祭祀の特徴の一つであるといってよい。そこで、ここに一つの典型的な宮座による氏神祭祀の例を紹介しておくことにしよう。

現在では奈良市大柳生《おおやぎゅう》町となっている旧添上郡大柳生村大字大柳生は、一般に東山中《ひがしさんちゅう》と呼ばれる大和高原に位置する村落で、平安時代後期から鎌倉、室町期にかけてながく春日社領荘園、春日社の根本神領とされてきた神戸《かんべ》四箇郷（大柳生・阪原・小柳生・邑地）の一つとしての歴史を歩んできた村落である。この神戸四箇郷といえば、中世の歴史に詳しい人であればすぐに有名な正長の土一揆（一四二八）に際して、「正長元年ヨリサキ者　カンヘ四カンガウニ　ヲイメ（負目＝負債）アルヘカラス」と地蔵を彫刻した巨石に記したあの徳政碑文が思い起こされる村落である。

夜支布山口神社

平成八年（一九九六）の調査時点では、次ページの地図にみるように上脇（十六戸）・下脇（十六戸）・大西（十一戸）・下出（八戸）・北塔阪（十一戸）・南塔阪（二十三戸）・泉（十五戸）・上出（二十八戸）の八つのカイト、約百三十戸からなる村落であった。泉カイトだけは集落内に祭っている氏神の多聞神社の氏子で、その他の七つのカイトが氏神として祭っているのが夜《や》支布《ぎゅう》山口神社である。

大柳生集落の中央部から南方の小高い上出カイトへと上がっていくと、右方に木の茂ったコウノモリ（神野森）と呼ばれる小山があり、その森の中に、夜支布山口神社がある。正面の急な階段をのぼると拝殿があり、その奥に山口神社本殿がある。右奥の方にあるひときわ高い社殿が立磐神社である。境内には、摂社を合わせて十二の小社が祭られている。

伝承によれば、もともとこの地にあったのは立磐神社で、現在の社殿は奈良の春日社の第四殿を移築したものであるが、古くから信仰の対象とされてきたと考えられるのが社殿の背後にある巨岩である。この立磐神社を古くから祭っていたのはワキムラ（脇村）つまり上脇カイトと下脇カイトであったという。それに対して山口神社は、もともとは上出カイトに山口という地名（現在は塚本家が所有している土地）があり、そこで祭られていたのをこのコウノモリ（神野森）に移されたのだといい、それは記録の裏付けはないが平安時代後期のことだと言い伝えている。それに対してもう一社、塔阪

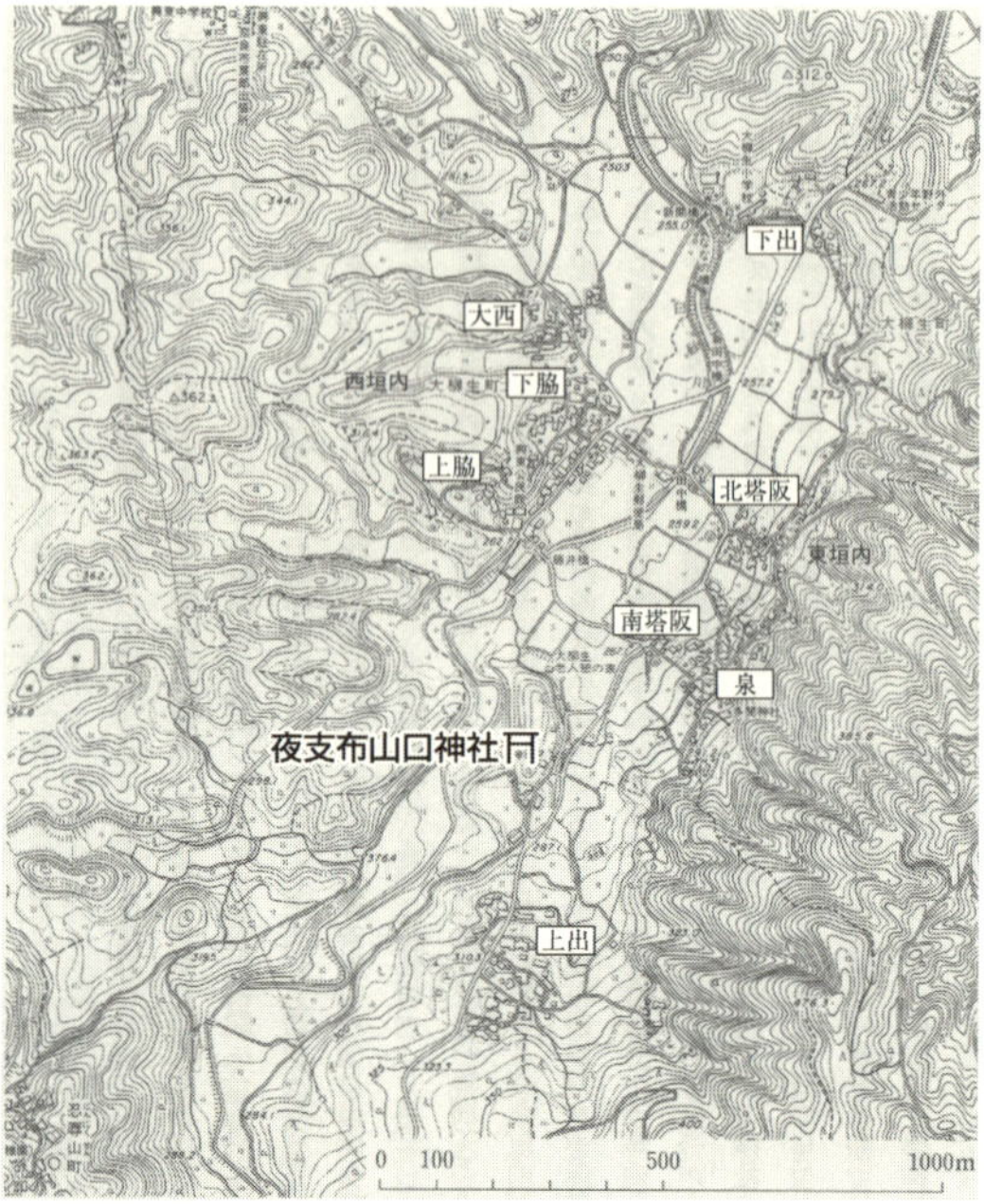

大柳生の各カイトと夜支布山口神社の位置

夜支布山口神社

カイトに祭られていた九頭神社をここに合祀して夜支布山口神社と呼び、大柳生の七つのカイトの氏神として祭っているのだという。

宮座の組織構成

夜支布山口神社の宮座はその座順が年齢順に構成されている。ここでは以下、夜支布山口神社を山口神社と記すことにする。

氏子の家に生まれた男子は数え年の十五歳になると「座入り」をする。座入りは十月十七日の宵宮の夜七時ころから山口神社で行なわれる。座入りする若者は年齢的には中学生である。みんな家紋の入った裃を着装してお宮にやってくる。母親が付き添ってくることも多い。社務所の広間で、総代が座入りする若者を生年月日順に並ばせる。紙に仮に名前を列記しておき、あとで『宮座芳名録』に記帳する。座入りの記録簿は近世のものから残っている。平成八年（一九九六）の調査時点で宮座に入っている村人は二百十人であった。座順は、同年齢で一緒に座入りする者の中でもかつては父親の座順が上だった者が先であった。婿養子は年齢が上でも一番最後であった。平成になるころから生年月日順になった。

座入りに関与する総代というのは宮座の組織とは別で、氏子総代といって大正年間の初めころから三人選ばれるようになっているお宮の掃除などの世話をする役で、それ以前は神社に住んでいた神職が一人でその掃除などの世話をしていたという。大柳生の八つのカイトは、大きく東カイト（下出・北塔阪・南塔阪・泉）・西カイト（上脇・下脇・大西）・上出カイトの三つのカイトに分けられており、

成　員		（　）生年	明神の当屋
①一老	谷本万治郎	（明治40年９月）	昭和61年度
②二老	中谷茂治	（明治41年１月）	昭和64年度
③三老	大石本健太郎	（明治44年２月）	平成４年度
④四老	田畠安治	（大正２年12月）	平成５年度
⑤五老	大浦清太郎	（大正３年８月）	平成６年度
⑥六老	清水秀治	（大正５年４月）	平成７年度
⑦七老	福西俊雄	（大正５年５月）	平成８年度
⑧八老	向井忠義	（大正５年12月）	平成９年度
⑨	杉岡宗英	（大正10年２月）	平成10年度
⑩	定師行男	（大正10年11月）	平成11年度
……			
⑬	小南猶次	（大正13年10月）	
⑭	新道勝久	（大正13年２月）	
……			
⑳			
……			
15歳　座入り			

注　座衆は一老以下合計209名。

宮座の構成（1998年現在）

山口神社の氏子総代は、その三つのカイト（東カイトの泉は多聞神社の氏子だから別）から一人ずつ任期二年で選ばれている。だいたい二十人衆の年配の人が選ばれるが、宮座の組織ではないので座順とは関係ない。

総代の仕事は、境内の掃除、管理、祭礼などの後始末などで、毎月三回、一の付く日の月次《つきなみ》祭にはお宮に参って掃除をして山口神社、立磐神社、九頭神社の三社のために神饌を三つ用意して拝殿に献饌をする。撤饌のあとは社務所にいて三人で昼食をとり夕方まで詰めている。

一老・二老と八人衆・二十人衆

座入りの順番でもっとも上位の者を一老、二番目を二老といい、この二人が八人衆に指示をする。一老は神様と氏子とをつなぐ象徴のような存在だという。一老と二老を含めて上から八人を八人衆と呼ぶ。八人衆の主な役割は、立磐神社の裏手にある巨岩のまわりの植木の手入れと、年に一回ある大般若経六百巻の虫干しとである。八人衆の誰かが亡くなると、座順の九番目の者が新たに八人衆となる。これを「八人成り」といって、現八人衆の七人を自宅に招待して昼食をごちそうする。

八人衆を含め、座入りした順に上から二十人を二十人衆と呼ぶ。平成十年（一九九八）七月現在の八人衆と二十人衆は、表にみるとおりである。二十人衆は一月六日の御田祭《おんだ》、十月十七日（宵宮）、十八日（本宮）の例祭、十月二十日の九頭神祭《くずがみ》、十二月一日の佐比祭《さひ》に、それぞれお宮に参集して祭りに奉仕する。一老以下、八人衆と二十人衆は社務所の広間での着座では必ず決まった座順で座る。

入衆と禄人当

宮座の二十人衆に入る前の二名は例祭で警固《けいご》という役につく。そこで、その警固の二名を除いた二十三人目から座入りしたての若者まで全員が座次の順番に八人ずつ入衆《いりしゅう》という役をつとめる。入衆の役目はクサトリと戯称される田楽のくずれた芸能を奉納する役で、十月十七日（宵宮）、十八日（本宮）の例祭で廻り明神と呼ばれる当屋に仕える役である。入衆になる前の年には十月の例祭のとき山口神社と立磐神社の二基の神輿を担ぐ役をつとめる。八人なので四人ずつ二基の神輿を担ぐ。

禄人当《ろくにんどう》とは警固の二名を含めた座順の二十一人目から座入りしたての若者まで全員が座次の順番に各祭礼ごとに決まった人数が祭りの費用を負担するもので、一月一日の歳旦祭三人、一月六日の御田祭十四人、六月三十日の大祓祭三人、例祭の十月十七日宵宮十人、十八日本宮十人、十月二十日の九頭神祭十四人、十二月一日の佐比祭十四人、十二月三十日の大祓祭三人である。例祭など祭りによっては頭と尻の二人が給仕をつとめる。禄人当が負担するのはふつう千円と米二合であるが、例祭のときはかかった費用の金額を全人数で等分する、その時は一人三千円から五千円くらいになるという。

廻り明神

宮座の座順の上の者から順番に一年間、春日明神の分身を預かる役である。その預かる役を明神様とも明神さんともいい、当屋ともいう。平成九年（一九九七）の明神さんの当屋は向井忠義さんであったが、それ以前に当屋をつとめた人の一覧は、当時の一老の一九〇七年生まれの谷本万治郎さんから以下、前掲の表にみるとおりである。相当《あいとう》というのは前年度に明神さんをつとめた人で当年の当屋にとっては一年先輩であり、相当は当屋の指南役でもある。例祭の宵宮と本宮の時は当屋とともに同じくご神体の白い神衣を着装して当屋と一緒に行動する。

明神さんの当屋は、自宅の奥座敷を神聖な部屋として注連縄《しめなわ》を張り、天井から青竹で作った四角のヤカタ（屋形）を吊り、明神さんの御神体（白い神衣二着）を納めた桐箱を中に安置して祭る。この部屋の縁側には太い青竹が注連縄の代わりに横渡しに結界してあり庭先からもよく見える。この部屋で明神さんは一年間寝起きするが、その部屋には決して女性は入ってはいけない。明神さんは肉類やネギなども食べてはいけない。明神さんは毎月一日、十一日、二十一日の三回、一の付く日に紋付の羽織袴、白足袋、烏帽子を着装して口に榊の葉をくわえ、手に紙垂を付けた榊に提灯とお神酒を入れた銚子をもって山口神社へと参る。

太鼓踊りと祭礼

八月十七日の晩には、当屋の家の前庭でカイトの若者たちによる太鼓踊りの奉納がある。七つのカイトごとにその年の当屋がいるカイトの若者が奉納する。お昼には当屋の家では親戚や友人知人、そしてカイトの人たちを大勢招待してたいへんなごちそうが振る舞われ、数十人の大宴会が行なわれる。この日の行事は相当や二十人衆には関係がない。

十月の例祭　宵宮（十七日）

例祭の宵宮と本宮の二日間、明神さんは御神体の白い「神衣」を着装して「明神さん」となる。相当と二人同じ着装で二人で祭事に当たる。十七日の宵宮では当屋の家で祭典が、夜になってお宮で「座入り」が行なわれる。十八日の本宮ではお宮で祭典が行なわれ神輿のお渡りが行なわれる。

明神さんをまつる当屋。座敷は注連縄と青竹で清浄さが示されている

天井から吊るされた明神さんの神棚（ヤカタ）と明神さん（1996年の福田俊雄さん）

太鼓踊り

十月の例祭　本宮（十八日）

午前七時くらいからお宮に総代と奉賛会の委員がやってきて、山口神社、立磐神社、九頭神社の三社に神饌をそなえて神事の準備をする。奉賛会は昭和四十三年（一九六八）に大窪春次さんたちが中心になって作ったもので、それまではすべて氏子総代が世話をしていたが、たいへんだということで経済的な管理や力仕事などを奉賛会が受け持つこととした。経費、清掃、祭典の補佐などを行なっている。奉賛会員には七つのカイトから一人もしくは二人が選ばれている。

午前十一時ころ、入衆が衣装を着けて当屋の家に行き、当屋と相当と一緒に昼食をとり、そのあとで、当屋宅の庭先で入衆がクサトリと呼ばれるかなり崩れた田楽の舞の所作をする。当屋と相当は宵宮のときと同じく明神様の御神体である白い神衣を着装して午後二時ころにお宮に参る。お宮では宵宮と同じように山口神社の拝殿の前と立磐神社の前で入衆がクサトリをする。入衆はずっとお酒を飲んでいるのでかなり酔っ払っている。

拝殿での祭典がはじまる前に相撲が奉納される。二十人衆のうち十九番目と二十番目の人物が二人で裸に六尺の褌《ふんどし》をつけてとる形だけの相撲である。かつては四人でとっていたといい、十七番目と十八番目を褌出しという。相撲のあと拝殿で祭典が行なわれる。祭典が終わって午後三時ころから、神輿のお渡りの行列が行なわれる。行列は、
警固―猿田彦―赤旗―ナギナタ―日乃御旗―月乃御旗―柳花―赤傘―白傘―ハリ―柳花―神籬―花傘―明神様―入衆―八人衆―二十人衆―神籬―唐櫃―八つ足―山口神社神輿（小）―立磐神社神輿（大）―宮司―氏子総代―自治会その他―奉賛会一同―参列者
の順番である。山口神社と立磐神社の二基の神輿を担ぐのは四人ずつで、その八人が次の年の入衆《いりしゅう》となる。当屋の息子は二十五本の御幣をまとめてもち当屋、相当と並んで歩く。東カイトの塔阪から中橋を渡って西カイトの下脇で右折して、ＪＡ（農協）の上方の県道沿いの御旅所へ、およそ四十分くらいかけて到着する。御旅所に二基の神輿を据えて献饌をして、宮司が祝詞をあげ明神、相当、一老、奉賛会長、総代の順に玉串奉奠をする。お渡りがぶじに終わると山口神社に帰って、参籠所で当屋の家から振る舞われる料理で直会《なおらい》をする。

神輿の御渡り

十月二十日の九頭神祭

午前十時半頃、八人衆、二十人衆が参加し、総代、奉賛会長も参列して、九頭神社の本殿を開扉して神饌を献納して祭

典を行なう。そのあとで、社務所で新しい当屋の任命が行なわれる。一老が今年の当屋にお礼を言い、次の当屋に依頼する。続いて直会となる。

十一月一日のトウワタシ（当渡し）

新旧の当屋の交代である。今年度の当屋から来年度の当屋へと廻り明神の御神体の入っている桐箱を引き渡す。必ず午前中で多くが午前十一時頃に新旧当屋の一行が家を出て、両方の家の中間地点で引き渡す。両者が出会ったら無言で頭を下げ、御神体の桐箱を受け渡す。受け取った新しい当屋は口に榊の葉をくわえ、息子は竹箒を引きずりながら先導する。前の当屋は新しい当屋のあとに続いて行列に参加し新当屋の家まで行く。新当屋の家に着いたら、座敷の正面の青い竹の横棒をはずして、その縁側から座敷へと入る。カイトから選ばれている総代が口に榊の葉をくわえて、新旧の当屋とともに桐箱の中身を確認する。そして、上の明神さんのヤカタ（屋形）へと安置する。それが終わると、当屋の家では血の濃い親戚の夫婦約六十人くらいを呼んで豪華なお祝いの宴席を設ける。

ふつうはそうして当屋は一年間、明神様を預かるのだが、万が一、途中で亡くなった場合には、「明神さんはたいへん死をきらう」といって、ただちに次の順番の人に渡す。その準備が整うまではいったんお宮で預かる。総代が御神体を受け取りに行き、お宮で宮司が受け取る。準備が整ったら宮司が相当の役をして御神体を新しい当屋に渡す。新しく当屋になった者は次のトウワタシ（当渡し）の十一月一日までの任期をつとめる。

長老衆と年齢秩序

この事例を調査分析した関沢まゆみ氏は、次のような点を指摘している。[1]

①氏神様の御分霊である明神様を一年間預かる当屋が、村中でもっとも神聖な神役をつとめ、当屋自身が明神さんとも呼ばれて神様であるかのように、村人からは見なされているが、その当屋を任命するのはほかならぬ一老の役目とされている。つまり、当屋は最長老の一老の代役として明神様を預かっているものとみることができる。

②祭りのための餅を当屋で搗くと、まず一老の家に持って行って大きさを確認してもらい、祭りのやり方などわからないときには、かつてはいまよりも厳重に、誰より一老に相談に行きその指示によって行なっていた。

③宮座の神事をよく観察してみると、祝詞をあげる長老、玉串奉奠など神事の進行を世話する長老など、すべて一老の指示にもとづいてなされている。一老は宮座の長老衆を差配しながら氏神の祭りを行なう総責任者と位置づけられている。

④宮座はその最長老の一老を頂点とする年齢秩序をその基準としている組織であるが、それは生物学的な自然年齢ではなく、座入りの順番を基準とする社会的な年齢である。それを示すのは、一つは、オヤオトナというしきたりである。同年齢で数人が座入りする場合には、その子の父親の座順が上位であった者が先となり上位になるという決まりである。もう一つが、他村からの婿養子は十五歳を過ぎていても、座入りの順番では最下位となるというしきたりである。あくまでも村落内の住民と

	①一老（1905年生まれ） ②二老（1907年生まれ） ③三老（1907年生まれ） …… 63歳　長老の座に上がる
老中	62歳 61歳 ─ 奉行家 60歳　年玉　5000円
中老	⋮ 50歳　年玉　3000円
初老	⋮ 45歳　年玉　1000円
	⋮ 30歳　年玉　300円 ⋮ 20歳　年玉　200円 ⋮ 誕生　宮参り／相撲の餅

奈良阪の宮座の構成
（1996年現在）

して蓄積できた年齢を基準とするという考え方があるのである。[2]

米餅と年齢力

　つまり、最長老の一老がもっとも神聖視されるのはなぜか、その一老が宮座という氏神の祭祀組織の頂点に位置づけられているのはなぜか、そこには、宮座の長老制の伝承の中で村人に共有されている独特の年齢観がある、というのである。それは、神饌の中でもとくに重要視されている米と餅に表されている感覚であり、一年ごとに稔る新米を搗いて作る餅を年取りのしるし、年齢の数を年魂の数として観念し、その蓄積の数の中に生命力の強さをみるという生命観であり霊魂観である。

　そうして近畿地方村落における宮座の長老衆と年齢秩序についての調査事例を、この大柳生以外にも数多く蓄積した関沢まゆみ氏の氏神祭祀についての研究成果の一部をもう少し紹介しておくならば、以下の通りである。

相撲の餅

　奈良市奈良阪に古くから居住しているのは約百戸ほどで、祭っている氏神は奈良豆比古《ならつひこ》神社である。神社の祭事は年間十三回もあるが、その祭りに奉仕しているのは「老中」と呼ばれる六十歳以上の男性である。十月の例祭をはじめ主要な祭事のあとの直会では最年長の一老から二老、三老の三人が上座に座り、以下約八十名ほどの老中たちが年齢順に着座する。宮座への加入は氏子の男子が生後三十日目のお宮参りで「座人帳」に名前を登録し、十月の例祭で「相撲の餅」と呼ばれる円錐形にご飯を固めたものを一つ授かることによってなされる。その後、四十五歳で初老、五十歳で中老、六十歳で老中と呼ばれるようになる。そして六十歳から六十二歳までの三年間、見習い・式司・奉行家《ぶぎょうや》と呼ばれる宮座の世話役をつとめることによって長老入りの資格が得られる。

　六十歳になって老中に入るためには、二十歳、三十歳、四十五歳、五十歳、六十歳という節目の年齢になると、土地の言葉で年玉と呼ばれるお金を宮座に納めなければならない。年玉は二十歳で二百円、三十歳で三百円、四十五歳で千円、五十歳で三千円、六十歳で五千円である。これは、「この年齢になるまで元気に生かさせてもらいました。どうもありがとうございましたという気持ちで納めるものだ」と人びとはいう。

　長老とは、年玉を多く積み重ねた者であるという年齢観が伝えられており、「一老・二老・三老は神様のような存在だ」といわれている。ほとんど九十歳代の超高齢者で直会の席でも言葉を発することはない。六十歳過ぎの奉行家たちに赤飯の炊き具合やお茶出しのタイミングなど大声で注意するのは「言い役」と決められている四老である。六十歳過ぎの奉行家たちは、世間では還暦祝いや定年を迎える社会経験豊かな人たちであり、会社の重役や議会の議長などをつとめる者もいる。しかし、この氏神を祭る村落社会ではまだまだ老中の見習いであり、神饌の準備や直会の料理や給仕など、長老たちの使い走りを三年間もさせられるのである。年長者への尊厳と憧憬とが一種の信仰のようにこの

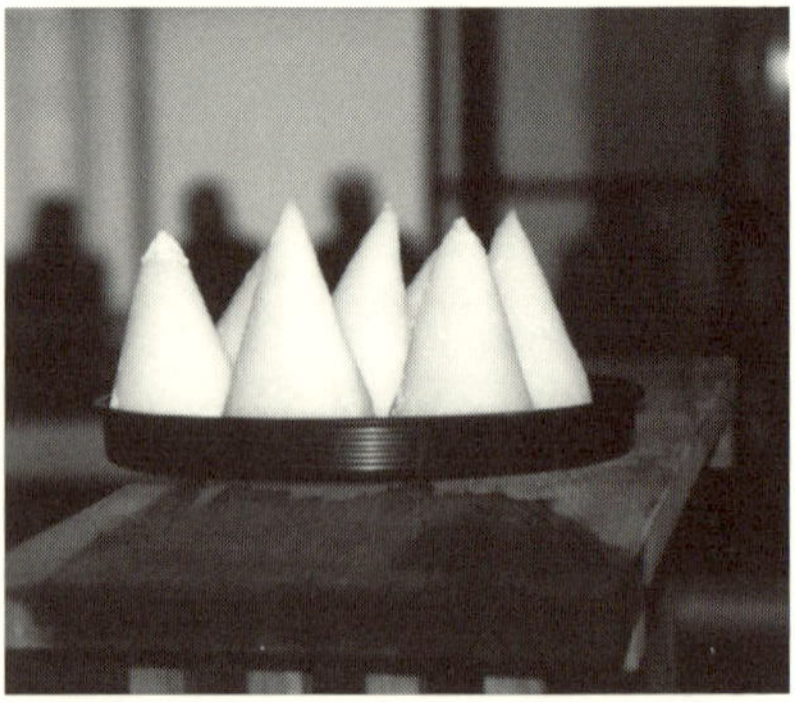

相撲の餅

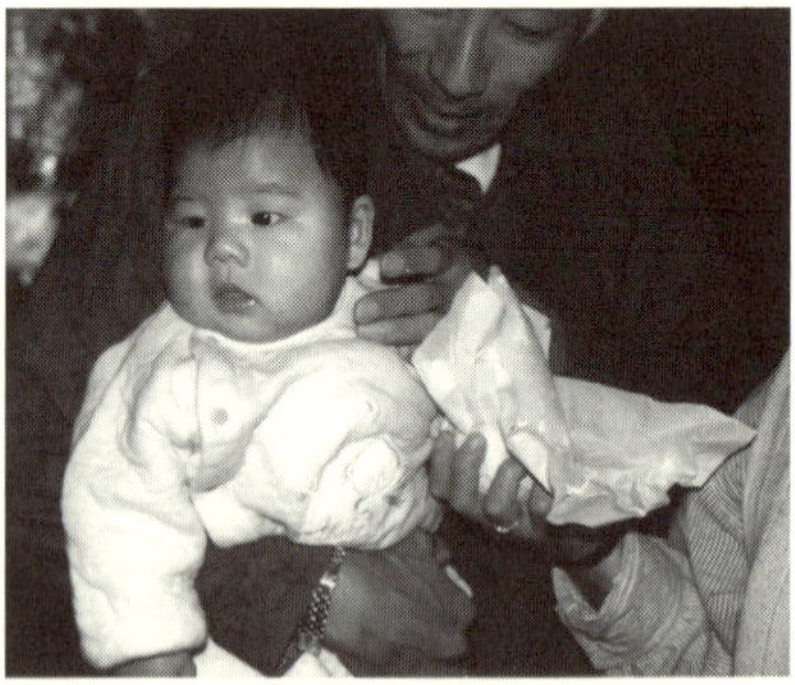

相撲の餅が長老から新生児に授けられる

村の人たちの心をとらえている。

「相撲の餅」のしきたりは、明治二十五年（一八九二）の「宮座保存会定則」にも、「毎年一歳ノ男子ニ限リ壱人前ニ一ツ宛授与可致事、老中壱名毎ニ壱ツ宛授与可致事、残リ村中一統江無洩配与可致事」と記されており、一年以内に生まれた男児と老中には一つずつ、その円錐形に米を固めた相撲の餅が配られてきたことがわかる。その男児の赤ん坊に餅を授けるのは、例祭で相撲の祭事に奉仕した奉行家の役目である。

この相撲の餅の新生児への授与は、長老衆の長寿にあやかりその生命力を新しい生命に与えるという意味が込められている。餅とはいっても実際にはご飯を円錐状に山型に固めたもので米粒がそのまま残っており、それに長老衆の長寿の生命力を託して赤ん坊に授けることは、まさに柳田國男が論じているような米の力[3]を表わしている伝承といってよい。そして、この儀礼こそが奈良阪の氏神の奈良豆比古神社の秋の例祭のもっとも重要な儀礼となっているのである。

花びら餅

　この奈良阪の事例のように儀礼的な餅に生命力を託すという例は、他にも前述の滋賀県竜王町の苗村神社の三十余郷に属する弓削の宮座行事の花びら餅にもみられる。弓削は約七十戸ほどの村落で、オトナと呼ばれる八人の長老衆が存在する。弓削では子供が生まれると男児も女児も「ケガレ米」と呼ばれる米を出して長老衆に届け出て、長老の手で「座下がり帳」に赤ん坊の名前を登録してもらう。このケガレ米のケガレというのは出産の赤不浄を意味すると考えられるが、それらの米は毎年一月二十九日の行事で餅に搗かれる。その餅搗きをするのは年行司と呼ばれる六十歳前後の人たちで、その年行司は長老衆の代理役として一年間宮座の諸行事の世話をする。搗きあがった餅は盆に載せていったん長老衆のもとに運ばれる。その餅を長老衆たちは各自が手のひらでペタペタと薄く伸ばす。

長老衆が手で薄く伸ばして花びら餅を作る

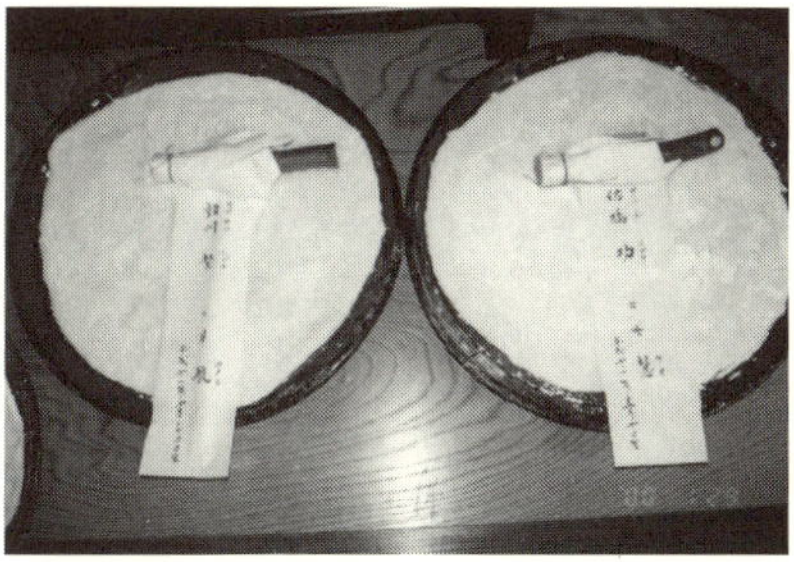

花びら餅

　この餅は「花びら餅」とか「長老餅」と呼ばれ、阿弥陀堂で祈禱を受けたあと、その年に赤ん坊が生まれて「ケガレ米」を出した家々に配られる。この事例では、オトナと呼ばれる長老衆の手のひらで伸ばした「花びら餅」「長老餅」が新生児に配られるというかたちで、生命力の象徴としての餅の授与によって長老と新生児とが結びついているが、もう一つ別のかたちで長老と新生児との結びつきを示す例もある。それが当人と一役という結びつきの例である。

当人と一役

福井県の白木は敦賀半島の先端部にある戸数十五戸だけの小さな漁村である。氏神の白城《しらき》神社では、毎年十二月の初卯の日に霜月祭りが行なわれる。その霜月祭りの当人《とうにん》には毎年十人ずつがあたり、その中の一軒を宿として神饌のモッソモリと呼ばれる米飯の蒸し物の準備や餅搗きなどが行なわれる。

この当人組織には氏子の男子が全員、年齢順に籍をおいており、生涯に何度でも順番が回ってきたらその役をつとめる。男子が生まれると、その子はすぐにその年の霜月祭りで優先的に「一役《いちやく》」として当人にあたる。そして、その一役をつとめたのち、年齢の順にしたがって当人の候補者としての籍を入れることが許される。その新生児の名前を書き入れる箇所というのは、最年長の長老の前である。こうして最長老と新生児とが「御神事帳」と呼ばれる座人帳の中で年齢差を超えて隣同士の当人となって直接結びつくことによって、祭礼の神役が円環状にサークル状にぐるぐると途切れることなく、担われつづけるというしくみができあがっているのである。

年齢の輪

これらの事例を調査分析しながら、関沢まゆみ氏が析出したのが、「年齢の輪　the circulation of life」という分析概念であった。[4]長老と新生児との結びつきは、餅の授与というかたちと座人帳での結びつきというかたちとがあるが、いずれにも共通しているのは、長老と新生児とを直結させるしくみ、長寿の生命力と新鮮な生命力を連結させるしくみである。それを関沢氏は「年齢の輪」と呼んだのである。長老衆は生命ある限り宮座祭祀に奉仕し、神役としての役割をはたすとともに、宮座における年齢秩序を管理し、かつ毎年の祭礼のたびに新生児に年玉（生命力）を与える役割を担っており、それは年齢を重ねて長寿の生命力を与えられた者だけができる役目とされている。その長老衆に生命力を与えているのが、ほかならぬ郷村の氏神様である。だからこそ、最長老の一老は神様と同じだといわれるのである。

長老衆の存在しない宮座

近畿地方の村落の氏神祭祀の特徴の一つが、このような村人の中から選ばれた人物が一年神主として当屋をつとめるというしくみをもつ宮座祭祀である。その当屋をつとめるのが一定の年齢を蓄積した者で、当屋をつとめたのちに長老衆として位置づけられるという事例について、いま紹介してみたわけであるが、近畿地方村落の宮座祭祀の事例がすべてそのような長老衆が存在する例ばかりではない。長老衆が存在しないという例も多い。

それは宮座祭祀という組織のあり方自体が、歴史的に形成されてきたものであり、中世から近世の社会で神仏習合という現実の中で、神社や仏寺の祭祀のための特権的な構成員の組織として、その運営を主目的とする組織として形成されたものであったからである。宮座は、あくまでも神社祭祀の上での座衆の特権的な祭祀の権限を確保しておくこと、その運営を円滑にしようとするものであり、長老衆の形成を目的とした組織ではなかったからである。長老衆の形成は、それぞれの村落社会における宮座祭祀の展開の過程の中で、そのような必要性があった場合に実現したものだったからである。もともと宮座がその座衆の特権を第一とされる組織であれば、当然まずは、その構成員である座衆の家々の家格が優先されることになる。

そのような、座衆の特権とその変遷の動態を村落の歴史的展開という視点から分析した研究としては、たとえば薗部寿樹氏の大和国平群郡服部郷（奈良県生駒郡斑鳩《いかるが》町服部）の宮座についての事例研究がある[5]。

その地に伝えられている服部神楽講文書二百二十五点を熟読し整理した薗部氏によれば、その服部には現在、かつて牛頭《ごず》天王社とよばれていた素戔嗚《すさのお》神社の宮座が二つあるといい、一つが服部神楽講（十二戸で構成）、もう一つがケイチン講（三十六戸で構成）である。服部神楽講が中世以来の歴史をもつ古い宮座であり、ケイチン講は近世後期からの新しい宮座である。服部神楽講の存在を示すもっとも古い記録は、室町時代の文安六年（一四四九）の「服部新福寺一結衆等」という記事である。応永十四年（一四〇七）七月の新福寺の堂懸板写に、新福寺「社宮牛頭天王」とあり、元禄五年（一六九二）十一月の新福寺長男中間掟書帳に、「新福寺氏神牛頭天王しや」とあることから、その結衆は、新福寺の社宮であり氏神である牛頭天王社の祭祀に関わるものであったと考えられる。

その中世の「結衆」が、近世の十七世紀になると「長男衆」へと変わる。「長男衆」というのは一定の家格を有する家を単位とした組織であることを示す名称である。その「結衆」から「長男衆」への名称の変化という動向の背景にあったのは、服部村という近世村落内部で併存するようになってきた、宮座成員の結衆と、非宮座成員の村方の者たち、という両者間の対立であった。その後、村方の勢力の伸張により村内の神社である牛頭天王社の新しい宮座としてケイチン講が結成される。本座であった「長男衆」も牛頭天王社＝素戔嗚神社の宮座としての機能は続けるが、「長男衆」はあらためてその由緒の古さを強調するために、中世以来の伝統をもつ近郷の「三里」、つまり服部、五百井《いおい》、丹後の「三里」が共同して行なっていた龍田神社の祭祀で順番に頭郷役をつとめてきた由緒を前面に出してくる。

つまり、その龍田神社奉斎の中核的な行事であった神楽にちなむ「神楽講」の名を名乗ることにしたのである。その「神楽講」という呼称がはじめて用いられたのは文政三年（一八二〇）のことであったが、それは平成の現在でも継承されている名称である。こうして新旧の宮座の併存という民俗伝承の現状について、中世以来の座衆と近世村落における村方との対立があったという歴史的背景が、その服部神楽講文書の解読によって明らかにされたのであった。

薗部氏が追跡分析したこの服部神楽講のような事例では、とくに長老衆の形成という事実はみられない。その背景としては、服部村という近世村落内に生じてきていた本座と新座との激しい対立という緊張関係があったからと考えられる。ただし、この事例においても、本座の「結衆」にも「長男衆」にも、その内部構造としては、「おとな」や、一老から六老までの「六人衆」が存在しており、﨟次階梯的な秩序構成があったことは記録の上からも明らかである。そのような宮座の座衆の内での上位の六人衆などという構成原理が、家格によるか、年齢によるか、というのが一つの分類基準となるが、座衆同士が家格による不平等格差が存在する事例では、家格原理によることになるであろうし、座衆同士が横並びに平等原理に立つ事例であれば、﨟次階梯的な構成、年齢階梯的な構成になるのが自然である。両者の比較の観点からいえば、家格基準が古い方式であり、年齢基準が新しい方式であると位置づけられよう。

近畿地方の多くの村落の宮座で、年齢秩序による長老衆を形成してきている事例の方が、宮座の変遷史の上では、いわば「進化した」宮座運営であると位置づけることができる。長老衆の存在しない宮座よりも、存在する宮座の事例の方がより進化した宮座の運営形態だと考えられるのである。そしてその方が、氏神祭祀における年齢力、年魂力への信仰を篤くした宮座運営のあり方であるということができる。

4　戦国武将の神社尊崇と社殿造営
――毛利・吉川氏と郷村社会

広島県旧千代田町域の村落と氏神

郷村で祭られる氏神には、いまみてきた近畿地方の荘園鎮守社や村ごとの氏神の祭祀でみられるような宮座や長老衆の存在する例も多いが、近畿地方以外の日本各地ではそのような宮座や長老衆が存在しない例も多い。いやむしろ、それらが存在しないような氏神祭祀の例の方が、数の上では圧倒的に多いといってもよい。

そこで次に、たとえば中国地方のような中世後期に戦国武将のさかんな活動がみられた地域の例を追跡整理してみることにする。そこからわかってくるのは何か、それは具体的な農村の村落社会の神々の信仰の歴史の上で刻まれてきたこの地域での四段階の変化の様相である。

第一段階は、山の神や田の神や水の神などへの素朴な土着的な神々への信仰である。第二段階は、大歳神《おおとしのかみ》や黄幡神《おうばんしん》など古代中世の時代に浸透してきた外来的な神々への信仰である。そして第三段階は、中世の戦乱の時代に在地支配の権力抗争の中で中小武士層が導入した熊野新宮社などの信仰である。そして第四段階は、より強力な戦国武将が抬頭して導入し村落農民層との呼応関係の中で定着化させていった八幡神社の信仰である。そのような村落社会における氏神の神社の形成過程における波状的で重層的な歴史的展開を、以下、文献記録と民俗伝承の情報分析という方法で追跡してみることにする。

平成十七年（二〇〇五）二月一日に成立した北広島町は、旧千代田町、旧大朝町、旧豊平町、旧芸北町の近隣四ヵ町が合併してできた新しい町である。その旧千代田町は、昭和二十九年（一九五四）

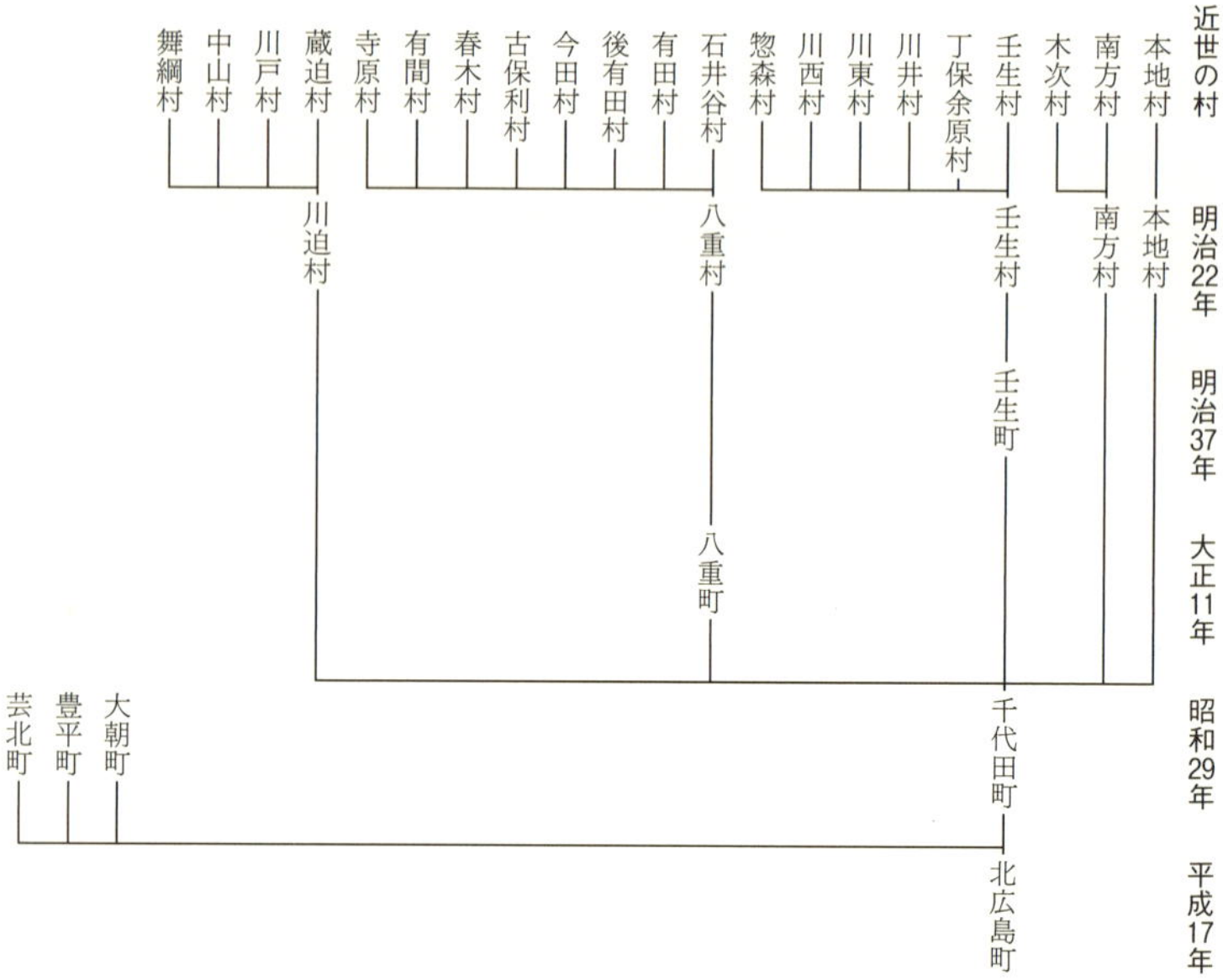

近世村から近現代への町村合併

に旧壬生町、旧八重町、旧本地村、旧南方村、旧川迫村の近隣五ヵ町村が合併した町であった。近世の藩政村から明治の町村制施行を経て現在に至る経緯を示すと、上のようになる。この旧千代田町域を構成する村落を近世村で整理してみれば、その中の二十一ヵ村である。そして、それぞれの近世村とそこで祭られている氏神について追跡整理してみたのが、表1と地図である。なお、八幡神社という呼称は明治の神仏分離令以降つまり近代以降の呼称であり、近世の神仏習合の時代の呼称は八幡宮であった。ここでは、便宜上現在の呼称の八幡神社を用いておくこととする。

吉川元春関係の棟札

このような近世村二十一ヵ村のそれぞ

れで祭られている氏神の神社について注目されるのは、そこに伝えられている棟札に、戦国武将の吉《きっ》川《かわ》元春やその実父毛利元就に関係するものがひじょうに多いことである。それらを整理してみたのが表3である。そして、これらの棟札からわかるのは次のような点である。

まず、毛利元就・隆元・輝元が関与している神社とは、古くからのこの町域の中心地である壬生の町場の八幡宮と熊野新宮社である。それに対して、吉川元春・元秀・元長・広家が関与している神社は、有間、有田、川西、川井、中川戸、下川戸の八幡宮である。それ以外の二つの神社は、毛利家家臣の桂元澄の後有田の熊野新宮社と吉川経高の今田八幡宮である。そして、これらの棟札が伝え残されている天文十五年（一五四六）から天正十八年（一五九〇）というのは、高田郡吉田の郡山城を本拠とする毛利元就と、その次男で吉川家を相続して大朝荘新庄の小倉山城に入部した吉川元春とが、この地域をほぼ完全に制圧した段階にあたっているのである。

安芸国造凡直

この地域の氏神の神社が、そのような歴史的な状況を反映していることを考えるなら、やはりここでまずは、この地域の歴史についてたどっておく必要があろう。『千代田町史』（上巻〔角重始・河村昭一・木村信幸各氏の執筆〕・古代中世資料編）などを参考にし引用しながら、以下に紹介しておくことにする。

この安芸国山県郡東部一帯というのは、『倭名類聚抄』（九三一〜九三八成立）の山県郡の郷名に、壬生、山県、品治（本地）などとあるように、古代から開発が進んでおり、壬生郷は大和王権の時代

表1　近世村と氏神

近世村		氏神	氏子数
本地村	上本地	①八幡神社	120戸
	中本地	②中野神社（中御前社）	74戸
	下本地	③山末神社（山王権現社）	160戸
南方村		④八幡神社	175戸
	額田部	⑤額田部八幡神社	40戸
	畑	⑥畑八幡神社	50戸
壬生村		⑦壬生神社	300戸
丁保余原村		⑧熊野神社	43戸
川井村		⑨川井八幡神社	52戸
川西村		⑩川西八幡神社	60戸
惣森村		⑪惣森八幡神社	50戸
川東村	上川東	⑫川東八幡神社	44戸
	下川東	なし	（50戸で黄幡社を祀る）
	阿戸	⑬阿戸八幡神社	12戸
石井谷村		⑭八幡神社	74戸
古保利村		なし	（有田神社の氏子）
有田村		⑮有田八幡神社	230戸
後有田村	（杉ノ本）	⑯新宮神社	110戸
後有田村	（法蔵寺）	⑰瀧山八幡神社	9戸
今田村		⑱今田八幡神社	125戸
春木村		⑲平山八幡神社	45戸
有間村		⑳有間八幡神社	62戸
寺原村		㉑寺原八幡神社	85戸
蔵迫村		㉒龍山八幡神社	100戸
舞綱村		㉓八幡神社	40戸
中山村		なし	（旧新庄村の宮庄八幡神社の氏子）
川戸村	上川戸	㉔熊野神社	50戸
	中川戸	㉕吉藤八幡神社	100戸
	下川戸	㉖亀尾山八幡神社	78戸

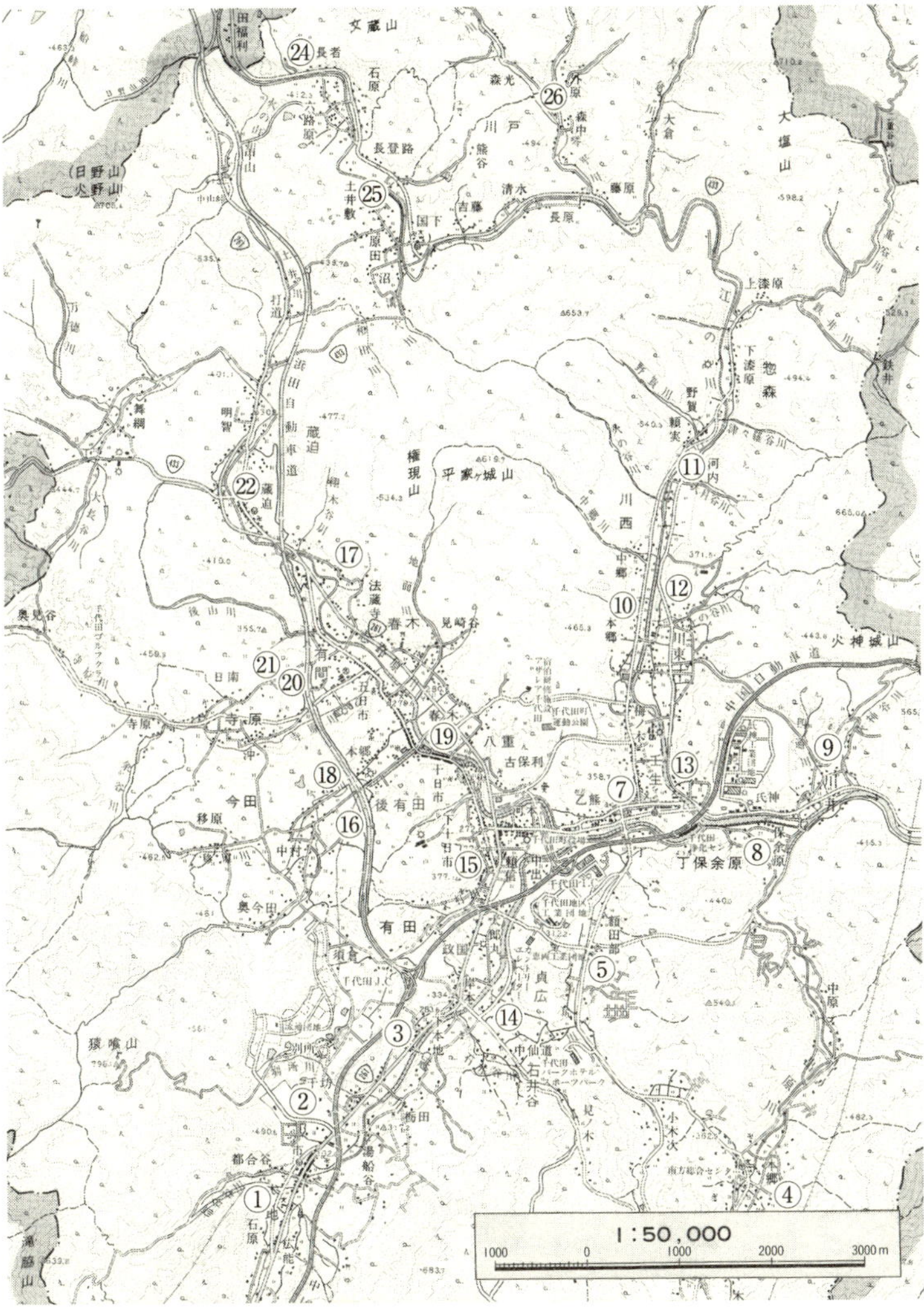

旧千代田町域の氏神の神社

毛利元就と吉川元春の支配下の神社の再建（棟札から）

	年月日	大檀那	願主・本願
川井八幡宮	天文15（1546）8.15		神体願主万歳丸
			玉殿願主千寿丸
後有田新宮社	天文15（1546）9.26	桂 元澄	三宅佐渡守
壬生八幡宮	天文20（1551）11.吉日	大江元就	井上彦次郎
		当職 井上豊前守	社司 勘解由丞（井上光俊）
有間八幡宮	天文21（1552）8.吉日	藤原元春幷元秀	宥弁幷催太郎衛門
		当所代官元俊幷新見新左衛門尉	
有田八幡宮	天文21（1552）11.吉日	藤原元春	信蔵坊経誉
		当庄代官朝枝経家	作事奉行森（脇）若狭守
川西八幡宮	弘治3（1557）9.吉日	壇主 藤原元春	平左衛門
		寺務法印禅誉	
川井八幡宮	永禄3（1560）6.吉日	藤原元春	
		社務代源就次	作事奉行千寿丸太郎左衛門丞
壬生新宮大明神	永禄3（1560）11.2	大江元就幷隆元	祝詞（師）井上左衛門三郎
	（正徳5年〔1715〕「寺社堂祠古城跡等改寄帳」によるとこれと同年月日の永禄3年の棟札が大歳大明神にもある）		
川井八幡宮井垣	永禄11（1568）11.15	藤原御□	本願 千地丸
壬生新宮社殿	天正1（1573）9.吉日	大江輝元	井上豊前守
今田八幡宮	天正2（1574）8.15	吉川経高　子息経忠	西福寺昌祝
			作事奉行柏村高成
川戸八幡大菩薩社壇（吉藤）	天正12（1584）8.12	藤原元春　元長	権大僧都珍融
川戸八幡大菩薩社壇（亀尾山）	天正18（1590）4.吉日	吉川広家	
寺原八幡宮	天正18（1590）4	吉川広家	作事奉行佐竹周防守正親
			佐々木孫兵衛祐高

に設定された天皇家の皇子養育料を負担する壬生部に由来する遺名である。山県の郷名は郡家の存在する中心地という意味であり、郡つまり古保利《こおり》の地名が近世村の古保利村から現在までも残っており、九世紀の貞観期の本尊仏の木造薬師如来坐像、脇侍の木造日光菩薩立像、月光菩薩立像などが伝えられている。それが古保利山金蔵院福光寺であり、現在は廃寺となっているが、その仏像群は今も伝存しており、国の重要文化財となっている。

その古保利山金蔵院福光寺の建立と経営の背景にあったのは、六世紀から七世紀にかけて採用された凡直《おおしのあたい》国造制によって安芸国造に任命されていた凡直、のちの郡司凡《おおし》氏の存在である。後の令制下の一国の規模をその支配領域とする凡直の例は、他にも讃岐凡直や河内凡直などが知られるが、安芸凡直も山県郡、高田郡、賀茂郡一帯にその支配権を及ぼしていたと考えられる。[1] その後、壬申の乱を経て律令制への転換がはかられ、旧来の国造の支配領域の中から評《こおり》という行政区画が生まれ、その評を単位とする「国―評」制が採用されて、かつての国造のような有力地方首長はあらためて地方行政官である評督《ひょうとく》となり、国造制は評制の中に解消されていった。

古保利の薬師如来

安芸地方でも安芸凡直にその支配がゆだねられていくとともに、評は七〇一年の大宝令によって郡と改称されて評督は郡司となり、この地の凡氏は山県郡の郡司としての活動を継続することとなる。

前述のような九世紀の古保利山金蔵院福光寺の広大な伽藍やみごとな貞観期の仏像群は、その凡氏の存在と権勢とをいまに伝えるものと位置づけられるのである。

凡氏から山県氏へ

その後、十二世紀になると、古代の壬生郷にあたる地域が平清盛によって、嘉応三年（一一七一）一月に厳島神社領壬生荘として立荘される。高倉天皇とその母建春門院滋子（平清盛の妻時子の妹）のための祈禱料所としてであった。[2] その壬生荘の範囲は、その四至の記述によれば、現在の旧千代田町の壬生・川東・川西・川井・惣森・丁保余原・有田・南方・木次におよぶ広い範囲であった。荘園の立券文には下司や公文として凡氏の姓の者が連署しており、当時もこの地域の有力な在地豪族として勢力を維持してきていた凡氏の一族の存在が知られる。その立券文によれば、壬生荘は、田百五町（見作七十五町八段、年荒二十九町二段）、畠二十七町五段、在家五十二宇、それに山野河川からなるものであった。

源平の争乱は平家方の敗北に終わり、鎌倉幕府の成立となって各地の有力武士たちに大きな影響を与えた。凡氏の一族は山方氏を名乗り、そのうちの山方介為綱は源氏方となって活躍したが、建仁三年（一二〇三）に一族の山方五郎為忠は壬生荘の地頭職を免ぜられ、東国武士団の児玉党の一分流である小代八郎行長が地頭職に補任されている。[3] しかし、翌元久元年（一二〇四）にはこの措置を不服として為忠と行長との間で相論が起こっており、[4] 東国武士の小代八郎行長がこの壬生荘の現地に赴任することはなかった。

ただし、変化は確実に起こっていた。平安後期の平氏政権以来、鎌倉時代になっても執権北条氏が幕府の下知状に相模守平朝臣、武蔵守平朝臣と署名するように、坂東平氏の系譜を引くとの自己認識が強かったこともあり、平清盛の創建した厳島神社への信奉が篤く、たとえば建治二年（一二〇七）と貞応二年（一二二三）の二度にわたる火災によって全焼してしまっていた平清盛が造営した社殿を、仁治二年（一二四一）にほぼ完全な形で再建したのは北条泰時であった。[5]したがって厳島神社はこの山県郡域の壬生荘をはじめとする支配権を維持し続けており、その厳島神社の勢力の浸透は着実であった。たとえば、寺原荘地頭職の寺原氏はこの鎌倉時代に厳島神社神主一族へと替わっており、その寺原荘に属する平田を本拠とする凡氏一族の平田氏は厳島神主一族の周防氏と婚姻関係を結んでその所領の一部の譲渡を余儀なくされていた。

観応の擾乱と在地武士層の対立抗争

しかし、それらの動き以上に後の時代に大きな影響をもたらす動きがあった。それが、関東からの吉川氏と毛利氏のこの地方への入部である。壬生荘を中心とする旧千代田町域の村々と凡氏以来の系譜を引く山方氏（山県氏、山形氏）などの、この地域の旧来の領主たちに大きな影響を与えるとともに、やがてそれらすべてを征圧して自らの勢力下におさめることになる吉川氏と毛利氏が、駿河国や相模国からこの安芸国の山県郡大朝荘や高田郡吉田荘の現地へと実際に入部してくる。それは一二二一年の承久の乱を経た、はるかのちのことであり、吉川氏が正和二年（一三一三）、毛利氏の場合は幕府滅亡の混乱の中の延元元年（一三三六）のことであった。

鎌倉幕府の滅亡の後に起こった、足利尊氏と直義の内部対立によって引き起こされた観応《かんのう》の擾乱《じょうらん》

（一三五〇〜一三五二）は、新たな足利幕府方に立って行動してきたこの山県郡地方の武士たちにとって、その生き残りをかけた複雑な選択と行動を迫るものとなった。足利尊氏と直義の兄弟の対立、直義と高師直（尊氏の執事）の対立、尊氏と直冬（尊氏の庶子で直義の養子）の対立、という複雑な対立と激しい戦闘は、混乱の中にもさらに複雑な展開をみせた。とくに直冬が九州を拠点に一大勢力となってからは、その直冬から高師直・師泰兄弟追討の呼びかけが安芸の国人領主層に発せられて、芸石一帯の武士たちには大きな動揺が走った。

直冬に応じたのは、山形（凡）為継、山形（凡）十郎、壬生道忠、寺原時親ら旧千代田町域の武士たちで、同じく反尊氏の兵をあげたのは、大朝本荘の枝村と田原と竹原の地頭であった吉川経盛、吉田荘小原郷の毛利親衡、西条郷の吉岡小五郎、吉岡九郎たちであった。[6] それに対して、尊氏方として安芸国守護武田信武の次男氏信が兵を募ってそれに応じたのは彼らと現地で対立していた武士たちで、有田村の一部の地頭職つまり山形小五郎からの没収分を尊氏から宛行《あておこ》なわれていた内藤氏廉、大朝本荘の一分地頭吉川実経代官の須藤景成、大朝荘内の竹原分の地頭であった周防親長らであった。

この山県郡東部地域での観応元年（一三五〇）五月二十五日から七月十一日までの攻防は、ひとまずは尊氏方の守護武田氏の軍勢が勝利というかたちで終息をみたが、こののちも直冬党として活動する寺原氏や吉川経盛が健在であり、この地域の直冬党はなおも十分に武力を残して存在し続けた。

安芸国分郡守護の武田氏

観応の擾乱期を含む南北朝の内乱（一三三九〜一三九二）を経て、その後、室町幕府支配の一定の安定期が訪れる。それは国を単位とする守護がその領国の支配を行なう体制、いわゆる守護領国制の形成によるものであった。しかし、郡単位で守護権が分割される場合もあり、そうした郡を分郡といい、この山県郡もその一つであった。安芸国の守護は鎌倉時代からもともと武田氏であったが、南北朝の内乱期を経て応安四年（一三七一）に今川了俊に替えられてから、細川氏や渋川氏を経て以後は山名氏が安芸国の守護職を継いでいた。しかし、武田氏も長く安芸国支配の経歴があり、とくに太田川下流域の佐東郡一帯にはきわめて根強い勢力を維持していた。そこで、幕府もそれを認めざるをえず、佐東郡・安南郡・山県郡の三郡については、特別に守護と同じ権限を武田氏に認めていた。[7]

そのような一国すべてではなくいくつかの郡についての守護の権限を幕府が認めたものを分郡守護というが、武田氏はその本拠の佐東郡をはじめとして山県郡にも分郡守護としての権限を室町時代には行使していたのである。室町幕府は、国単位で守護が統轄する前述のような守護領国制を基本としていたので、複数の国にわたって大きな権限を行使するような大規模の守護の抬頭については警戒し抑制する方針が基本であった。したがって、山口を本拠として周防、長門から豊前や石見や安芸へとその勢力を拡大していた大内氏に対しては、安芸国の佐東郡・安南郡・山県郡の分郡守護の武田氏が、その大内氏に対峙し対抗するという関係にあった。

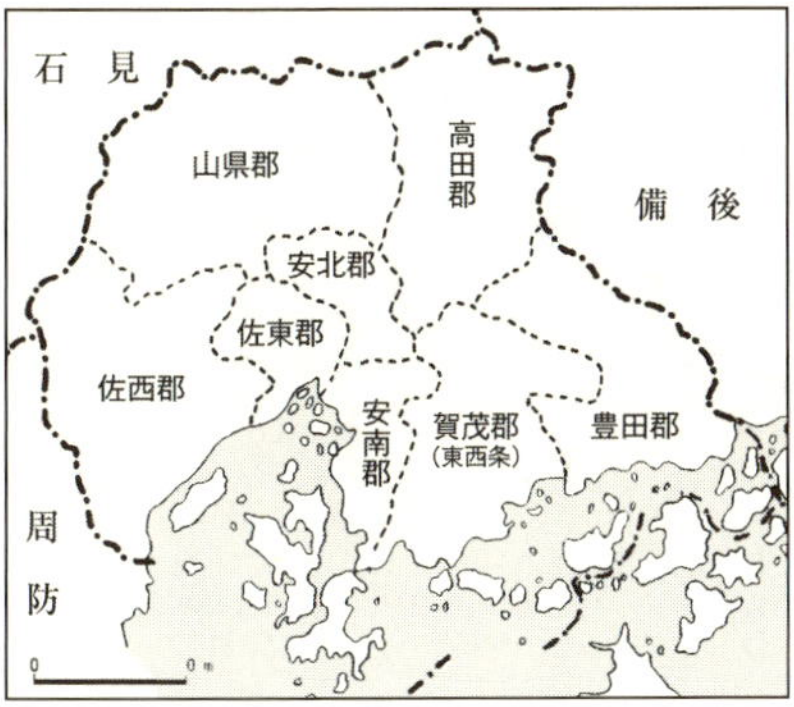

中世の安芸国の郡

そのような状況を「境目」と把握してわかりやすく解説しているのが岸田裕之氏である。[8]岸田氏によれば、南北朝期以来、安芸ならびに石見は、中央から寄せる幕府・細川氏勢力と、防長両国から北部九州までも領有する大規模で有力な守護大名の大内氏との拮抗地域、つまり両勢力の「境目」であった。したがって安芸と石見の有力国衆はそのいずれかに寄り添いながら、そして両勢力に分かれて抗争しながら、その中からみずからの生き残りをかけて行動していくという状況に置かれていたのであった。

応仁の乱と山県氏一族

この時期に石見国南部から安芸国北部のこの地域にかけて、とくに応仁の乱を経て勢力を増してきていたのが、大朝荘新庄を拠点とする吉川氏であった。吉川氏はもと鎌倉幕府御家人で、駿河国入江荘吉河邑（静岡県旧清水市）を本拠とした吉川経義を始祖とする一族である。二代友兼は梶原景時一族の討伐に参加し自らは討ち死にしたが、その功績により三代朝経（経兼）は梶原景時の跡である播磨国福井荘の地頭職を得た。四代経光は承久の乱（一二二一）の勲功により、安芸国大朝本荘の地頭職を与えられ、五代経高（一心）が正和二年（一三一三）に大朝本荘に入部した。経高の弟たちも分割譲与の所領に入部し、播磨・駿河のそれぞれの吉川氏の祖となった。

その後の南北朝の内乱期には国人領主として活動し、一族の分裂などもあったが、応安五年（一三七二）の軍忠状[9]で「大朝新庄地頭職」[10]を名乗っていた石見吉川氏の経見が、実際に応永二十二年（一四一五）に、将軍足利義持からの安堵状を得て、安芸の惣領家をも継いで吉川氏全体の惣領の地位を固めて、勢力を拡大していくこととなった。[11] その吉川経見の出自の石見吉川氏というのは、もともと経高（一心）の弟で大朝本荘内鳴滝村を領有していた経茂が、石見の豪族三隅氏の庶家永安氏の娘（尼良海）と結婚して永安氏の所領の半分を入手し石見に本拠を移したことに始まる家であった。

古代の国造から律令制下の郡司へという古い由緒と系譜を引き、平安後期の荘園制下では壬生荘その他の荘園の地頭職を得て継続してきていたのが、山県郡域きっての名族、凡氏であり、その流れをくむのが山方氏（山県氏、山形氏）、その一族と考えられる壬生氏、今田氏、有田氏などの在地武士たちであった。その彼らは南北朝期以降の室町時代の守護領国制の時代から戦国時代へかけて、この地域に伸張してくる南方からの厳島神社の勢力、そして分郡守護の武田氏の支配、また北方から伸張してくる吉川氏の勢力など、強力な外部勢力の進出に対抗しみずからの勢力を削がれながらもその命脈を保ち生き延びていく。

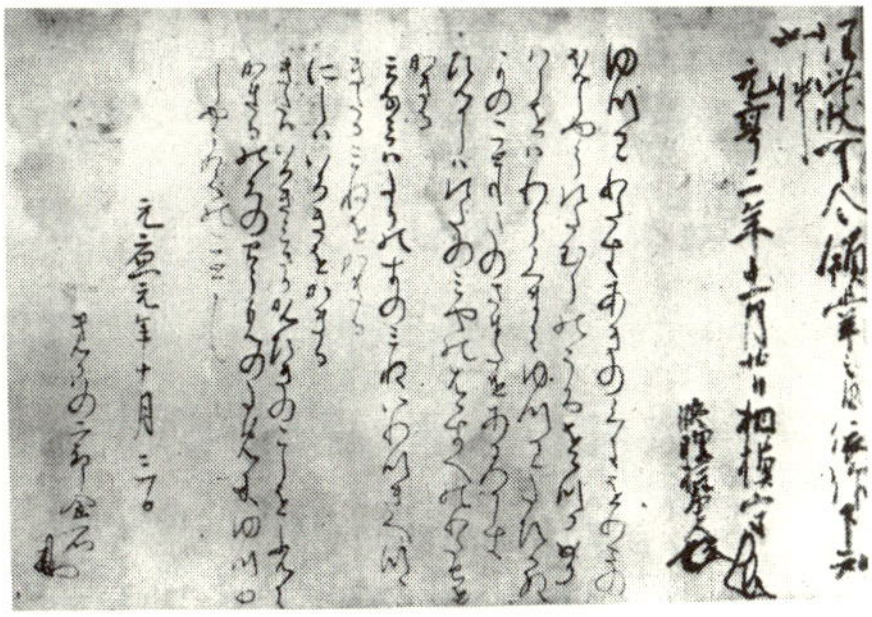
吉川経高（一心）の譲り状

まず、鎌倉時代にこの地に勢力を伸ばしてきていたのは厳島神社の勢力であった。その神主一族の寺原氏や周防氏が寺原郷や平田などいくつかの領地を得て活動する。しかし、彼らは南北朝期の戦乱の中で、北方からの吉川氏勢力の伸張によって排除され滅ぼされていく。そして、応仁の乱が一つの画期となり、吉川氏がその領地を大きく広げていく。

文明三年（一四七一）十一月二十五日の足利義政の御判《ごはん》の御教《みきょう》

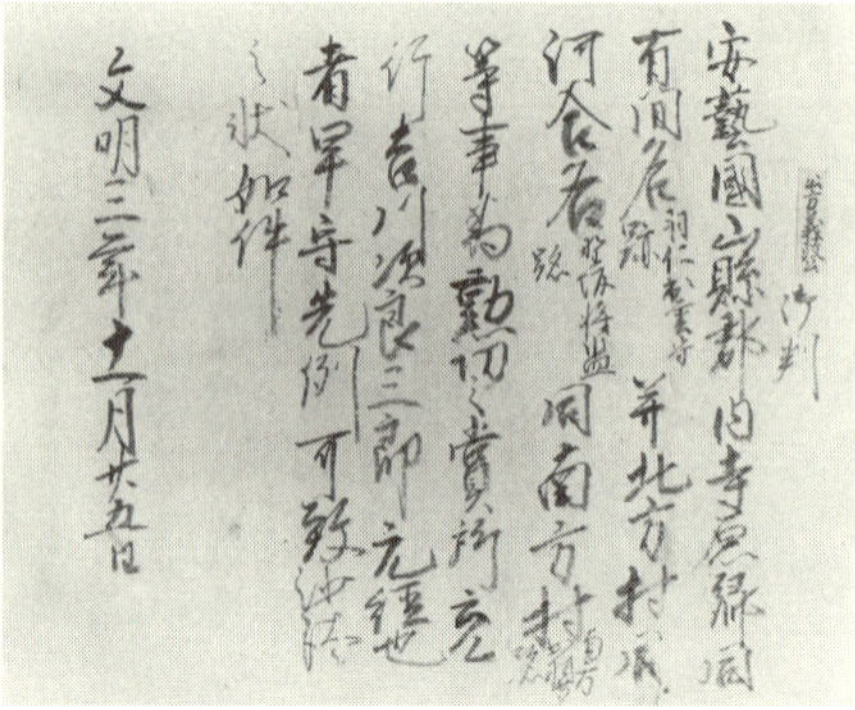

足利義政御判の御教書案

書《じょ》[12]によれば、西軍方に属した武士の所領が没収されて、それが吉川元経に宛行《あておこ》なわれている。その吉川元経とは、応仁の乱で戦傷を負いながらも勇猛果敢な奮戦ぶりで「俎板《まないた》吉川」「鬼吉川」との異名をとったと『吉川家譜』が記す十一代経基（元経）のことである。そのとき没収されて吉川元経（経基）に宛行なわれたのは、寺原郷・有間名（羽仁出雲守跡）、北方村・河合名（野坂将監跡）、南方村（南方出羽守跡）であった。そのときに所領を没収された羽仁出雲守とは厳島神社と関係の深い神領衆であり、応仁の乱の当時は寺原氏に代わって寺原郷と有間名の領地を得ていたものと思われる。野坂将監とは文字通り厳島神社の神主家である。南方氏はこの在地の領主でありこのあとも戦国時代を通じて健在であり続ける。

足利義政の御教書が没収とはいっていても、現地ではあくまで実力次第であり、それらの所領がただちに吉川氏の支配下へと入ったわけではない。しかし、鎌倉時代以来、厳島神社の勢力が強かったこの地域に、応仁の乱を契機として、吉川氏の勢力が進出してくることになるのは確実であった。

有田合戦と壬生合戦

山県郡大朝新庄の吉川氏と高田郡吉田の毛利氏とならんでこの地域に勢力を伸張させていたもう一

つの勢力があった。それが石見国邑智郡から安芸国高田郡にかけてその一族が蟠踞していた有力国衆の高橋氏であった。文明八年（一四七六）九月十五日付の「益田家文書」には、高橋氏の被官の中に「山県河内光朝」の名前がみえる。後述するこの地での有田合戦（一五一五～一五一七）に際して、永正十二年（一五一五）に地元の壬生元泰が吉田の毛利興元に帰降するとして誓約した文書の中にも、「武田方にも高橋方にもつかず、毛利氏のために働く」とある。[13]また、これも後述する壬生合戦（一五二二～一五三〇）に際してのことであるが、享禄二年（一五二九）五月に毛利元就が松尾城（安芸高田市）に高橋弘厚を攻めてこれを破り、さらに石見の藤根城（藤掛城・島根県邑南《おうなん》町）を攻略して高橋氏を滅亡させてしまうが、[14]その翌年の山県の中心部での壬生合戦[15]ののち、大内義隆から毛利元就に安堵された高橋氏の遺領の中には山県が含まれていた。[16]

つまり、この山県の地が長いあいだ高橋氏の支配下にあったことはまちがいなく、大永二年（一五二二）の第一次壬生合戦では山県一族の中の山県元照の寝返りで毛利元就が勝利していたものの、その元照以外の山県氏一族は、まだ高橋与党として活動していたのである。享禄二年に高橋氏が滅亡した後も、享禄三年（一五三〇）の第二次壬生合戦では、まだ毛利元就と戦っており、この大永二年から享禄三年にかけて続いた壬生合戦は、この地における高橋氏の勢力がそれまでいかに大きいものであったかを物語るものであった。

この旧千代田町域の戦国時代の争乱として地元でよく知られているのが、その有田合戦と壬生合戦である。有田合戦と壬生合戦とは、合戦とはいうものの継続的な抗争であり、山県郡東部のこの地域で古くからの由緒を引く山県氏・壬生氏・有田氏・今田氏などの中小在地領主と、この地域に長く支配権を及ぼしてきていた分郡守護の武田氏や石見国の有力国衆高橋氏と、それに対する新勢力としてこの地域に進出してきた毛利氏や吉川氏、という新旧両勢力の対抗関係の決着を迫る合戦であった。

文明五年（一四七三）、西軍の大将山名持豊と東軍の大将細川勝元があいついで没し、事実上、西軍の総帥であった大内政弘が防長筑豊四ヵ国の守護職を安堵されて京都から帰国したため、応仁の乱は一応の終息をみた。山方氏（山県氏・山形氏）とその一族の壬生氏・今田氏・有田氏などの在地武士たちが、戦乱が続くなかにもその存在を維持していたこの旧千代田町域では、そのころすでに北方から吉川氏の勢力が、河戸村、寺原村、有間村あたりまで南下し、その一方で東端の川井村も吉川氏が領有するところとなっていた。それに対して、有田村や今田村や壬生村などでは、南方からの武田氏の勢力が伝統的にまだ強く及んでいた。たとえば、明応八年（一四九九）三月六日付で、武田元繁以下、武田氏重臣が連署して毛利弘元に送った書状の署名者の中に、今田国頼、壬生国泰の二名が含まれていた。[17]

そうした状況の下で、永正十二年（一五一五）、亡父政弘の跡を継いだ大内義興は、まだ在京中であったが、吉川元経と毛利興元に山県郡有田城攻撃のための出兵を命じた。それは、武田元繁が山県民部・有田氏・今田氏を従軍させて、厳島神社神領衆の中で相対立していた東方（小方派）と西方（友田派）のうち、反大内氏の東方を支持して大内氏側の西方の己斐《こい》城を攻撃したためであり[18]、山県民部の本拠地有田城を攻略させることによって、己斐城を救援しようとする大内氏の作戦によってであった。それにより、武田元繁軍は己斐城の包囲陣を撤退せざるをえなくなり、吉川・毛利連合軍が有田城を攻撃してこれを落とす。そのとき武田元繁方であった壬生元泰は永正十二年六月付の書状ですぐに毛利興元に降伏を申し出て許されている。[19]
山県民部の拠城であった有田城を吉川・毛利方に奪われた武田元繁は、武田方にとどまっていた今田氏の拠城の今田要害に本陣を置いてそれに対峙した。そして、その後の膠着状態が続くなかで、永正十三年（一五一六）八月、毛利家当主興元がまだ二歳の嫡子幸松丸を残して没してしまう。そこで、武田元繁は攻勢に転じて、十月に毛利軍・吉川軍と武田軍・山県氏一族軍との両者が激突する有田合戦となる。後に編纂される『陰徳太平記』は、この有田合戦での毛利元就の活躍を中心にその模様を劇的に描いているが、この戦いでついに武田元繁が討ち死にすることになる。この武田元繁の討ち死には、古い由緒を誇っていた武田氏の威勢を大きく失墜させることとなり、それとは対照的に初陣を飾った毛利元就が、これ以後、毛利家家督を継ぐとともに安芸国人衆の中に確固たる地位を築いていくこととなる。

永正十七年（一五二〇）十月、十二年ぶりに京都から山口に戻った大内義興は、大永二年（一五二二）から安芸への攻略を開始する。三月に武田氏本拠地の佐東郡南部の広島湾頭に、陶興房《すえおきふさ》の軍勢を差し向けた。しかし、さすがに武田氏方の激しい反攻にあい、八月には撤退を余儀なくされる。その八月十六日にはこの山県の地でも武田氏方と結ぶ山県氏一族への毛利元就の攻撃があり、その後も長く壬生合戦としての攻防が続くことになる。元就はそのとき討ち取った敵の首四つを安芸へ出陣中の大内家家臣の陶興房のもとに届けて大内氏への忠誠を示しているが、[20]このときの壬生合戦で毛利方が勝利をおさめたのは、前述のように山県氏一族の中の山県元照が毛利方に寝返ったためであり、毛利氏はその功に対して、元照を被官とするとともに、従来の居所に加えて「うるし原名」（惣森の漆原）

を恩賞として宛行《あておこ》なっている。[21]

毛利元就と吉川元春の神社崇敬と社殿造営

出雲国の月山富田《とだ》城を本拠とする尼子氏は、出雲国守護の京極氏のもとで守護代をつとめていたが、尼子経久の代に至り実力で出雲一国の支配権を握るほどになっていた。そのような実質的に出雲国守護といえるほどの尼子氏の軍事力は強大で、さかんに安芸国へ向けての勢力拡大を志向していた。そして、防長の大内氏（義興・義隆）と出雲の尼子氏（経久・晴久）の両勢力の間で、毛利氏と吉川氏の複雑な活動が展開される。

毛利氏は、大永三年（一五二三）に毛利家当主の幸松丸が九歳で没すると、元就が二十七歳で家督を継ぐ。その元就ははじめ尼子経久にしたがっていたが、大永五年（一五二五）からは大内氏（義興・義隆）に属して軍事行動を展開させる。尼子氏と対抗しながら、前述のように享禄二年（一五二九）に石見の有力国衆の高橋氏を滅ぼし、みずからの所領を広げていった。享禄三年（一五三〇）の壬生合戦ののち、大内義隆から山県の領有を認められた毛利元就は、壬生荘北方（惣森・川西・川東）や壬生や本地などにおいて家臣に給地を与えたり、[22]壬生八幡宮の神職井上氏を被官としたりして、[23]この一帯に確実にその勢力を浸透させてくる。たとえば、享禄四年（一五三一）四月十八日付の文書[24]では、壬生八幡宮の物申《ものもうし》（神職の一種）の勘解由《かげゆ》左衛門尉井上光俊の所領にかかる役のうち、一貫文を免除するとしているが、その井上光俊とは、天文二十年（一五五一）十一月の壬生八幡宮の宝殿の上葺の棟札に記されている社司の勘解由丞（井上光俊）のことである。

その井上勘解由丞光俊の子孫の代々が、現在にまでつながる壬生神社の宮司家であり、その井上家は近世を通じて山県郡一帯の神社の社家の触頭《ふれがしら》としてこの地域の神社祭祀の中心的な役割を果たしてきた。その井上家の氏神祭祀は現在も変わらず長く継承されてきており、この地域では、戦国大名につながるこの井上家のような社家が、土地の旧家として神社の神職を継承するかたちが、後述の旧大朝町新庄の三上家や大朝の森脇家のように具体的な事例としてみられるのであり、したがって、この

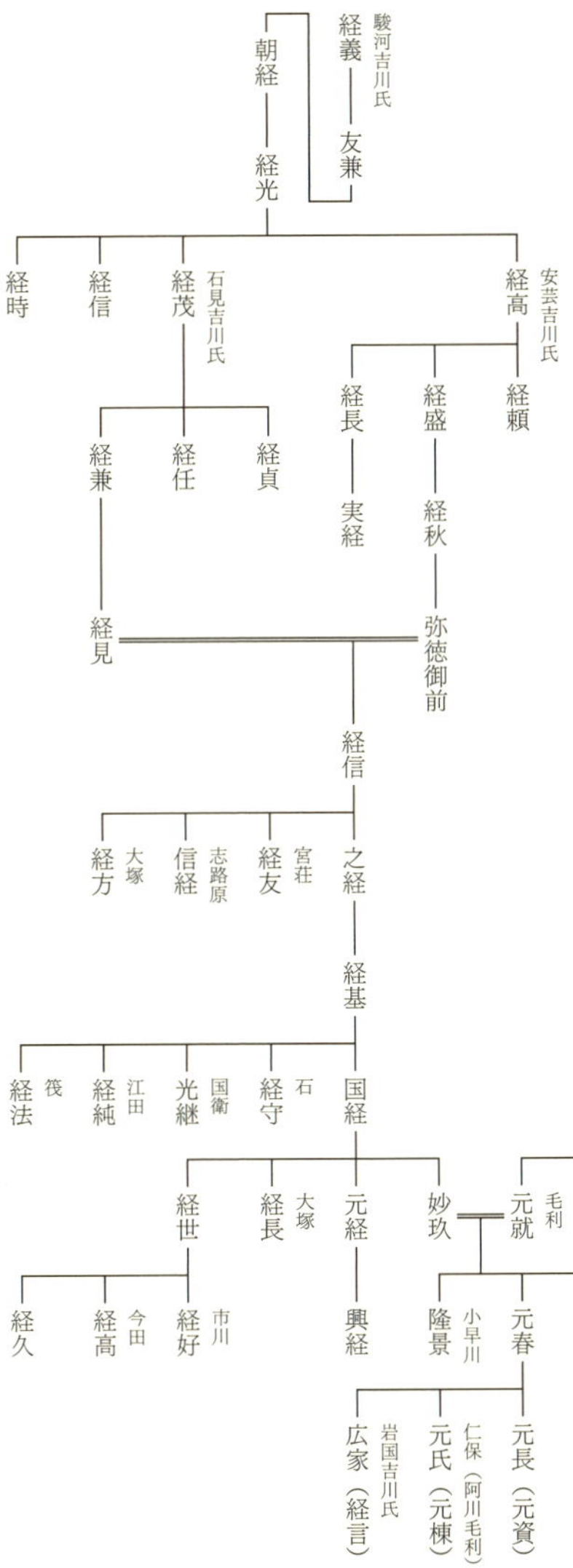

毛利氏・吉川氏略系図

地域では近畿地方のような宮座の形成や長老衆の形成をみることはなかったのである。

では、ここでその毛利元就の登場の前後からのちの関ケ原の戦いまで、毛利氏と吉川氏の動向について整理してみる。それが左の年表である。表の中では下段に、この旧千代田町域の氏神の神社に伝存している棟札についても記入してある。そこからは以下のような点が指摘できる。

①町域の氏神の神社の棟札でもっとも古いものは、天文十五年（一五四六）八月の川井の八幡宮のそれである。本願主はこの地を知行していた武士であろうと思われるが、その姓名は故意に伏せられており、子息の万歳丸と千寿丸兄弟への神の加護を祈念している。この川井の八幡宮は、文政二年（一八一九）の「国郡志御用ニ付下しらべ帳」には「八幡宮　新宮」とあり、近世には八幡神と熊野新宮とがともに祭られていたようである。しかし、古くさかのぼれば、熊野新宮の方が先行して祭られていた可能性が高い。このあと吉川元春が天文十九年（一五五〇）に新庄に入部した後の永禄三年（一五六〇）六月の棟札では、「奉再建立当社八幡宮御宝殿壱宇」とあり、八幡宮を再建した大檀越《だんおつ》は吉川元春となっている。そして天文十五年の棟札でその名前が記されていた千寿丸は、その後、成人してこの棟札では太郎左衛門丞として作事奉行をつとめている。

熊野新宮社の勧請

②次に古いのは、同じ天文十五年九月の後有田の熊野新宮社の棟札である。大檀那は毛利家の家臣の桂元澄である。この後有田は、現在でも現地の人たちでさえ不思議でわかりにくい地名となっている。隣接する今田の村の地名との境目が複雑でひじょうに入り組んでいるからである。なぜそのよう

年表　毛利氏と吉川氏の動向（毛利元就の登場から関ケ原の合戦まで）

年号	西暦	事項	神社の棟札
永正一二年	一五一五	大内義興、毛利興元・吉川元経に命じ、武田元繁配下の山県民部の居城有田城を攻撃　攻略後に有田城は吉川元経に預置	
永正一四年	一五一七	有田合戦（一五一五～一七） 武田元繁、吉川元経の有田城を攻撃。元就出陣。武田元繁討死	
大永　三年	一五二三	毛利元就、安芸に侵入してきた尼子経久に従い、大内義興と戦う 毛利元就、家督を継ぐ	
大永　五年	一五二五	毛利元就、大内義興に属す	
享禄　元年	一五二八	大内義興没（五二歳）	
享禄　二年	一五二九	石見高橋氏滅亡。毛利元就、大内義隆に属し石見の国衆高橋氏を討滅 壬生合戦（一五二二～一五三〇）。毛利元就、大内義隆から山県の領有を認可	
天文　六年	一五三七	毛利元就、長男隆元を人質として大内義隆へ送る	
天文　九年	一五四〇	郡山城攻防戦。尼子経久の大軍、毛利元就の安芸吉田の郡山城を攻撃	
天文一〇年	一五四一	尼子軍敗走。元就ら武田信実を攻撃し信実は出雲に逃れ、武田氏滅亡 尼子経久没（八四歳）	
天文一二年	一五四三	大内義隆に従い毛利元就、月山富田城の尼子晴久を攻撃し敗走	
天文一五年	一五四六		八月一五日　川井八幡宮　神体 願主万歳丸　玉殿願主千寿丸

年号	西暦	事項	神社の棟札
天文一八年	一五四九	毛利元就の次男、元春が吉川家の家督を相続	九月二六日　後有田新宮社　桂元澄
天文一九年	一五五〇	吉川元春、安芸新庄に入部。毛利元就、吉川興経を殺害	一一月　壬生八幡宮　大江元就
天文二〇年	一五五一	大内義隆自刃。大内義隆、家臣陶晴賢に討たれ自刃（四五歳）	八月　有間八幡宮　藤原元春 弁元秀
天文二一年	一五五二	尼子晴久、出雲をはじめ備後など六国の守護職を得る	一一月　有田八幡宮　藤原元春
弘治　元年	一五五五	厳島合戦。毛利元就厳島合戦で陶晴賢を破る。陶晴賢自刃	九月　川西八幡宮　藤原元春
弘治　三年	一五五七		六月　川井八幡宮　藤原元春
永禄　三年	一五六〇	尼子晴久没（四七歳）	一一月二日　壬生新宮大明神 大江元就弁隆元
永禄　五年	一五六二	毛利元就、石見銀山を奪取。石見を平定し出雲の月山富田城を包囲	
永禄　九年	一五六六	月山富田城の尼子義久降伏	
永禄一一年	一五六八		一一月一五日　川井八幡宮井垣 藤原御□　本願　千地丸
元亀　二年	一五七一	毛利元就没（七五歳）	
天正　元年	一五七三		九月　壬生新宮社殿　大江輝元
天正　二年	一五七四		八月一五日　今田八幡宮　吉川 経高　子息経忠

天正一〇年	一五八二	本能寺の変、織田信長自刃。羽柴秀吉、毛利輝元と和睦 吉川元春、南条元続の伯耆国羽衣石城を攻略。元春家督を元長に譲る	
天正一一年	一五八三	吉川広家、人質として上洛、豊臣秀吉に近仕	
天正一二年	一五八四		八月一二日　中川戸八幡大菩薩社壇（吉藤）　藤原元春　元長
天正一三年	一五八五	吉川元長、大坂城で秀吉に謁見	
天正一四年	一五八六	吉川元春、九州小倉城で没（五七歳）	
天正一五年	一五八七	豊臣秀吉、毛利輝元・吉川元長に九州鎮撫を命ず。元長、日向の陣中で没	
天正一八年	一五九〇	毛利輝元、広島城完成	四月　下川戸八幡大菩薩社壇（亀尾山）　吉川広家 四月　寺原八幡宮　吉川広家
天正一九年	一五九一	豊臣秀吉、毛利輝元に一一二万石を宛行なう 毛利輝元、広島城へ。吉川広家、月山富田城へ	
文禄　二年	一五九三	吉川広家、朝鮮より帰国	
慶長　三年	一五九八	豊臣秀吉没（六二歳）	
慶長　五年	一六〇〇	関ケ原の合戦。毛利輝元、西軍主将に。吉川広家、徳川家康に内通 徳川家康、毛利輝元・秀就に周防・長門両国を与える 徳川家康、毛利輝元・吉川広家に周防国玖珂郡三万石を宛行なう	

な複雑な村の地名の入り組む境目と村落が近世から近代までそして現代までも存続してきているのか、という疑問がある。それに答えてくれるであろうと思われるのは、次の二つの文書である。

一つは、桂元澄が後有田の時久名を三男元親に譲った譲状である。[25] その文意によれば、主君の毛利元就の認可を得て子々孫々までこの知行は保証されると記している。桂元澄の没年月は永禄十二年（一五六九）七月であり、その譲状はそれ以前のものと考えられる。

もう一つが、この譲状の主旨がその後も尊重され守られていたことを示す元亀三年（一五七二）の、毛利輝元が桂元澄の孫桂広信に宛てた安堵状[26]である。それは、前年に毛利元就が没したその直後であり、毛利輝元はその安堵状で毛利元就、隆元も認可していたものであることをあらためて確認している。つまり、この旧千代田町域に進出してくる先兵としての役割を担ったのが桂元澄であった可能性が高く、その勲功に報いるため、また今後の押さえのための桂氏への所領安堵であった可能性が高いのである。

この後有田というのは、永正十二年（一五一五）から永正十四年（一五一七）の有田合戦に際して、大内義隆から吉川元経に与えられた有田城と、それに対抗して武田信繁が拠点とした今田要害との間に位置する戦略上重要な位置である。そこから考えれば、毛利元就によるこの後有田への桂元澄の勢力配置は、そののちまでも有田氏与党や今田氏与党への牽制の意味のある処置であったと考えることができる。つまり、毛利元就によるこの旧千代田町域への勢力伸張の上で、この後有田と桂元澄の担っていた戦略的価値はその子々孫々までも伝え保証しておくべきものとされたのである。[27]

その桂元澄の知行地である後有田の杉ノ本に祭られている氏神の神社が、熊野新宮社である。天文十五年（一五四六）の棟札の時点というのは再建された時点であって、その創祀はそれよりもさかのぼる。安永三年（一七七四）にこの神社の祠官幸正が本社の玉殿の後ろの羽目板に記されていた銘文を発見しそれを記しているが、それによると、「奉造立山県有田新宮社事　右趣旨者　天下太平　国土安穏守祈　明徳四年癸酉」とあったという。[28]

明徳四年（一三九三）といえば、中央では将軍足利義満の政権下で南北朝合一が前年に実現していた時期であり、この安芸石見一帯では前述のように石見吉川氏出身の吉川経見が将軍義満から康暦二年（一三八〇）に御判の御教書（文書の袖に義満の花押がなされている）で、大朝本荘新荘の両荘の地頭職をはじめ平田荘や石見国永安別符の地頭職を与えられて安芸吉川氏の惣領として抬頭してくる時期にあたっている。そしてまた、厳島神社神職家につながる寺原氏の寺原荘も大朝新庄を拠点とする吉川氏の南下によって圧迫されてくる時期にも当たっていた。そのような時期に紀州から熊野新宮社の勧請がこの後有田の地になされたということである。つまり、まだ山県氏一族の今田氏や有田氏がこの地域に勢力を維持していた時期であった。

紀州の熊野権現の勧請の例といえば、他にも上川戸の氏神の熊野神社がある。河戸村には古くは国衙領があり、鎌倉期の地頭は凡《おおし》氏一族で平田を本拠とする平田氏であったとみられるが、観応の擾乱の時期に、直冬党として活動した山形為継が河戸村の熊野権現に「河戸村内長者名田畠」を施入した寄進状がある。地元の藤井芳金氏旧蔵文書[29]がその源為継（山形為継）の正平九年（文和三年〔一三五四〕）の寄進状であるが、自身と子女そして一族の息災延命などを願い、地元の長者名の田畠の年貢と万雑公事を、紀州熊野より勧請したこの熊野権現に祈禱料として寄進するというものである。この山形為継はこの四年前の観応元年（一三五〇）六月から七月にかけて足利直冬党として壬生道忠らと共に猿喰城に立てこもった人物で、同城は七月十一日守護武田軍のために陥落したが、[30] この文書でも南朝年号を用いており、依然として反幕府の立場を貫いていたことがわかる。

毛利元就と壬生八幡宮

次が壬生八幡宮である。その棟札の天文二十年（一五五一）といえば、それまで巨大な存在であった大内氏が滅亡へと向かう年である。その年の家臣陶晴賢《すえはるかた》の謀反による大内義隆の自刃は、毛利元就に自由な軍事行動をとらせることとなる。旧千代田町域は地勢的にも吉川氏の勢力の及ぶ範囲であり、次男元春を吉川家の当主として送り込んだ元就は、この地域を吉川元春の領域としておくこととし、ただし壬生だけは山県東部の中心地でありその要とみたため、元就は壬生八幡宮の宝殿の屋根の上葺きを当地の社司井上光俊とその一族とともに行なったのである。

このあと永禄三年（一五六〇）には毛利家当主の嫡男隆元とともに熊野新宮大明神の宝殿を造営しており、さらに元亀四年（一五七三）には、元就の嫡孫で毛利家当主輝元が新宮社殿の屋根の上葺きを大檀主として行なっている。ここで注目されるのは、その棟札では大檀主輝元とともに大願主井上豊前守、物申井上清藤とあり、さらに板面の下方には大檀主氏子とも記されている点である。つまり、この地の有力者たちもこの神社の氏子であると位置づけているのである。その面々とは、棟札裏面に寄進者としてその名前が列記されている、山県内蔵丞、同弥三郎、同弥次郎、桜井木工之丞、善福寺存書、三戸与一、弘弥五郎、桜井槌次郎、境孫二郎、山県四郎右衛門たちであったと考えられる。毛利輝元が大檀主であると同時に、在地の有力者たちをも大檀主であり氏子であるという位置づけが行なわれているのである。

吉川元春の神社再建

次は、天文十九年（一五五〇）に吉川家の家督を継いで新庄に入部した吉川元春の活発な神社の再建立である。それは、天文二十一年（一五五二）の有間の八幡宮と有田の八幡宮、弘治三年（一五五七）の川西の八幡宮、永禄三年の川井の八幡宮、天正十二年（一五八四）の中川戸の八幡大菩薩社殿（吉藤）まで、五社を数える。その立地からみれば、有間と有田、川西と川井という重要な場所を押さえているかたちである。しかし、町域南方の毛利氏の支配下へとなっていた石井谷村[31]や本地村[32]や南方村[33]の神社には関与していない。まさに、吉川元春の指揮のもとに吉川氏支配下となっていた村落の八幡宮の再建を実施していった跡がうかがえる。時期的にやや遅れて天正十二年に中川戸の吉藤八幡を、そして元春没後の天正十八年（一五九〇）には広家が下川戸の亀尾山八幡を、それぞれ造営しているが、これは川戸村が可愛川沿いの新庄に近い村落であり比較的早くから吉川氏の支配が及んでいた地域であって、時期的にもいわばゆとりをもってその造営を行なったものとみることができる。

武運長久と人民与楽

最後が、天正二年（一五七四）の吉川（今田）経高とその子息経忠による今田村の今田八幡宮の再建造営である。その棟札[34]によると、作事奉行の柏村高成、大工の富永高久、鍛冶の二宮高清まで、彼らが経高の「高」を拝領していたことから、今田経高が領内の有力職人を被官化していたことをうかがわせる。この吉川経高は、吉川家の当主興経の重臣として父の吉川経世、兄の吉川経好とともに、天文十六年（一五四七）七月二十二日の連署の起請文[35]では今田経高と名乗って署名している。吉川経世の実子であるが今田氏の女性との婚姻によって今田氏の家督を継いだ可能性が高い。

天文十七年（一五四八）六月の吉川元春合戦手負注文[36]には、その今田経高の倅者《かせもの》、つまり経高の被官の一人である足立木工允が、吉川元春のもとで備後神辺城攻撃に動員され負傷した旨が記されており、今田経高は吉川家の家督を興経から譲られた吉川元春の家臣となっていたことがわかる。なお、子息今田経忠は経高の嫡子ではなかったらしく、天正六年（一五七八）の家督相続では今田経高は本領を今田春倍に譲り吉川元春から承認の祝辞をもらっている。[37]また、その今田経忠は、天正元年（一五七三）十月には、織田信長に追われて七月に河内若江に逃れた足利義昭のもとに吉川元春の使者として派遣されている。[38]吉川元春はそこで今田経忠を「同名」としており、今田氏がおそらく婚姻関係を通じて吉川氏一族に組み込まれていたことをあらわしている。

そして、その棟札の文言で注目されるのは、大檀那の吉川（今田）経高と子息経忠の武運長久、家門繁栄、子々孫々无有終尽、などのための祈念だけでなく、同所従一門枝葉繁盛、命葉无窮、そして庄内富貴、人民与楽という祈念も込められていることである。この棟札の文言は、それが記された天正二年（一五七四）から百八十五年の年限が経過して宝殿の腐朽大破が進んでいたために、宝暦八年（一七五八）に「村中之氏子」が社殿の葺き替えと修復を行なったときに、その棟札も摩滅して判読困難になっていたのを小田好道という人物が社職の浮乗勘太夫と庄官の富田彦左衛門の懇請によって書写したものだという。

この今田八幡宮は天正二年の時点で大檀那の今田経高、経忠親子のためだけでなく、庄内富貴、人民与楽の願いがすでに込められており、宝暦八年の時点では、「村中之氏子」が社殿の修復を行なっていたのである。ここに、氏神としての神社が中世後期から近世にかけて祭られてくる一つの具体例を見ることができる。つまり、その郷村の領主が大壇越として家門繁栄や武運長久を祈願すると同時に、一門所従もその繁盛を、庄内村民も五穀豊穣や富貴与楽を、それぞれ氏子としてともに祈願する神社として郷村の氏神の社殿は造営されていたのである。領主と村民とが呼応するかたちとなったときに、氏神の社殿の造営が実現するというのが一つのパターンであったと考えられるのである。

なお、この今田八幡宮には、鎌倉時代後期の元亨四年（一三二四）の墨書銘のある玉殿が、平成八年（一九九六）の神殿屋根の葺き替え工事の際に偶然発見されているが、その点についてはまたあとで検証することにする。

熊野新宮と八幡宮と

ここでふたたび、旧千代田町域の各近世村で祭られている氏神の神社について整理した表2に注目してみる。すると、八幡神社が圧倒的に多いことがわかる。それは、二つの歴史的状況を反映しているものと考えられる。新しいものから順にいえば、第一の波は、いまみてきたような毛利氏や吉川氏が再建したことを示す数多くの棟札から、やはり毛利氏と吉川氏の氏神祭祀への関与によって八幡宮としてあらためて祭られていったという動きである。しかし、それがすべてであるとは考えられない。それより前の第二の波としては、この地域の在地武士である山県氏一族の割拠していた時代から八幡宮が祭られていた可能性も大である。

たとえば、毛利元就による天文二十年（一五五一）の壬生の八幡宮の宝殿の上葺きの場合も再建であり、天文二十一年（一五五二）の有田の八幡宮の場合も、もと有田の南端部の岩崎山に祭られていた神社を現在地に移転したものであるが、すでに「岩崎八幡」と呼ばれていた神社であった[39]。永禄三年（一五六〇）の川井八幡宮も再建であるし、天正二年（一五七四）の今田八幡宮も再建である。毛利氏や吉川氏が鎌倉御家人としての先祖をもっていることを自覚しながらこの地で活動していたことからみて、源氏の氏神である八幡神を信仰していたこと、そして領内の神社に八幡宮を造営していったことは十分に考えられるが、しかしそれ以前からのこの山県一帯の在地武士たちも、やはり八幡宮を造営していた可能性があるのである。

そのような八幡宮の勧請と造営とは別の動きとして、もう一つそれより古い第三の波がある。紀州の熊野新宮社の勧請という動きである。先にみたように、壬生・後有田・川井・丁保余原・上川戸にそれぞれ氏神として熊野新宮社が祭られており、中世の一定の時期、たとえば前述の後有田の新宮社の伝承では明徳四年（一三九三）、上川戸の熊野新宮社では山形為継の正平九年（文和三年〔一三五四〕）の寄進状からみればそれ以前であるが、南北朝期からそれ以降の一定の時期に、熊野新宮の御《お》師《し》の活動かあるいはその他の要因かで、この地域に熊野新宮社の勧請という波動が起こっていたことがうかがえる。神仏習合と修験道をも加えた霊験あらたかな熊野権現の信仰は、戦乱の相次ぐこの地域の在地領主層にも受け入れられたのであろう。

そして、熊野信仰がこの地域の武士層にも強くみられたことは、毛利氏や吉川氏がその起請文を交わす際に、熊野の牛王《ごおう》宝印の判が捺された料紙が用いられていることからも想定できる。天文十九年（一五五〇）の毛利氏家臣の連署の起請文[40]では、その旨にもし違背したならば、「梵天、帝釈、四大天王、惣日本国中六十四州大小神祇、別而厳島大明神、祇園牛頭天王、八幡大菩薩、天満大自在天神部類眷属神罰冥罰、於各身上可罷蒙也、仍起請如件」というようなおどろおどろしい文言で、霊験あらたかな神仏の厳罰を覚悟するという起請文の料紙に、熊野の牛王宝印が荘厳にまた不気味に捺されている。伯耆羽衣石《うえし》城（鳥取県東伯郡湯梨浜《ゆりはま》町）の城主南条宗勝が死亡した際に、その子息の小鴨元清が、惣領の南条元続を亡父にかわって取り立ててほしいと、吉川元春に訴え、今後吉川氏はもとより元続に対して、いささかも別心なき旨を、誓約した小鴨元清の血判の起請文も、そのような牛王宝印の捺された料紙に書かれている[41]。南北朝期以降の戦乱の中で、その生き残りをかけた在地武士たちの間でこのような熊野新宮社の勧請という動きがあったことが考えられるのである。

熊野の牛王宝印の一例。徳川家康の血判起請文

壬生の氏神と神社合祀

ここであらためて壬生の氏神の事例の情報整理をしてみよう。

現在は街を見下ろす教得寺の後方に壬生神社が祭られて

いる。しかし、近世後期の「山県郡壬生村絵図」では、現在の壬生神社の位置に「新宮大明神」が祭られている。そして、そこから少し離れた場所に「東山八幡宮」が祭られている。そして、また少し離れて「大歳大明神」が祭られている。文政二年（一八一九）の「国郡志御用ニ附下しらへ書出帳」にも、東山の八幡宮、平山の新宮大明神、尾山の大歳大明神の三社が壬生の神社として記されており、この三社がともに壬生村と惣森村と丁保余原村の「産神」であると記されている。

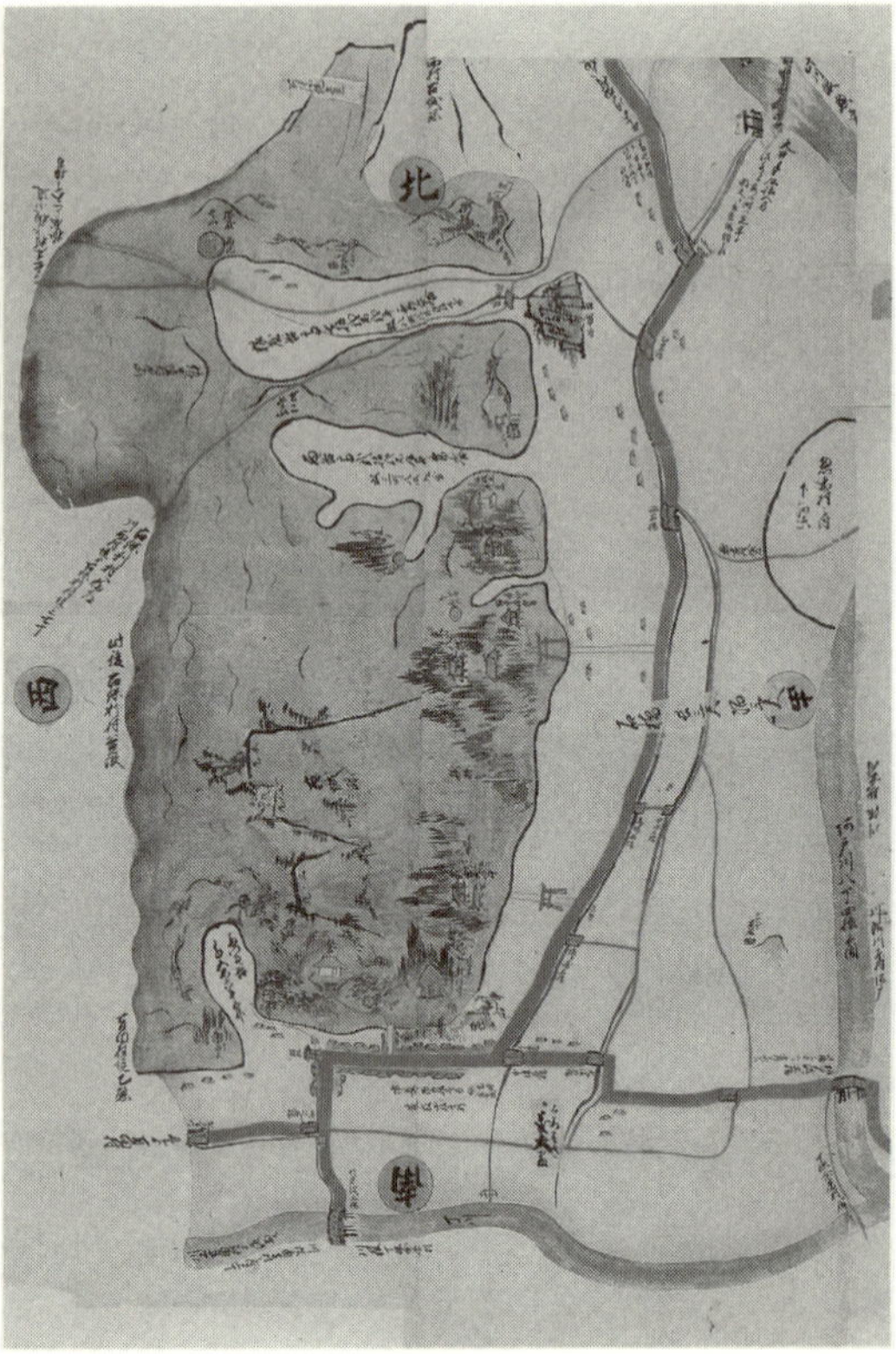

山県郡壬生村絵図（文政年間）

第二章の二節（「2　産土神」）で前述したように、この地の神職井上家に伝来する文書類では、氏神と氏子を産神と産子と表記することが多いので、この三社が壬生村と惣森村と丁保余原村の産神つまり氏神であるとされていたと考えられる。そして、明治三十年代の壬生の景観を描いた図「山県郡壬生村社寺及旧蹟壬生村地景図」にも、「山県郡壬生村絵図」と同じく「新宮社」「八幡神社」「大歳社」がその位置で描かれている。現在では、氏神は壬生神社となっており、その主祭神は八幡神とされ熊野新宮はそこに合祀されている。しかし、そうなったのは、明治政府の神社併合政策を受けてのものであった。

明治四十一年（一九〇八）の戊申詔書を契機に展開されたのが地方改良運動である。明治の行政村が一体になることが目指され、その阻害の一つとなるのが、近世村の時代の郷村単位の氏神の存在であった。そこで、明治行政村に見合うような一村一社の氏神というかたちが目指され、明治三十九年（一九〇六）四月の地方長官会議での内務大臣の訓示を受けて、明治四十年から広島県下での神社併合政策が本格化する。[42]

しかし、旧千代田町域の各村の氏神の祭祀のかたちは根強く、川迫、八重、本地の各村ではまったく併合は実現しなかった。そうしたなかで明治四十五年（一九一二）二月、山県郡長は郡内の町村長および神職を招集して「断乎たる決心を以て合併の方針を確立し熱心と誠実とを以て氏子を勧誘」して「遅くとも本年度内には」「指定神社以外の神社は凡て之を合併せしむる」よう強く求めた。しかし、山県郡ではそれ以降もさしたる進展はみられなかった。そうしたなかで神社併合に意欲をみせたのが壬生村と南方村であった。

南方村では、山県郡長の強い意向を受けて明治四十三年（一九一〇）、南方村本郷の八幡神社に中原、小木次、額田部の八幡神社、それに木次村の八幡神社を併合し、地理的に遠い畑の八幡神社を除いてほぼ一村一社を達成した。[43] しかし、戦後の昭和二十七年（一九五二）には額田部は再び分離独立して集落内に氏神の八幡神社を建立して現在に至っている。一方、壬生町では明治四十一年（一九〇八）に大字壬生の東山八幡神社を新宮神社の地に移してそこに大歳神社と大字丁保余原の青葉神社（熊野神社）とを合併して、あらためて壬生神社と名を改めて祭ることとしたのであった。しかし、現在はまた丁保余原では熊野神社を現在地で祭るかたちに復している。

そうして、壬生ではもとの熊野新宮社の場所に東山八幡神社が移って大歳神社とともに壬生神社として祭られているのだが、そこからやや離れた場所に祭られていた大歳神社は現在もまだ社殿が残っている。この壬生の古くからの三つの神社の歴史を想定するならば、まず先行して祭られていたのは大歳神社であり、それに続いて熊野新宮社が勧請され、さらにその後に八幡宮が勧請されたという展開が考えられる。前述の新旧の波でいえば、新しい順に第一、第二の波が八幡神勧請で、第三の古い波が熊野新宮神勧請であったが、もう一つもっとも古い第四の波があったのであり、それが大歳神の勧請であったと考えられるのである。

大歳神社の勧請

大歳神《おおとしのかみ》とは古い文献では『古語拾遺』の記述で知られる古代以来の農作稲作の神であり、それに、その後は陰陽道の大歳神《だいさいしん》の信仰が習合するなどして、西日本の各地で祭られている神である。『広島県神社誌』の掲載する郷村の神社についてその数をみてみれば、山県郡東部のこの旧千代田町域では町内二十七社のうち八幡神社が二十社と圧倒的に多いのに対して、山県郡西部の旧加計《かけ》町域（現・安芸太田町）では町内四十四社のうち、大歳神社十三社、八幡神社七社、河内神社七社、大元神社四社、長尾神社二社、その他、となっている。旧加計町やそれに隣接する旧芸北町（現・北広島町）では郷村の氏神としては八幡神社よりも大歳神社の方が多いのが実情である。ただ、『広島県史』民俗編によれば、安芸と備後を含めると広島県内千三十七社のうち、その祭神はさすがに八幡神社三百七十六社、天満宮四十二社、大歳神社三十八社、吉備津《きびつ》神社三十一社、熊野神社二十七社、厳島神社二十三社となっている。このような八幡神信仰の展開は、やはり鎌倉から南北朝以降の在地領主層の成長と深くかかわっていたものと考えられる。

しかし、それとは別に、大歳神社が祭られている例が多いことから想定されるのは、在地経済の持続的継続性の上でやはりもっとも肝要なのは、これまでみてきた棟札の慣用句でもある「武運長久」とならぶ「五穀豊穣」「庄民快楽」「子孫繁盛」である。それは、農業生産の守護神としての大歳神社の信仰が、現地の経営上、領主にも領民にも広く浸透し共有され活用されてきていたからではなかったかと推定されるのである。ちなみに、旧千代田町域の氏神の神社で、壬生の大歳神社の他に、現在は八幡神社となっているが、その境内社に大歳神を祭っているのは、川井八幡・川西八幡・後有田の熊野神社・寺原八幡・有間八幡・法蔵寺の瀧山八幡・蔵迫の龍山八幡の計七つの神社を数えることができる。

龍山八幡神社と枝宮八幡神社

旧千代田町域の氏神の社殿を、天文十九年（一五五〇）の新庄入部以降、立て続けに再建していった吉川元春が、その家督を相続した吉川氏の地元である旧大朝町域の氏神の祭祀はどのようになっているのか、ここでその旧大朝町域の氏神について追跡整理しよう。旧大朝町域の近世村と氏神について整理したのが表2であり、地図がその立地を示したものである。

まず、吉川氏ともっともゆかりの深い神社が新庄の龍山八幡神社である。近世までは駿河八幡宮と呼ばれており、享保十二年（一七二七）の棟札にも文化十年（一八一三）の棟札にも「駿河八幡宮」と記されている。吉川経高（一心）がこの地に入部したとする正和二年（一三一三）四月に、駿河国吉川村の八幡宮を社家三上忠重とともにこの地に勧請したものという。現在の本殿はその内陣に記された墨書によって吉川元春が弘治四年（永禄元年〔一五五八〕）に再建したものであることがわかる。その建築年代や細部意匠の彫刻の華麗さから現在では国の重要文化財に指定されている。

吉川氏の氏神としての崇敬が篤く、供免（祭典費用）、修理免（社殿修理費）など総高二百六十石の所領神田を与えられていたというが、吉川氏の岩国移封後には福島正則の検地によってその所領をことごとく没収されてしまい、その後は地域の氏神として維持されてきた。当時の神職三上兼次がこの地に残り、父親三上采女と次男式部が山口県玖珂郡由宇町の榊八幡宮の相殿に祭神を安置して、三上氏はその八幡宮の宮司となったといい、現在の由宇の三上氏は新庄の三上氏の支流だという。[44]その後、新庄では宝永五年（一七〇八）に社殿修理が行なわれるが、その時の棟札には、「正和二　四月

表2

近世村	字	氏神	氏子
大朝	大朝	①小山八幡神社	180戸（大朝）
		②富士神社	120戸（宮市・松崎・境・茅原）
枝宮		③枝宮八幡神社	280戸（大塚・朝枝・間所・小枝・鳴滝ほか）
	小枝	（大歳神社　枝宮八幡神社に合祀）	
	鳴滝	（厳島神社　枝宮八幡神社に合祀）	
大塚		（枝宮八幡神社）	
筏津		④大歳神社（旧三芦神社を合祀）	47戸
田原		⑤降子《おちご》（御児子《おちご》）神社	55戸
新庄		⑥龍山八幡神社	150戸（郷之崎・上市・下市・浜田庄・田中原）
宮迫		（□□神社　龍山八幡神社に合祀）	
磐門		⑦天磐門別神社	16戸（磐門）
宮庄		⑧宮庄八幡神社	80戸（宮庄・井関・立石・旧千代田町中山）
岩戸		⑨八栄神社（旧宮瀬神社を合祀）	100戸（岩戸・本谷・鉄穴原・中之宮・平田・横路・番之目）

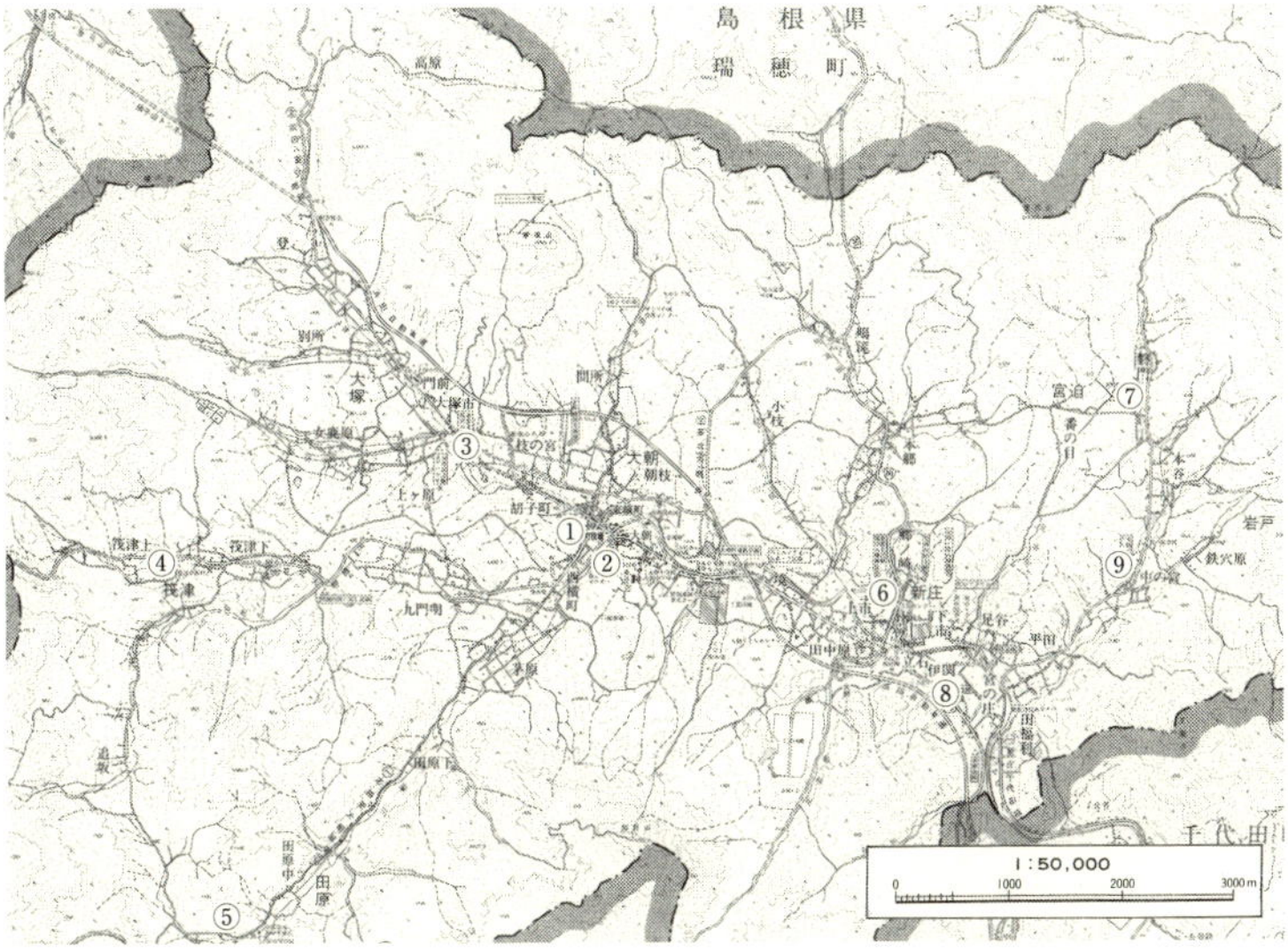

旧大朝町域の氏神の神社

弘治４年（1558）再建の龍山八幡神社本殿

廿日　吉川次郎経高公　社家三上大和守忠重依駿河国当山奉勧請　然後弘治四年吉川元春公御建立　今時及大破宝永五」「于時宝永五戊子八月十五日」「大宮司藤原昆林記之」などと記されている。この宮司の三上家も前述の壬生の井上家と同じように、戦国武将の配下の社家として氏神の神職としての系譜を継承してきているのである。

次に注目されるのが、大朝枝宮の枝宮八幡神社である。正和二年（一三一三）四月に吉川経高（一心）が入部したときまずその居城と定めた駿河丸城に近いのが、この枝宮八幡神社である。「社記」によると、徳治元年（一三〇六）に勧請されたと伝えており、元応元年（一三一九）の経高（一心）譲り状[45]にも「えたのみや」の地名がみえる。『大朝町史　上巻』（一九七八年）によれば、嘉吉元年（一四四一）の宝殿造立の棟札があり、「三輪荘大麻　三荘鎮守」の文言がみえるという。

吉川元春と元長による造営は天正三年（一五七五）二月のことであり、「大朝三荘鎮守枝宮」の建て替えを行なったと記す棟札がある。また、「社記」によれば、宮司の森脇家は元祖が板垣氏の信近で、大朝に富士権現（今の富士神社）を勧請したあと、この枝宮の神主となり、三代長信のとき天正年中に吉川元春から藤原姓森脇の名を与えられたと伝えている。この森脇家も、前述の壬生の井上家や新庄の三上家と同じく、戦国武将の配下の社家として氏神の神社への奉仕をはじめた神職家であると位置づけることができる。

慶長六年（一六〇一）の福島正則の検地の際の「御社山抱之地」[46]によれば、枝宮八幡宮の管轄下の神社として、八幡神社（大朝村枝宮山）、八幡神社（大朝村養生寺山）、富士権現社（大朝村宮の原山）、大明神社（大朝村馬場）、劔大明神社（大塚村うすき）、三芦権現社（筏津村みあし）、大利し社（筏津村森藪）、児子《ちご》大明神社（田原大にご）、大塚山山神弐ヵ所、の諸社が列記されており、この枝宮の管轄する神社の範囲が、旧大朝町域に広かったことが知られる。

これら新庄の龍山八幡神社と大朝の枝宮八幡神社とが、とくに古い由緒を伝えているのに対して、その他の八幡神社としては、大朝の小山八幡神社と新庄の宮庄八幡神社がある。また、現在の新庄岩戸の八栄《やさか》神社は、その社地はもと中宮八幡宮が祭られていた場所で、明治四十二年（一九〇九）に字上場田の平田八幡神社と、字六反田の祇園社とを、現在地に合祀して同四十四年（一九一一）に八栄神社と改称したものである。筏津の大歳神社は現在地に祭られていた大歳神社に加えて明治四十三年（一九一〇）に筏津上の宮瀬に祭られていた三芦神社をそこに遷宮して合祀したもので、木の鳥居はその三芦神社の鳥居を移築したものである。それ以前は筏津上は三芦神社を、筏津下と追坂とは大歳神社をそれぞれの村の神社として祭っていた。

氏神の神社の多様性

この大朝町域の氏神の神社のあり方として注目されるのが、一つには、岩戸の祇園八栄神社や大朝の富士権現社など、祭神が多様であるという点である。そして注目される点がもう二つ、あわせて三つある。その二つめは、筏津の大歳神社（三芦神社と合祀）や田原の降子《おちご》（御児子《おちご》）神社、磐門の天磐

九門明の波多神社

門別神社のように、それぞれの郷村ごとに氏神として素朴な祭神が祭られているという点である。筏津の大歳神社は、むしろこの山県郡域では前述のように数多く祭られている祭神であり、八幡神よりも先行して祭られてきた歴史がうかがえる祭神である。筏津の大歳神社について、「大朝記」には「宝徳二年大和国より勧請、祭神大歳神、祭日九月九日」と、宝徳二年（一四五〇）の大和国からの勧請という伝承を記している。この筏津のほか小枝でも集落内にかつて大歳社を祭っていたが、大歳社を祭る村ではどこでも「大歳さんのお蔭で、どんな凶年でも種籾がとれた。それをわけあって種にした」という伝承が必ずといってよいほどに語られている。[47]大歳神には農業の神、稲作の神としての信仰が根強く伝えられているのである。

注目される三つめは、いまも述べた小枝の大歳社のように、大きな枝宮八幡神社に合祀される前までは、それぞれの字ごとに村人によって小さな神社が祭られている、もしくは祭られていた、という事実である。いまも祭られている例としては、たとえば九門明の波多神社である。地元の約十数戸で十月二十四日に秋祭りが行なわれている。合祀される前にかつて祭られていた例としては、たとえば今は大朝の枝宮八幡神社に合祀されている鳴滝の厳島神社がある。宮迫にもかつて小社が祭られており、新庄の龍山八幡神社に合祀され、社殿はその舞殿として使われていたという記憶が語り伝えられている。つまり、郷村の氏神には、古い由緒と広い氏子圏をもつ大朝の枝宮八幡神社や新庄の龍山八幡神社のような例もあれば、筏津や田原や磐門のように村ごとにその氏子で氏神を祭る例もあり、さらには九門明やかつての小枝や鳴滝や宮迫のようにさらに小さな村の範囲で氏神とまでは呼ばれていないがその村の神社として祭られている、もしくは祭られていた例もあるのである。

このような旧大朝町域の氏神の神社の多様性は、氏神祭祀がもつ多様性という特徴それ自体を、眼前の伝承事実をもって示しているといってよい。古い由緒をもつ氏神の神社とは、中世以来の在地領主層が大檀那として祭り領民もそれに参加してきた神社であり、村ごとの氏神は在地領主層の支持もありながら、あくまでも村民が主体となって祭ってきた神社であり、小字ごとの小さな神社は、その小字の人たちがもっとも身近な自分たちの守り神として祭ってきた神社なのである。旧大朝町域がこのような重層的で多様な大小の神社を残し伝えているのはなぜか、それはこの領域が吉川氏の本拠地として比較的長く安定した歴史を刻んできていたからだと考えられる。いわば、氏神祭祀の形成のその歴史をそのまま自然の動向に任せて刻んできたからだと考えられるのである。

それに対して、旧千代田町域では旧来の山県氏一族と、外来勢力の武田氏や高橋氏、そしてのちにはこの地域を二分して占拠してしまう吉川氏と毛利氏による領域支配の、その争奪戦の場となってきた長い歴史をもっており、先にみてきたような吉川氏と毛利氏による八幡神社の祭祀へという動き、それはパソコンデータ保存の場合に例えていうならば、最終的な八幡神社へという上書き保存がいっせいに行なわれたという歴史をもっているからなのである。

下川東の黄幡社

旧千代田町内の黄幡社《おうばんしゃ》の分布（川東地区以外）

惣森八幡神社の境内地（もとは黄幡谷）	惣森村河内
川井八幡神社の境内地	川井村
善福寺跡の観音堂の境内地	壬生村
熊野神社の境内地	丁保余原
中原の集落の後背地	南方村中原
出原の馬頭観音の隣地	南方村出原
上畑の集落の西方の谷	南方村上畑
下春木の集落後背地	春木村
中春木の見崎谷	春木村
移原の田野地	今田村
上川戸の熊野神社の境内地	川戸村

黄幡社

しかし、そのような旧千代田町域にあっても、旧大朝町域でいわば古くにデータ保存されていたような、小字ごとの小さな神社を自分たちの守り神として祭っているという事例も一部では保存され伝承されている。それが壬生の下川東の例である。川東には上川東と下川東があり、小字野々頭に祭られている川東八幡神社は上川東の四十四戸の氏神である。それに対して下川東には氏神の神社はない。下川東地区は、ユネスコ無形文化遺産登録の「壬生の花田植」を伝承している壬生田楽団と川東田楽団という二つの田楽団の内の一つの地元の集落であり、歴史の古い村落である。氏子としては現在は壬生の町場と一緒で壬生神社を氏神としてその氏子となっているが、下川東の集落の約五十戸が独自に祭っているのは、集落の東側の山裾にある黄幡社《おうばんしゃ》である。毎年春五月と秋十月に祭りをして秋には餅まきなどもしている。

黄幡神の信仰というのは、もともとインド占星術の九曜の一つである羅睺《らご》星に由来し日本では陰陽道で方位の吉凶をつかさどる八将軍の一つである羅睺星を祭るものである。集落の境界に祭られたり、武芸に吉とされ、密教と習合して不動明王や蛇体神や素戔嗚尊とも重なって信仰されているものである。この川東地区では、現在は八幡神社を氏神としている上川東の八幡神社境内にもこの黄幡社が祭られており、この地域一帯で八幡神に先行して祭られていた神である可能性が高い。

この地域の黄幡神というのは小社や小祠のかたちで祭られているが、川東地区以外に旧千代田町域全体でみればどの範囲に祭られているか、それについてたいへん参考になるのが、かつて川戸在住の増本利明氏が靴を何足も履きつぶしながら熱心に行なったと語り伝えられているその現地調査結果である。[48] それによれば、むかしの壬生荘域の北方《きたかた》では、旧惣森村河内にある惣森八幡神社の境内地、旧川井村の氏神の川井八幡神社の境内地、旧壬生村の善福寺跡の観音堂の境内地、丁保余原の氏神の熊野神社の境内地に祭られている。そして、壬生荘域の南方《みなみかた》では、旧南方村の中原、旧南方村の出原の馬頭観音の隣地、旧南方村の上畑というように、旧壬生荘域の各地にくまなく祭られていることがわかる。

一方、この旧壬生荘域からやや離れた場所では、旧春木村の下春木、旧春木村中春木の見崎谷、旧今田村の奥の移原、旧川戸村の上川戸の氏神の熊野神社の境内地にも祭られており、総計で十三社を数えることができる。つまり、この旧千代田町域一帯では壬生荘域を中心にかつて広く黄幡神の信仰が伝来し根付いていたことが想定できるのである。しかし、全体的な傾向としてはこの黄幡神は郷村の氏神として祭られることはなかった。ただそうしたなかにあって、下川東地区では氏神としてまではないものの、それに準じるレベルで、村落と村民のもっとも身近な守り神として祭り伝えられてきているのである。この下川東の黄幡社は、氏神の祭祀圏よりも小さなもっとも生活密着的な相互扶助関係で形成されてきていた小集落の家々の共同の守り神として祭られていた神であり、そのような神社の典型的な事例と位置づけることができる。

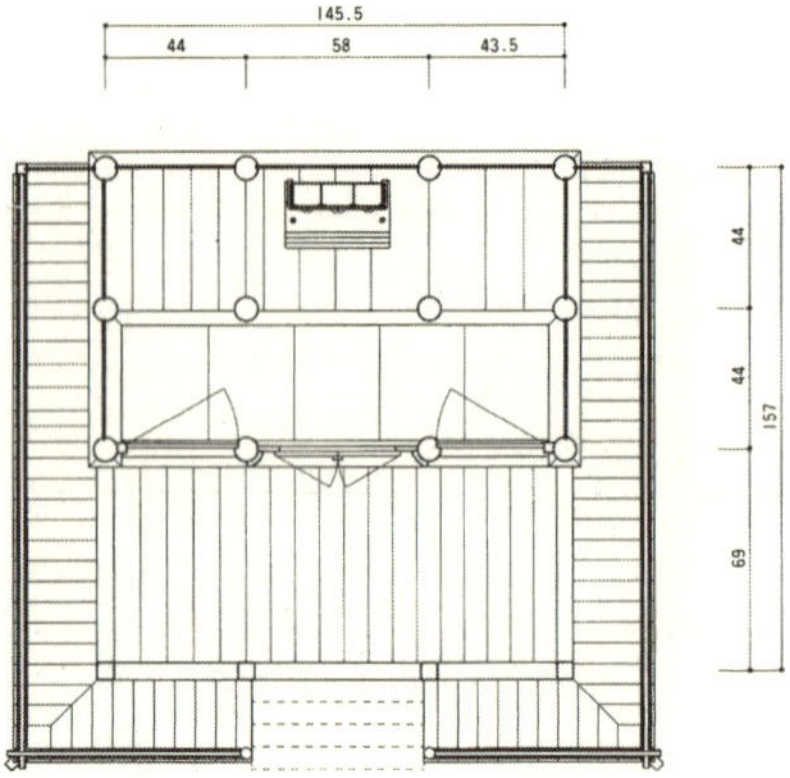

寺原八幡神社本殿平面図（単位：寸）

三間社流造りの本殿

このたび、氏神の神社のあり方について検証するための具体的な調査の地域とその事例として注目してみた広島県の安芸国北部の旧千代田町域また旧大朝町域の神社で、それぞれの神社に参拝してみてあらためて気づかされたのは、そのほとんどが同じ建築様式で共通しているということであった。どの神社もほぼ同じ、三間社の流造《ながれづく》りの本殿、つまり正面の柱間の数が三つの本殿で、正面側に庇《ひさし》を付け、正面側に屋根が長く流れた本殿形式である。

社寺建築や城郭建築が専門の広島大学大学院の三浦正幸氏によると、たとえば天正十八年（一五九〇）に吉川広家を大檀越として建立された寺原八幡神社の例では、貞享元年（一六八四）と明和二年（一七六五）に大きな修理を受けて一部の改造はあるが、よく天正期の建築様式を残し伝えているという。[49] 建築様式の上では洗練された意匠をもっており、十六世紀後期の建築としてはいかにも古式な手法が多く、十四世紀の建築と見まちがえるほどだという。建築装飾性がきわめて少なく、質実剛健な意匠をみせており、全国的にみても天正期の建築物の現存例は少ないため、この寺原八幡神社はなかなか貴重な遺構であるという。その三浦氏の指摘によれば、以下の通りである。

この寺原八幡神社に限らず、旧千代田町域の十六世紀中期から後期にかけての神社建築は、それと同時代の日本各地の諸地域のものと比べると、明白な地方色がみられる。この時期は、畿内では豪華絢爛な桃山建築が流行しており、とくに華麗な彫刻を多用し、その彫刻は左右非対称で写実性と立体感のあるものが多い。それに対して、この旧千代田町域の神社建築は装飾性が乏しく、彫刻を施しているのは蟇股《かえるまた》・手挟《たばさみ》・木鼻《きばな》に限られている。ただその彫刻も古式で、左右対称の薄肉彫りである。

そうした独自の強い地方色をみせている神社建築の中で、それを手掛けた大工の名前が知られるのが、弘治三年（一五五七）の川西八幡宮の佐伯弥十郎である。三浦氏によると、天文二十一年（一五五二）の有田八幡神社本殿の棟札に大工佐伯四郎右衛門尉祐春、天正十二年（一五八四）の川戸の吉藤八幡神社本殿の棟札に佐伯善兵衛尉などの名前がみられ、佐伯姓の大工は、この旧千代田町域から旧大朝町域また高田郡旧吉田町域や旧八千代町域の神社建築を幅広く手掛けており、彼らは毛利氏や吉川氏と深い関係のある大工であったという。広島大学の岸田裕之氏から三浦氏への教示によれば、佐伯善兵衛尉という名前の大工は、毛利元就の有力な家臣であったという。十六世紀中期から慶長五年（一六〇〇）の関ケ原の合戦までの約半世紀の間に、この地方に独特の地方色をもちながら、本格的な神社建築を造営していった人たちの存在がこうして浮かびあがってくるのである。

十七世紀後半〜十八世紀前半の神社再建ブーム

天下分け目の戦いであった関ケ原の合戦から後は、しばらくのあいだ、神社建築の遺構はみられなくなる。吉川氏も毛利氏も新たな徳川氏支配下で、周防の岩国へ、長門の萩へ、と移封となったからである。安芸国はまずは福島正則の、それに次いでは浅野氏の支配下となる。そうして、ふたたび郷村の氏神の神社建築が行なわれるようになるのは、十七世紀後期以降のことであった。

延宝七年（一六七九）の川東八幡神社本殿、元禄十三年（一七〇〇）の壬生神社本殿（熊野新宮社本殿）、正徳五年（一七一五）の川西八幡神社本殿、享保九年（一七二四）の本地の山末神社本殿、延享元年（一七四四）の後有田の法蔵寺の瀧山八幡神社本殿、寛延三年（一七五〇）の壬生の大歳神社本殿、それに十八世紀中期の蔵迫の龍山八幡神社本殿、同じく十八世紀中期の春木の平山八幡神社本殿と続く。つまり、江戸時代半ばの十八世紀前期から中期にかけてこの地域では神社本殿の再建があいついだのであり、それらはかつてのような吉川氏や毛利氏のような領主層によってではなく、それぞれ郷村の氏子が中心となって再建立したものだった点が注目されるのである。

その時期に建て替えられた神社本殿こそが、現在の氏神の神社として、それぞれの村々で氏子の人たちの参拝と祭祀を受けている社殿なのである。しかし、そのいまみる神社の建築様式がもともと整えられたのは、前述のようにその江戸時代ではなく、もっと古い時代、つまり十六世紀中期から末期までの戦国時代後期から安土桃山期のことであり、その時は吉川氏や毛利氏の寄進による造営であった。

このような歴史を歩んできたことがわかってきていたこの旧千代田町域の氏神の神社社殿を巡拝していた平成二十八年（二〇一六）七月末のある日、有田八幡神社でのことである。境内の神楽殿の改築にひとり黙々と精を出している人がいた。地元の有田神楽団の団長を長くつとめてきた小田日出夫氏であった。

安芸国北部の山県郡と高田郡一帯を芸北地方と呼ぶが、その芸北地方一帯の村々では、それぞれの氏神の神社で氏子の有志による神楽団の活動がたいへんさかんである。[50]それは芸北神楽という名でよく知られており、なかでもこの有田八幡神社の有田神楽団はとくに素戔嗚尊の八岐大蛇退治の神話に題材をとった演目がひじょうに優れているということで、県指定の無形民俗文化財となっている。

小田さんは建設会社の社長であり、建築のプロ中のプロの大工さんでもある。七十歳代半ばを過ぎたいま、関係者の理解を得ながら工夫をして地元の山林から杉材や檜材を集めてきて製材してもらい、自分の大工の仕事で磨いた技能を最大限に発揮して、いま完成間近かとなった神楽殿の改築に生きがいを燃やしているとのことであった。氏神の神社の祭祀と社殿の継承と維持

蔵迫の龍山八幡神社

江戸時代中期の神社再建

延宝7年（1679）	川東	八幡神社本殿
元禄13年（1700）	壬生	壬生神社本殿
		（もとは熊野新宮社本殿の地）
正徳5年（1715）	川西	八幡神社本殿
享保9年（1724）	本地	山末神社本殿
延享元年（1744）	後有田	瀧山八幡神社本殿
寛延3年（1750）	壬生	大歳神社本殿
18世紀中期	蔵迫	龍山八幡神社本殿
18世紀中期	春木	平山八幡神社本殿

を支える力というのは、結局のところ、この小田さんのような地元の氏子の一人ひとりが、氏神の神社への崇敬と報謝の心を込めて無償の気持ちで奉仕する、というところから生まれてくるものだ、ということをあらためて思い知らされた参拝であった。

今田八幡宮の鎌倉時代の玉殿

平成八年（一九九六）、今田八幡神社でたいへん貴重なものが発見された。神社の屋根の葺き替え工事のときである。神社本殿の内部にさらに小さな宮殿《くうでん》とか玉殿《ぎょくでん》と呼ばれる御神体を納める小型の宮殿が納められており、その古い宮殿の長押《なげし》に墨書名があるのが見つかったのである。さっそく広島大学の中世史専門の岸田裕之氏と建築史と文化財研究専門の三浦正幸氏の鑑定により、数々の貴重な知見が得られることとなった。[51] まず、墨書名は次のとおりであった。

「奉造立八幡大菩薩御宝殿　元亨四年甲子八月十六日　□凡□□　敬白　□□□□」

甲と凡の文字は不鮮明であり必ずしも断定できないが、その文字の可能性が高いという。元亨四年といえば甲子年で、西暦一三二四年である。八幡大菩薩の御宝殿を造立したといい、その年代が明らかな玉殿である。このような玉殿の史料上の初見は、仁治二年（一二四一）の「伊都岐島社神官等申状案」（『厳島野坂家文書』一八六二号）で、厳島神社の本殿内のものを「御体玉殿」と呼んでおり、その後の厳島神社の文書ではすべて「御玉殿」となっている。現存する最古の玉殿は、高田郡旧八千代町佐々井（現・安芸高田市）に鎮座の佐々井厳島神社の文和二年（一三五二）と文安二年（一四四五）の玉殿であり、その造立銘文には「御玉殿」とある。この新発見の今田神社の玉殿は、その佐々井厳島神社の文和二年造立の玉殿よりも古い元亨四年（一三二四）造立の玉殿だったのである。

三浦正幸氏によれば、平安中期以降の正統な社寺建築では、見せかけのための化粧垂木《たるき》と、実際に屋根を支える野垂木との二重構造にするのが普通であるが、この玉殿は小型の建築ながら、そのような本格的な社寺建築の手法を用いており、鎌倉末期の建築の特色をよく示しているという。化粧垂木に強い反りがあること、柱に比べてかなり細い長押を使っていること、舟肘木に大きな面取《めんとり》が施されていること、破風《はふ》板が桁位置で強く曲がっていることなど、三浦氏はその専門的な鑑識眼から、詳細な鑑定を行ない、これを造立した大工はこの地方に土着の番匠であると判定している。

この時期、十四世紀以降は、京都や奈良の高度な技術をもった大工が地方に移住して、それぞれ建築様式の地方色を生み出していくことになるが、この今田八幡宮の玉殿はそれとは別であり、中央の技術者からみればかなり劣るが、地方土着の大工としては独自の相当な技術者であったといってよいという。

今田八幡宮は、つまり厳島神社の本殿内の玉殿と同じ形式の玉殿を奉斎していたのであるが、本社の厳島神社の本殿内の玉殿よりも建築物としては、今田八幡宮や佐々井厳島神社の本殿内に奉斎されている玉殿の方がその建立年代が古いのである。あくまでも本元は本社の厳島神社の玉殿の方であるはずである。しかし、厳島神社の建造物の方は、海浜に建造されているため潮風や海水の影響で環境

今田八幡神社に保存伝承されている鎌倉時代の玉殿

的に傷みが激しく、常に修理修復を継続して部材の交換なども重ねて社殿を維持してきている。したがって、玉殿の形状はいずれも古式が伝えられているが、その建築部材は厳島神社本社では時代を経る中で次々と更新され続けてきているのである。だから、逆に佐々井や今田のような厳島神社の荘園であった農村地帯の氏神の神社建築の中に、古い時代のままの建築部材とともにその玉殿の実物が保存されてきたのである。そのこと自体に貴重な意義があるといってよい。

ところで、この今田八幡宮の玉殿が厳島神社の玉殿を模したものであったということは、その元亨四年(一三二四)当時は、凡氏《おおし》一族の系譜をひく山県氏一族が支配していたこの今田村では、この八幡宮を造営しそれを氏神として祭りながら、厳島神社の荘園としてその支配下に組み込まれていたことを示す。鎌倉中期から南北朝期にかけて厳島神社の勢力が近くの寺原荘にまで強く及んでおり、寺原氏は厳島神主一族にとって代わられていたわけであったが、この今田村でも同様に厳島神社の支配が鎌倉後期には及んでいたことをこの玉殿の遺構は物語っている。そして、その後の歴史の転変の中で、この地の今田氏は南北朝期には分郡守護武田氏の支配下に組み込まれ、戦国期には吉川氏がこの地に進出してきて、先にみたあの天正二年(一五七四)の吉川経高を名乗る今田経高の棟札を残しているのである。

今田八幡神社は、そのようなこの地に展開された領主権力の転変の歴史の中を生き延びてきて、いま静かに現在に至っているのである。

第四章　神と神社と民俗学と

1　柳田國男の氏神論

『先祖の話』

これまで、文献史料や考古資料、また民俗調査から得られた資料をもとに、氏神と鎮守について述べてきた。では、日本の民俗学は、日本の神、あるいは神社をどのようにとらえてきたのか。この大きな問題を、その該博な知識と鋭利な分析力をもとに追跡してきた日本民俗学の偉大な先人が、柳田《やなぎた》國男《くにお》と折口信夫《おりくちしのぶ》である。その二人の見解について、ここで学んでおくことも、氏神とは何かという問題を考える上では有効であろう。そこで、二人の論考をあらためて学んでおくことにしよう。

柳田國男の代表的な著作が、『先祖の話』である。すでに七十一歳となっていた柳田が、アジア太平洋戦争末期の昭和二十年（一九四五）、連日の空襲警報の中でも筆を止めることなく書き続けた著作である。

柳田がその生涯をかけて創唱した民間伝承の学問、日本民俗学の核心が記されている著作であるが、有名な著作であるだけに誤読が多いのも残念ながら事実である。とくに柳田や民俗学をよく読まずよく学ばずに生半可な知ったかぶりで語る人たちの中に誤読を広める人たちがこれまで少なからずいたのも事実である。たとえば、この書は戦場に赴く若い学徒や兵士たちをめぐる死者祭祀の問題を提示している書であるとか、戦争遂行のイデオロギーを民俗学的に説明しようとした書であるとか、あるいはまた、日本人の先祖を敬う美徳を説いている、などという誤った言説である。それが、直接原著を読まないで柳田を知ろうとする一般読者を惑わし、誤解の中で柳田を否定的に論じたり、まちがって美化したりするような風潮を生み出すことになったとすれば、それは罪深い誤読である。すでにこの世におらず、反論も反証もできない柳田にとって、それらの誤読とその蔓延は歯がゆい限りであり、断じて許せないことだったのではなかろうか。

『先祖の話』を直接よく読んでみれば、誤読などありえないはずである。執筆動機は、「自序」でも述べているように、第一に、若い読者に柳田自身が開拓してきた民間伝承の学問への関心と興味をもたせたい、第二に、自分が集めている資料はまだ少ないが、この本を契機として同類の情報の存在が理解され体験的な情報を提供してもらうことによって研究を進めていけるようにしたい、ということにあった。

そして第三に、その自分の構想している民間伝承学、民俗学の視点と方法とは、「幸ひにして都鄙遠近のこまごまとした差等が、各地の生活相の新旧を段階づけて居る。その多くの事実の観測と比較とによって、もし伝わってさえ居てくれるならば、大体に変化の道程を跡付け得られるのである」[1]という比較研究の視点と方法であり、次世代を担う若い世代にその有効性を理解し、さらには実践してもらいたい、ということであった。

そこで取り上げたのが、家と先祖、人間の死、霊魂の問題、そして神とは何か、というテーマであった。それを記録史料と民俗伝承資料との両者を蒐集し整理し比較分析することによって、日本の過去の人びとにとってそれらがどのように考えられてきたのか、その古くから現在までの変遷を知ることができることを示したかったのである。そして、帰納法的に抽出した論点は次のとおりであった。
①あの世とこの世とは近い、死者と生者との境は近い、と考えられてきた。
②遺骸を保存する慣行は民間には行なわれず、肉体の消滅を自然のものと受け入れて、霊魂の去来を自由にすることをよしとする考え方が伝えられてきた。
③死者の霊魂は、その祀り手が必要だ、と考えられてきた。
④その祀りを受けて死者は個性を失い、やがて先祖という霊体に融合していく、と考えられてきた。
⑤その先祖の霊は、子孫の繁栄を願う霊体であり、子孫を守る霊体である、と考えられてきた。
⑥その子孫の繁栄を願う霊体は、盆と正月に子孫の家に招かれて、その家と子孫の繁栄を守る神でもある、と考えられてきた。
⑦子孫の繁栄を守るその先祖の霊こそが、稲作の守り神であり、季節のめぐりの中で、山と田を去来する田の神でもあり山の神でもある、と考えられてきた。
⑧その先祖の霊であり、田の神でもある神こそ、村の繁栄を守る氏神として敬われている神でもある、と考えられてきた。
⑨老人には無理だが、子どもや若い死者の霊魂は、生まれ変わることができる、と考えられてきた。
⑩このたびの戦争で死んだ若者たちのためにも、その祀りがぜひとも必要である。
⑪このたびの戦時下から戦後への混乱の時代こそ、未来のことを考えるためには、古くからの慣習をよく知ることが肝要である。国民を、それぞれ賢明にならしむる道は、学問よりほかにない。
つまり、『先祖の話』で柳田が説いたのは、氏神とは先祖の霊の融合した霊体であり、それは同時

に稲作を守る田の神であり、家と子孫の繁栄を願う神であるとする考え方が、日本各地の民俗伝承から帰納できる、ということであった。

村氏神・屋敷氏神・一門氏神

柳田が日本各地の民俗伝承の比較研究の視点によって導き出した日本の神の中心は、先祖であり、先祖の御魂《みたま》であった。柳田の文章を引くならば、以下のとおりである。

「人は亡くなつて或る年限を過ぎると、それから後は御先祖さま、又はみたま様といふ一つの尊い霊体に、融け込んでしまふものとして居たやうである」[2]

「祖霊の中では始祖が最も大切な、功績の偉大な神であつたことは言ふまでもありませんが、家道には変転があつて、又中興の祖といふもののも感謝せられて居るのみならず、是《これ》を重んじて中間の著《あら》はれざる代々を、粗略にするわけには行きません。(中略)先祖様といふ言葉の中に、想像し得る限りのすべての尊属を含めて居たのであります」[3]

つまり、先祖のみたまとは、家の始祖や中興の祖だけでなく、代々の当主夫婦をはじめ広くその家の先祖の諸霊を含むものだというのである。

ただし、死者はその死後ただちに先祖様になるのではない。死者は死の穢れに満ちた「荒忌」の「荒御霊《あらみたま》」[4]であり、それが子孫の供養と祀りを受けて死の穢れが清まってから、先祖の列に加わっていくのだという。

「人が眼を瞑《つむ》つて妻子の声に答へなくなるのも、一つの生死の堺にはちがひないが、その後にはまだ在りし日の形ある物が残つて居る。それが悉《ことごと》く此世から姿を消して、霊が眼に見えぬ一つの力、一つの愛情となり、又純なる思慕の的となり切るときが、更に大きな隔絶の線であるやうに、昔の人たちには考へられて居たのかと思ふ」[5]といい、その大きな隔絶の線は、およそ三十三年忌の弔い上げと考えていた。

「(大和の吉野地方や河内南部の山村では)人が亡くなつて通例は三十三年、稀には四十九年、五十年の忌辰に、とぶらひ上げ又は問ひきりと称して最終の法事を営む。其日を以て人は先祖になるといふのである。(中略)北九州の或る島などは、三十三年の法事がすむと、人は神になるといふ者もある」[6]

「それから後は人間の私多き個身を棄て去つて、先祖といふ一つの力強い霊体に融け込み、自由に家の為又国の公けの為に、活躍し得るものともとは考へて居た。それが氏神信仰の基底であつたやうに、自分のみは推測して居たのである」[7]と述べて、個々の祖霊が個性を棄てて先祖として融合したものこそが、日本の各地の郷土の信仰の中心であるところの氏神にほかならないというのである。

したがって、現在の日本の村落でもっとも一般的な村ごとの氏神は本来的なものではなく、歴史的な変化の結果だといい、氏神を「村氏神」「屋敷氏神」「一門氏神」の三つに分けて論じる。氏神とは、元来は藤原氏と春日社のように、氏ごとに一つあるべき神であったのが、古代から中世、近世へという長い歴史の展開の中で大きなまた多様な変化があり、その結果として、現在では「村氏神」「屋敷氏神」「一門氏神」の三つのタイプがみられるようになったのだというのである。

「村氏神」というのは、「或一定の地域内に住む者は全部、氏子として其《その》祭に奉仕して居る氏神社」[8]のことであり、これが現在ではもっとも一般的な氏神である。

それに対して、「屋敷氏神」は、「屋敷即ち農民の住宅地の一隅に、斎《いつ》き祀られて居る祠《ほこら》で、（中略）斯《こ》ういふ屋敷付属の小さな祠だけを、氏神と謂《い》つて居る地方は存外に広い。先づ東日本では関東平野の半分以上、東京のごく近くの村々から始まつて、千葉茨城栃木の諸県、東北はほゞ一帯にさうだと言つてもよく、九州でも少なくとも南半分には、其例が多いことを私は知つて居る。四国の太平洋岸などはまだ確かめて居ないが、大体に国の端々、中央から遠ざかつた地方に此例が多いかと思はれるのは、偶然の現象では無からう」[9]といい、分布の上からも、これが「村氏神」の形態よりも古い氏神の形態であろうと想定している。

また、「一門氏神」については、「特定の家に属する者ばかりが、合同して年々の祭祀を営むといふ、マキの氏神又は一門氏神といふものが、今も地方によつては残つて居るのである。是《これ》が新たに企画せられたもので無く、前に述べたやうなさま〴〵の変化を経ない以前の状態の、何か事情が有つて連続して居るものだといふことは、私には証明出来ると思ふ」[10]といい、この「一門氏神」の形態こそが、のちの「屋敷氏神」や「村氏神」の形態があらわれるより以前の、もっとも古い氏神の形態を伝承しているものだと位置づけている。

そして、家と子孫の繁栄を願う先祖と氏神は、稲の実りを守ってくれる田の神や山の神でもあり、一年の安泰を守ってくれる正月の年神でもあるといい、氏神は先祖であり、田の神、山の神、正月にやってくる年神でもある、という。

「氏神の特に氏人に幸ひしたまふと信じられたことは、氏に不可分として所属した田の豊熟、後世家督の名を以て家の安泰を代表させたものゝ保護であつた。田の神が山から降りて来て、香《かぐ》はしい色々の食物と、楽しい田唄の囃しとを以て祭られたまふ場処は、今でもまだ多くの農村に於て、本家の持伝へた最も大切な田の上であり、仍《よつ》て又之《またこれ》を大田植とも呼んで居るのである」[11]

つまり、柳田の氏神論をまとめれば、それは「先祖─氏神─田の神─山の神─年神」という連結論の中にあるものであり、氏神とは氏の先祖を神として祭るもの、それこそが基本となる。現在にまで伝わる民俗伝承の中では、「一門氏神」の形態が古い姿を伝えており、「屋敷氏神」は歴史の中で変化して生じた形態であり、さらにもっとも新しい形態としてあらわれてきているのが、現在われわれがふつうに考えている「村氏神」という形態だというのである。

このたびの筆者の本書での追跡作業では、この柳田の氏神論の検証にまではなかなか手が届かなかった。根拠となる情報資料を十分には蒐集できなかったからである。しかし、柳田の洞察力の奥が深いことをその多くの論著を通して思い知らされている筆者としては、この柳田の氏神論の検証については、今後の課題として残しておきたいと思う。

それは先に、「第二章　氏神と鎮守と　1　氏神」の中でも指摘したように、柳田は『類聚三代格』巻十九に収める寛平七年（八九五）十二月三日付の太政官符に「又諸人氏神多在畿内、毎年二月四月十一月何廃先祖之常祀」とある記事を決して見逃してはいないからである。氏族がその本貫地で毎年二月、四月、十一月にその氏神を祭る習慣が伝承されていたことは確かなのであり、それが「先祖之常祀」と記されているのである。氏神の祭祀とは先祖の祭祀であるという記事が確実に存在するのである。

2　折口信夫の神道論

折口信夫の読み方

折口の神道論について接近し追跡してみる方法にはいくつかがあろう。一つ考えついたのはもっとも単純な方法である。『折口信夫全集』の中から、この問題を考えることができるであろう論文を年次順に選び出し、それぞれの論文の主要な論点を抽出してみる。その作業の後でもう一度全体を通して折口の考えていたことをあらためて整理してみる。この方法をとることにした。

選び出した論文は、次の表にあげた十三本の論文である。[1]

十三本の論文

①「神道の史的価値」（一九二二年・三十六歳）

この論文は、神社の神職たる人のあり方について論じたものである。ここで指摘されているのは主として以下の二点である。

まず、神職たる人は学問を第一としなければならない。神慮を重んじる強固な信念、つまり「神の意思に自分を接近させることのできる信念」と、その信念の地盤であり後ろ盾である学殖を磨くことを第一としなければならない。

番号	発表年月	論文名	年齢	備考
1	1922年(大正11) 2月	「神道の史的価値」 (『皇国』第279号)	(36歳)	1921年(35歳)7月-8月琉球旅行、帰途壱岐にわたる途次、「沖縄再訪手帖」「壱岐民間伝承採訪記」を記録。9月國學院大学教授(全集年譜では翌1923年4月)
2	1928年(昭和3) 10月	「神道に現れた民族論理」 (『神道学雑誌』第5号)	(42歳)	1月雑誌『民俗芸術』創刊。論文「翁の発生」発表。4月慶應義塾大学教授
3	1928年(昭和3) 頃	「氏神及び『やしろ』」 草稿		
4	1929年(昭和4) 11月	「民間信仰と神社と」 (『神道講座』第2冊)	(43歳)	4月『古代研究』民俗学編1・国文学篇を出版。7月雑誌『民俗学』創刊
5	1930年(昭和5) 11月・12月	「古代生活に於ける惟神の真意義」(『神社協会雑誌』第29巻 第11号・第12号)	(44歳)	1月『春のことぶれ』出版。6月『古代研究』民俗学篇2出版。8月下旬はじめての東北旅行、遠野・恐山・男鹿など回る。
6	1933年(昭和8) 12月17日-19日	「神道と民俗学」下伊那神職会講演筆記	(47歳)	前年の1932年3月文学博士
7	1934年(昭和9) 11月	「神道に見えた古代論理」 (『国史学』第20号)	(48歳)	夏から秋に中部から東北を旅行。西津軽で水虎像の模造を仏師に依頼。翌1935年國學院大学郷土研究会で河童祭り。水虎像は出石の自宅玄関に祀られる。
8	1946年(昭和21) 6月23日	「神道の新しい方向」NHK第1放送(→1949年6月『民俗学の話』共同出版社)	(60歳)	5月國學院大学で「神道概論」を開講、戦後もっとも心血を注いだ題目。
9	1946年(昭和21) 8月21日	「神道宗教化の意義」関東地区神職講習会講演筆記(→1947年10月「神道宗教化の意義」神社新報社)		
10	1947年(昭和22) 1月6日	「神道の友人よ」(『神社新報』第26・27合併号)	(61歳)	
11	1950年(昭和25) 10月26日	「神々と民俗」神宮司庁講演筆記(→1954年1月『瑞垣』第16号)	(64歳)	10月、柳田國男を案内して、伊勢、大和、大阪へ旅行。
12	1951年(昭和26) 10月20日	「神道」日本宗教学会第10回大会講演(→同年12月「神道」『宗教研究』第128号)	(65歳)	5月柳田國男(77歳)國學院大学大学院の教授に就任。理論神道学の講座
13	1952年(昭和27) 6月	「天照大神」(『日本社会民俗辞典1』)	(66歳)	

折口の神道論関連論文

第二に、神道は包括力が強くさまざまな思想が入り込んでいるので、神職たる人は真偽の判断ができる直観力を磨かなければならない。

折口は、当時、流通してきていた「純神道」や「古神道」という言説に対して、決定的な批判を示し、神道の議論において重要なのは「どの程度まで、歴史的の地盤に立つて居るかと言ふ批判がすんでからの事であ」り、「我々の望む所は、批判に馴された直観である」とのべ、それは神慮を重んじる信念とその基盤である学殖によってこそ磨かれるというのである。まだ國學院大学の臨時講師から教授になるかならないかの三十六歳の時点での、折口信夫から神職たる人たちへ向けての確固たる考えが、早くもこの論文には示されている。

②「神道に現れた民族論理」（一九二八年・四十二歳）

この論文は、神道はその根本においていかなる特異なものの考え方をしているか、神道の考え方の特徴とは何か、を論じたものである。そして、その結論として説かれているのは祝詞《のりと》の研究の重要性である。ここで指摘される論点は多く、そのうち主要なものだけでも次の十点に及んでいる。

第一に、当時の神道史研究への批判である。日本人の古代から現代までの生活の中から善い点ばかりを断片的に寄せ集めて神道を論じるのはまちがいである、善悪両方面を共に観てこそ神道の真の特質が理解できる。

第二に、「神道」という語自体への疑問である。「神道」という語が、「神道それ自身の生んだ、光明に充ちた語である、とは思ふ事が出来ない」。神道とはもともと仏法に対する異端の教えという意味の呼称であったということを、知っておくべきだというのである。

第三に、日本の古い言葉と文章、とくに祝詞に対する理解の重要性についてである。その重要な祝詞の中の言葉の意味も時代とともに絶えず浮動し、漂流していることに注意する必要がある。

第四に、祝詞の中のみこともちの思想と、惟神《かむながら》の根本の意味についてである。

第五に、まつり、まつる、の意味である。

第六に、祝詞の力である。昔の人の思考では、祝詞を唱えることによって、時間と場所の移動が自由自在であったというのである。

第七に、言霊の信仰とその変化である。もともと「祝詞には、其言葉を最初に発した、神の力が宿つてゐて、其言葉を唱へる人は、直ちに其神に成る、といふ信仰があつた」。しかし、「後世にはそのことが忘れられてしまつた為に、祝詞には言霊が潜在する、と思ふに至つた」。「言霊を以て、呪詞の中に潜在する精霊である」という理解へと変化したのである。そしてその後さらに変化して、断片的な言葉にもそれぞれの言葉に言霊が存在すると考えるようになった。つまり、言霊の信仰にもこのような少なくとも三段階の変化があり、近代ではその第三段階の理解がふつうとなってきている。

第八に、みこともちの思想から演繹されるところの、をちの思想、不老不死の思想についてである。

第九に、たまふりとたましずめ、唱え言と供物、そして魂の交換について、である。

第十に、祝詞の研究の重要性についてである。折口は、「見かけは頗《すこぶ》る単純な様でも、其効力は、四方八方に及ぶのが、呪詞発想法の特色であつて、此意味に於て、私は祝詞ほど、暗示の豊かな文章はないと思ふ」という。

この論文で強調されているのは、神道の研究とその研究の深化のためには、仏教や西洋哲学の論理からの借り物ではなく、日本古代の言語や思想のあり方に対応できるような視点と方法とその論理解読法を学ぶことが必要不可欠である、ということである。そのためにも、まずは古代の祝詞の研究を十分に進めていくことが肝要だというのである。

③「氏神及び『やしろ』」（一九二八年・四十二歳）

この論文は、氏神とやしろについて、春日社と中臣氏と藤原氏の関係を中心に論じたものである。ここで指摘されているのは主として以下の二点である。

第一に、氏神についてである。春日社の斎地は大春日部の本貫であり、その地勢からみれば禊ぎの地であった。「私部の春日氏は、天子の禊ぎを新しく専らにしようとしかけた藤原氏と、水神所属高級巫女を出す家として、一つものと考へられ出した」。そして、「春日氏の神は、藤原氏の神と一つになつて行つた」。「中臣から藤原氏に改めたのも、ふちはらが禊ぎの部曲の名であつた為である」。中臣氏は「山の水の司掌」「山の神の神人」であったらしく、春日の社は、大春日の氏神としても、中臣藤原の氏神としても、不都合はなかったのであり、「畏るべき地主神が、かうして中臣藤原の祭神となり、祖神となつ」たのである。

第二に、「やしろ」についてである。「天上にあるものとせられる神の為には、天の御柱を聖地の四方に立てて、屋根は高天原の八尋殿の物を翳すとした」。「此が『屋代《やしろ》』であり、屋と見立てた原義を見せるのだ」。ただし、三輪には「『やしろ』のなかつた事は明らかである」。「三輪系統の『みもろ』

の社地は岩窟が中心である。『やしろ』が、皆屋根を持ち、住宅風のものに改つたのは、奈良を去る事遠くはなからう」。やしろの原義は「神の屋」である。「後世の社は、宮《みや》の様式となつた」。「『みや』の屋敷内の、部分的の建物を殿《との》といふたらしい。だから、殿の綜合が『みや』であつた」。

④「民間信仰と神社と」(一九二九年・四十三歳)

この論文は、現在の神社神道は、神道発生の過程からみて第二次的なものである、これをもって「神道窮極のものと考へる訣にはいかない」、「古くから変化尠い形のままで伝つてゐる民間信仰」の中から、広い内容と強い情熱のあった「古義神道」の要素を、摂取することによってこそ、新たな時代信仰としての神道の興隆が期待される、と論じたものである。ここで指摘されているのは主として以下の五点である。

第一に、「歴史的に考へても、神社神道は宮廷神道の一分派」である。

第二に、「官庁の考へてゐる神道では、ややもすれば拒外せられ易い民間信仰、或は地方の神社の儀礼が、意外にも、宮廷神道のうちに存してゐる事実」が多い。

第三に、地方の神社の祭礼で、村々の青年宿老が神事の中心的な役割をはたし、神主は単に形式的な祝詞を読むなど表面的な関与しかしない例などがあるが、「かうした形にこそ、神道の根本精神が潜んでゐる」。

第四に、神社の成立には、「二つの違つた要素がある」。一つは「住宅における精霊の祀り場所から出たもの」、もう一つは「土地々々の精霊が、祭りの時に限つて、迎へられる郊外の場処」である。

前者が「みや」で、後者が「やしろ」である。

第五に、日本の陰陽道には二つの流れがある。一つは陰陽博士の流れであり、もう一つが仏教の陰陽道の流れである。近世に大きな勢力をもち、神社の組織や布置を一変させたほどの吉田神道の場合にも、「表面は仏教式な考へ方を却けてゐる様に見えるが、実は吉田神道の基礎の一部をなしてゐるものは、日本紀を研究した仏家の知識を利用し、それと並行して進んで来た」ものである。「宮廷神道及び民間信仰の間に」「神社以前の神道の形」が「その俤を止めてゐる」ことに注意して、それをよく研究することが大切である。そしてそれを摂取することによって、今日の神社神道を根本としている神道も、また新たな時代信仰として大いに興隆していくにちがいない。

⑤**「古代生活に於ける惟神の真意義」**（一九三〇年・四十四歳）

この論文は、惟神《かむながら》という言葉の意義について論じたものである。ここで指摘されているのは主として以下の三点である。

第一に、言葉というものは固定したものではなく常に流動しており、時代によって意味が異なっていく。

第二に、天皇は御身体だけでは未だ天皇ではなく、天皇霊がついて初めて天皇となる。「天皇は、天の神のみこともち、即、神の代理者であ」る。「其みことが非常に神聖であるから、天上の神と同一の威力が人に感じられて来る。此状態が実は惟神なのである」。

第三に、「天皇のなさる御行ひが惟神の道である」。だから惟神の道とは、我々にあるのではない。

⑥「神道と民俗学」（一九三三年・四十七歳）

これは一九三三年（昭和八）十二月十七日から十九日にかけて長野県下伊那神職会において行なわれた講演筆記である。事前に準備されたであろう内容豊かで大部なものであった。

「第一章　神道の意義」で説かれる主な点は以下のとおりである。

第一に、神道は日本人の生活の規範ではあるが、神道は道徳ではない。古代の研究は神道の研究であり、民俗学の研究も神道の研究である。

第二に、神道という言葉には、もともとあまり好ましくない意味も含まれていたことに注意しておく必要がある。従来の神に属する信仰を総じて神道と称していたのである。

第三に、惟神とは天皇が「神として」「神そのものとして」という意味であり、惟神道《かむながらのみち》とは天皇が行なう「神である故の道」「神様としての道」という意味である。ただし、この言葉の意味は常に浮動している。しかし、この言葉の中には太古から日本に伝わっていた道徳や倫理観という意味は一つもない。決してない。

第四に、現代から演繹して古神道を考えるのはよくない。出発点を昔に置いて、自然に延びてきた現在に考え到らなくてはならない。

第五に、神道は書物からばかり明らかにできるものではない。書物になくとも伝わっているものも重要である。民間に残っている風習は、書物をよく読み取る上での助けになる。

第六に、神道の研究法とは、まずは書物を読むことである。そして同時に実際に行なわれている地方の農村や漁村の神社の祭りを見学することである。なにより経験が大事であり、その経験にもとづく実感、つまり洞察力が必要である。実感と洞察力をもって研究することである。そうでなければ空理空論になってしまう。

「第二章　宮廷儀礼」で説かれる主な点は以下のとおりである。

第一に、天皇のことをなぜ「すめらみこと」というのか、その理由についてである。

第二に、天孫降臨とそれに際しての真床襲衾《まどこおふすま》の意味についてである。

第三に、天皇のしごとの中心である「をす国のまつりごと（食国の政）」についてである。

第四に、大嘗祭についてである。

「第三章　禊祓と罪障と」で説かれる主な点は以下のとおりである。

第一に、禊ぎと祓えについてである。「禊ぎ」は個人的な行為であるのに対して、「祓へ」は社会的な行為である。

第二に、天つ罪と国つ罪のちがいについてである。天つ罪は天上で素戔嗚尊が犯した罪であり主に水田と稲作に関する罪であり、国つ罪は地上の人間が犯す罪であり神聖ならざる宗教上の罪である。

「第四章　霊魂信仰」で説かれる主な点は以下のとおりである。

第一に、外来魂についてである。古代社会でもっとも重要であったのは威力ある「たま」であり、それが人間の身体に外から入ってきて威力を発揮するという考え方であった。なかでも大事だったのは狩りや漁りの威力ある「たま」であった。天皇として一番大切な「たま」は「天皇霊」であり、歴代の祖先の「たま」は子孫の肉体に入りその「たま」は祖先と同じものとなっている。

第二に、霊魂の分割についてである。古代は魂を服従のしるしに尊いお方に差し上げるという習慣があった。国造はその国を治める力をもっており、その「たま」を天皇に差し上げる。天皇もその国を治める力をもつ。そうして氏の「たま」や国の「たま」を受ける天皇はあらゆる力をもつ。そこで、逆にまた天皇がその「たま」（魂）を分割して、人びとに与える。それを「みたまのふゆ」といった。その祭りは冬季に行なわれ「みたまのふゆまつり」といった。

第三に、「いきみたま」についてである。平安朝には正月の天皇の儀式に「朝賀」と「朝覲《ちょうきん》」とがあった。「朝賀」とは群臣が宮廷に集まり寿詞を申し上げる儀式で、すべての氏から天皇へ魂を差し上げたことになる。「朝覲」というのは、その「朝賀」のあとに、天皇が自分の父母に当たる先代の天皇皇后の御所に参って挨拶をされることをいう。この習慣が、だんだんと貴族、豪族、庶民へと広く行なわれて「生御魂《いきみたま》」という習俗となって伝えられている。

第四に、鎮魂についてである。鎮魂には「魂ふり」と「魂鎮め」の二つの意味があるが、前者が古く後者が新しい。「たま」は古代人にとってはたいへん大切なもので、その「たま」と「たま」の争いが戦争であり結婚であった。

第五に、神主は、もともと祭りのときは神主自身が神であった。祭りに先立つ斎みは、神になるために清い肉体をつくるためであった。神霊が入られるための禁欲生活をすることであった。

第六に、田植えの時の五月処女《さおとめ》（早乙女）は、祭りに出てこられる神を接待する役であり、巫女と同じものである。

「第五章　神遊及び葬式」で説かれる主な点は以下のとおりである。

第一に、遊びの古い語義は「神遊び」であり、鎮魂術を施すことであった。神前の舞踊の全体が神遊びであり、その中の人気のいいもの、神様が非常にお好きだった一種類が神楽であった。

第二に、記紀に書かれていることが一番古い神道だと考えてはいけない。記紀のころにはすでにもう語り変えや唱え変えがなされている。神道は、それよりもっと以前の、非常に古い、筆録以前の幽遠な歴史をもっている。記紀を通しながらも、もっと古い、遠くを窺わなくてはならない。

第三に、古くからの神遊びの中に神楽が新たに入ってきて京都の石清水に落ち着いた。これが神楽の本家で、これが宮廷にも入った。

第四に、なぜ、神道では葬式のことがよくわからないのか、という点についてである。それは、古代の神道の考え方では、人間の生理的な死でも神道の信仰の上では死にはならないからである。生死の観念がないのである。

第五に、宮廷では天皇はその役が終われば天へ上ると考えられていた。民間では海のはるか彼方の島、常世《とこよ》の国へ魂が行ってそこに集中していると考えられていた。それが一年に一度、村々の事始めにやってきて土地の悪い精霊を押さえつけてくれる、また来年もやってきてくれると考えた。その常世の国とは、常闇の恐ろしい国とも考えられ、また非常に明るいよい国だとも考えられた。

「第六章　誓詞と倫理観念と」で説かれる主な点は以下のとおりである。

第一に、国々氏々が天皇に仕えるとき服従のしるしに自分のもっている「たま」「守護霊《まもりだましひ》」を分割して天皇に差し上げる。その時に申しあげる詞が「寿詞《よごと》」である。そして、天つ神のお詞を天皇が申されるのが「祝詞《のりと》」である。それとは別に、天皇のお詞を低い神々に言って聞かせるのが「鎮護詞《いわいごと》」

である。また、殯宮《あらきのみや》での寿詞は「誄《しのびこと》」という。

第二に、古代には歌が教育のためにも使われた。寿詞を唱えて宮廷と自分の家との、祖先以来の関係を説く。すると宮廷に対してどうしても不忠実なことはしませんと誓っているのだから、その寿詞によって宮廷に対する道徳観念が生じてくる。「忠」という思想の根本は、寿詞にあるのである。

「第七章　神職と民俗芸術と」で説かれる主な点は以下のとおりである。

第一に、神職の務めについてである。祭りの時に神になるのだという覚悟をもっておくべきである。ただ祭式をやるだけでは本当の意味はない。政治家もどきになってはいけない。

第二に、芸能と芸能民のもつ祝福と侮蔑、尊敬と恐れという両義性についての指摘である。芸能は、唱え言であり鎮魂の舞踊であり、また禊祓の所作であって、みんなもとは神事であった。しかし、人びとを祝福することはその人びとに服従する形をとることになる、万歳《まんざい》など村々を祝福して回る芸能民はだから逆にその村々からは侮蔑の対象ともなる。しかし、民俗芸術はどんな形であっても、もとは宗教的なものをもっている。せめて、神事芸能の間からでも、日本の神道の本当の形を見出していきたいものである。

以上のような、神職の人たちを前にした、中味の濃い三日間の長い講演であったが、その最後の結びの言葉は、「神道を明らかにする為には、民俗学といふ学問があるといふことを申したのであります」であった。

⑦「神道に見えた古代論理」（一九三四年・四十八歳）

この論文は、国史学の雑誌に掲載されたものであり、短編ながら当時の歴史学との対話を意識したものである。ここで指摘されているのは主として以下の五点である。

第一に、神道の根本が何であるのか、それを確かめるには、歴史的な追跡が必要不可欠である。

第二に、西洋のキリスト教の世界で顕著なのは贖罪観念である。日本の神道においても、一人が多くの者に代わって罪を贖うという信仰は、素戔嗚尊の伝承の例などに、確実に見出すことができる。そのような社会的な贖罪の信仰は、日本の神道がもともともっていた重要な要素である。

第三に、伊勢の大神楽のような諸国を廻る神楽の信仰には贖罪観念が含まれていて、人びとに代わって穢れを引き受けてくれるという考えがあった。

第四に、祝詞や宣命の中に、また平安朝の物語や日記類の中には、貴人の自己発想に必ず敬語がついている。それは、みこともちの思想によるのである。みこともちという、みことの伝達者はその唱え言の時間には天つ神また天皇と同じと考えられた。このみこともちの思想は、日本の神道の考え方のうちの重要な一つである。

第五に、歴史学の研究と自分の古代研究とは、おたがいに分限を知りながら協力することが学問の上では有効である。たとえば、日本社会における私有財産観念の起源を歴史的に考える上では、皇族の御料の場合にはとくに、生前の占有利用の私有だけでなく死後の記念継承の私有という観念があったことに歴史学も注意する必要がある。

⑧「神道の新しい方向」（一九四六年・六十歳）

この論文は、戦後まもなくの時期の、折口の神道に対する考え方を知ることができるものである。表1にみるように、折口の神道に関する論文は、一九三四年（昭和九）の「神道に見えた古代論理」の後は、まったくみられなくなる。昭和十年代の学問や思想の弾圧への歴史の中で、折口は神道への論及を控えていったようである。発言しても無駄と考えていたようである。

しかし、折口がその学問にもとづく信念を強固に持ちつづけていたことは明らかである。たとえば、戦時中の一九四二年（昭和十七）五月に「大東亜新秩序の建設と国語学及び国文学」をテーマとして開催された日本諸学振興委員会国語国文学特別学会の十六日の総括討論の席上で、当時学界にも教育界へも絶大な権力をもっていた山田孝雄《やまだよしお》（一八七五〜一九五八）による柳田や折口の「土俗学野蛮学」への危険視と蔑視の発言に対して、その場で即座に、毅然と立って質問反論したという目撃談[2]からもそれは明らかである。

一九四五年（昭和二十）八月十五日の天皇の「終戦」の詔勅、九月二日のミズーリ号での降伏文書調印、そして、それに続く十二月十五日のGHQによる「神道指令」（国家神道、神社神道ニ対スル政府ノ保証、支援、保全、監督並ニ弘布ノ廃止ニ関スル件）、そして、翌年一月一日のいわゆる昭和天皇の「神格否定の詔書」のあとをうけて、折口はふたたび神道についての論及を始める。先の「神道に見えた古代論理」がまだ四十八歳のときであったのに、この論文ではもう六十歳になっていた。その間、言論が封じられた戦時体制の約十二年が経過していた。

この「神道の新しい方向」で論じているのは、神道はあくまでも宗教として新しく復活してほしい、という折口の学問にもとづく願いである。ここで指摘されているのは主として以下の六点である。

第一に、日本人は基本的に宗教的情熱を欠いている。

第二に、これまでも神道は宗教ではないとする考え方が強く、不思議な潔癖感から神道は道徳へと向かった。

第三に、日本人の信仰は八百万の神々というように多神教的なものだと考えられてきているが、実際はそうではない。神社の祭祀でも天照大神や高皇産霊神が意識されているように、また仏教の場合でも、釈迦や観音や薬師や地蔵が意識されているように、特定の神仏に集中する傾向がある。つまり、多神ではなく一神に考えが集まっているのが日本人の信仰の仕方である。

第四に、日本の神々を復活させて、神道が宗教として新しく復活して現われてくるのを待ちたい。宗教となるには何よりも「自覚者」、神を感じる人の登場が不可欠である。教養の高い人の中から、神道宗教の「自覚者」、「予言者」の登場を待ちたい。

第五に、日本の信仰の中で、特殊であり、すべてに宗教から自由なものは、高皇産霊神・神皇産霊神の、産霊神《むすびのかみ》の信仰である。即むすびの神である。それこそが神道教の出発点に立っている。

第六に、日本人は信仰的に関係の深い神を、すぐに祖先という風に考えがちである。しかし、産霊神は祖先の霊ではない。人間に魂を植え付ける神であり、人間神ではない。

⑨「神道宗教化の意義」（一九四六年・六十歳）

この論文は、神道の宗教化がどのようにしたら実現できるかについて論じたものである。ここで指摘されるのは主として以下の七点である。

第一に、このたびの戦争で神様がなぜ敗けなければならなかったか、という理論を考えなければ、これからの日本の国民生活はめちゃめちゃになる。日本人は、神様に対して、宗教的な情熱をもっていなかった。それなのに、ただ奇蹟を信じていたのである。

第二に、神様が敗れたということは、我々が宗教的な生活をせず、我々の行為が神に対する情熱を無視し、神を汚したから神の威力が発揮できなかったのである。少なくとも神をこのどん底に落としたのは、我々神に仕える者が責任を取るべきである。

第三に、かつての神社神道は宗派神道を毛嫌いするだけで、宗教的な情熱によって争うことがなかったから、発達も進歩もなかった。祓えを神道の主要儀礼とする近代では、陰陽道式の方式に近い祓えを行なう者、中臣の祓えを唱えて廻った者、幣束一本をもって生計にしていた者、単なる竈《かま》祓いの徒までをも含めて神道者と称していた。神道を非常に清らかなものと考えている人も多かろうが、実は神道の詞の歴史には、想像の出来ぬほどみじめな経過を含んでいたことを考えねばならぬ。

第四に、神道に近い宗教の中には、富士・御嶽など修験や山伏の間から生まれたいわば「修験神道」の類があり、また一方、金光教などもと陰陽道の神で方角をおそれる金神《こんじん》の信仰などが基礎になっている宗派神道の類もある。ただ、それぞれの宗教化のために必要であった「自覚者」が、いずれも教養の乏しい人であったために、自分の説くことが仏教的なのか、陰陽道的なのか、神道的なのか、大事なことがはっきりしていない。

第五に、この非常な戦争の悲惨を経験した今、神道を正しく立てねばならぬ。そうでなくては再び、蒙昧な有力者から利用され、乗ぜられる。我々は神道家のつよい普遍的な学説を築いて行かねばならぬ。少なくとも我々は、その時々の政治家に利用されぬようにしなければならぬ。

第六に、我々にはいろいろの信仰が出てきたが、それを抽象化する理論神学がなかった。神話はたくさんあるが、それを宗教の基礎となる理論としなかった。だから、材料ばかり提供せられてきたのだ。我々の過去の神話を包含し、整理・整頓して、筋道正しく現われたものが、正しい宗教としての形式をとってくる。将来の神道発達のために、貢献する宗教的「自覚者」、本当の神道を解決する「自覚者」の出現が期待される。

第七に、神道を宗教化すると、如何なる神が現われてくるか。それは、天照大神が何か重大なことをなされるときに、必ず出現されるのが高皇産霊神や神皇産霊神であることからもわかるように、生命の発展のもとの霊魂を与える「むすびの神」であろう。

⑩**「神道の友人よ」**（一九四七年・六十一歳）

この論文は、明治以来、昭和の敗戦まで、神道は宗教ではないとの立場を貫いてきた国家神道、神社神道に対する批判と反省の中から、新たな神道の出発をめざすべきだ、と論じたものである。ここで指摘されているのは主として以下の四点である。

第一に、神道は明らかに宗教である。ただし、まだきわめて茫漠たる未成立の宗教であり、まだその宗教体系が確立されていない。

第二に、日本社会倫理化運動を方便とする政治行動が著しくなったとき、近代の神道家は官吏の末座に列席していた。神道の宗教儀礼伝承者たる神道家は、政治家ではないし、ましてや政治行動の力役者なる官吏となってよいわけはない。

第三に、神主のような宗教儀礼伝承者の生活は静かなるべきである。神道をかかげることは神をかかげることである。いかにして神社が、神道の定義において正しい教会となりうるか。いずこに宗教生活の知識の泉たる教典を求めればよいか。私どもの情熱を綜合して、宗教神道を、私どもに与えてくれる教主の出現を、実現させることができるか。その時こそ、私ども神道宗教儀礼伝承者の生活を、一挙に光明化してくれる、世の曙の将来者の来訪である。

第四に、明治以後の神主にとって、神職の執務法を規定した法則が、無神論の生活法をくりかえさせてきた。神主にとって無神論というこの何十年に渉る神に対する不奉公を、不奉公と感じなかった私どもは、神に申しわけないばかりではなく、父祖に対しては、大きな不孝であった。私どもの「職の伝統」というものを深く考えないでいた責めは、このままでは免れるわけにはいかない。

⑪「**神々と民俗**」（一九五〇年・六十四歳）

この論文は、一九五〇年（昭和二十五）十月に折口信夫が柳田國男を案内して伊勢神宮を訪れたときの講演の記録である[3]。この年、昭和二十五年とは、戦後の神道学の行く方を考えて國學院大学が大学院に神道学の博士課程をつくるため、その教授職への就任を懇願していた柳田からようやく応諾の返事を七月に得た年であった。柳田七十六歳、折口六十四歳の年である。ここで指摘されているのは主として以下の七点である。

第一に、神楽の歴史は古く広く、宮廷の御神楽と各地の田舎に伝えられている神楽とまったく別のように思われ、地方の民間の神楽は軽く見られがちである。これまでの研究者は、常民の風習・民間のしきたりなどを軽く見過ぎる傾向があった。そのために、禊の力によって復活させる、という神楽のもつ重大な部分を見落としていたのである。実際地方の神楽には「うまれ・きよまはり」のような精神が伝えられてきているのであり、それらにもっと注意する必要がある。

第二に、日本古代の民衆が神に対して考えていた、「大きな神」と「小さな神」という二つの理解についてである。それは神道でいえば、天つ神と国つ神という語のもつ内容によく似ている。「大きな神」、天つ神というのは、非常に遠い所、非常に高い所、そこから来られる神である。「小さな神」、国つ神というのは、非常に我々に近い所にいる神である。常に我々が避けているにもかかわらず、あちらから近寄ってきて災いをする、そういう迷惑な存在である。自然物岩石草木、動植鉱物の物々でその中に霊魂があって、時にその物から離れて、我々に接近しようとする。そうした接触の機会にいろいろな災いを我々がうけることになる。

「大きな神」は常に我々の住むところにはいなくて、周期的にやってきて、我々を苦しめる「小さな神」＝ものを押さえ却け降伏させて、再びこの神が来訪するまでは、人間たちに禍をしないことを誓わせて去っていく。その「大きな神」の住む世界とは、この人間の世界からは遥かな海を隔てた島や陸であり、あるいは海中であり、大空である、というふうに、その住む世界についての人びとの考えにはだんだんの推移があったが、それは主として海の彼方にあると考えられていた。これが日本における最も古い他界観念であろう。

第三に、神がおられる場所についてである。神を祀っているところとしては、「やしろ・社・屋代」と「みや・宮・御屋」との二つがある。やしろ＝屋代は神が来られるときに屋が建つ場所のことで、みや＝御屋は常在される神の居られる建物のことである。「社の総てに神が常在せられる」わけではない。

第四に、神社と神々の歴史は昔から止まってはおらず、始終変化してきている。神道のような古典的な生活を基礎としている信仰では、古代の形が変化して中世から近世を経てきたその結果が近代の現状である。その近代がすべてよいというのはまちがいである。

第五に、永遠性をもった尊い天の神が来られる代わりに、使者を地上に遣わすという考え方が顕著となってくること、と、神道におけるみこともちの信仰についてである。宮廷生活の中で伝えられた神話と神事の間には時代ごとの相当の移動変化があった。その変化してきたいろいろの形を、一つの史書が並べて表わしている。『古事記』や『日本書紀』の中にも、神に関する伝承がいろいろと時代差を含みながら記述されているのである。

第六に、盆行事とその時に迎えられる祖先精霊についてである。盆・盂蘭盆の行事を仏教とともに渡ってきたものと考える向きもあるが、それはまちがいである。むしろ神道的といってよい民俗が深く伝えられている。たとえば、生盆《いきぼん》、生きみたまの習俗である。生きている両親に塩鯖を送るのである。生きている人のみたまを祝福することによって、その人の幸福・健康を増進すると考えられている。しかし、日本の神すべてが、祖先観念の向上結着したものだということはできない。

第七に、日本人の霊魂と肉体についての信仰、霊魂を取ったり着けたりする技術への信仰の存在、産霊神《むすびのかみ》の信仰についてである。たとえば、国魂の信仰である。土地がもつ生物が成育する力、国魂が、純粋に分離された人物の身体内に入ると、その人はその国を治める威力をもつ。国魂は入るべからざる人の体内に入らないようにしなければならないため、厳重に守っていなければならない。また、たとえば天皇霊の信仰である。天皇の「みいつ」といい、その「いつ」には稜威という漢字をあてることが多い。「いつのちわき・いつのをたけび」などという風に使われている。いつは天子に伝わり、そのいつが体内にあるときにはその威力が完全に発現する権威の原動力なる魂の名であった。

⑫「神道」（一九五一年・六十五歳）

この論文は、神道とは何か、について論じたものである。ここで指摘されるのは主として以下の三点である。

第一に、近代日本では、神道という言葉は「神ながらの道」という言葉を翻訳したものと考えている向きもあるが、それはまちがいである。「かむながら」という用語例は古代から非常に多くある。しかし、「かむながらの道」という言葉は古代にはなく、近世の人が一種の幻影をもたせて、神道を表現するのに適切な感じがしたので用いた語であろう。

この近代の「かむながらの道」という言葉をもって、「神道」という言葉の古い表現だとはとうてい考えられない。「神道」という言葉にはもっと深い、広い内容があった。古代の祖先のもった心理と論理とを考えるためには、言語を明確に摑む所から始めなければならない。

第二に、現実の神道を考えてみれば、実にさまざまな神道がある。まずは近代の「神社神道」と「宗派神道」がある。また、陰陽道とか儒者などの唱えた浅薄な合理化による神道説を軽蔑して平田篤胤が近世に使った言葉で、「俗神道」という言い方もある。ただし、平田篤胤の研究姿勢は正しく、そこで考えられていたのは「民間神道」というものであったろう。平田翁はそこに深い情熱と興味をもっておられた。そこからなんとか「古神道」の解釈へ向けて補充の道をつけていきたいと考えておられたにちがいない。

一方また、古代から近代までの歴史からいえば、「まつりごと」が行なわれていた宮廷における天子の生活の民俗、日本の政治・法律の規範としての「宮廷神道」があった。それは「政治神道」でもあった。

第三に、「神道」の範囲は、古代生活の生活指標（らいふ・いんでっくす）であり、それが知識や伝承として近代に伝わって、さらにはその意味さえもわからないまま、保持し伝承しなければならないもののように考えられているもの、それを綜合して「神道」の範囲だと考えてよい。かんたんにいえば、「神道」は日本古代の民俗であるということになる。

⑬**「天照大神」**（一九五二年・六十六歳）

この文章は辞典のための短いものではあるが、内容は奥が深い。ここで指摘されているのは主として以下の点である。天照大神には、在天の神、その在天の神の能動的に分割されたもっとも威力ある神霊、そこからおのずから分霊した分離魂、という三種類の霊魂信仰がある。それは、この神にもまた、この三段階の変化があるからである。そしてさらに、別にこれに日神信仰が加わり、この天照大神の性格を複雑にしている。人格神と自然神という二つの性格の融合がみられるのである。伊勢皇大神の信仰は宮廷および民間において、世を逐って推進してきた信仰の姿をさながら伝えている。

神道は日本古代の生活規範、民俗伝承である

以上、各論文の論点を筆者なりに単純化して整理してみた。ここに小括として、もっとも重要と筆者が考える折口信夫の神道論の中心的な部分を、あらためて十二点ほど箇条書きにしてみる。

一、神道は、日本古代の生活規範であり、日本古代の民俗伝承である。それを知るためには古代の言語と精神を知る必要がある。奈良朝の記紀万葉はすでに変化のあとが多く含まれているため、それ以前の筆録以前の幽遠な歴史を考える資料としては、宣命の中の祝詞に注目して、祝詞を研究する必要がある。

二、日本古代の言語と精神を知るためには、仏教や西洋哲学の論理による解読だけでは無理である。世界の文化はさまざまであり、そのさまざまな文化の解読が、仏教と西洋哲学の論理だけでできると考えるのはまちがいである。仏教や西洋哲学から記紀万葉その他の日本の古典を説明しようとした者は常にみんな失敗している。

三、言葉とその意味は遠い古代から近い古代へ、そして中世、近世、近代へと常に変化している。

変化しないものはない。

四、神道を考える上では、祝詞の中のみこともちの思想がとくに重要である。みこともちとは、神の言葉を伝達する者のことである。最高至上のみこともちは、天皇である。そして、上から下へとみことを発表伝達する人は、帥も国司もみなみこともちである。重要なのは、その唱え言のもつ威力である。そのみことを宣《の》り伝えている瞬間だけは、それを初めて言い出した神とまったく同じになる。天皇が同時に天つ神であるという観念はそこから出発している。それが「かむながら」の根本の意味である。「かむながら」とは「神それ自身」という意味である。

五、祝詞には、その言葉を最初に発した神の力が宿っていて、その言葉を唱える人はただちにその神になるという信仰があった。だから、祝詞を唱えると、時間も元へ戻るし場所も自由に移動する。祝詞一つで時間も空間も移動が自由なのである。そこに「言霊思想」の基本があった。断片的な言葉にも言霊が存在する、というのは、後の変化である。

六、『日本書紀』の記す「神道」は、仏教の大きな教え「法」に対する、その異端の小さな一部にすぎない「道」という意味である。その語源からして一種の厭うべき姿がつきまとっている。神道が自ら生んだ光明に充ちた語ではない。そのことへの自覚が、まずは必要である。

七、「神社神道」は「宮廷神道」の一分派である。現代から演繹して「古神道」を考えるのはまちがいである。歴史の展開の中で宮廷が政治的なオーソリティーを失ったために、現在の「宮廷神道」は宮廷の家庭に調和のよろしい状態でおさまった形になっている。「まつりごと」の意味が、祭政一致の古代と祭政分離の近代とでは大きく異なっているからである。しかし、「宮廷神道」と地方の神神社の古伝祭や特殊神事やさまざまな民間信仰との間には、神社神道以前の古い神道の形がその俤《おもかげ》をとどめている。それをよく研究し摂取することによって、神道もまた新たな時代信仰として興隆していくことができる。神道は日本古代の民俗であり、その神道を明らかにするための学問として、柳田國男や折口信夫が創始している民俗学、民俗伝承学という学問がある。

八、神道は宗教である。未成立の宗教である。宗教体系が確立されていない。ただし、神道は決して道徳ではない。近代の「神社神道」が自分自身から何を取り去らねばならないかというと、それは道徳要素である。神道は倫理教や道徳教ではない。一方、「神社神道」が情熱をもって護持している儀礼的側面は正当に守り継ぐべきものである。そのいわば「儀礼神道」が道徳的意識から自由になれば、もっと信仰的自在を得ることができるであろう。神道が宗教として新たに復活するためには、教養の高い人の中から宗教的「自覚者」「予言者」が必要である。その登場が待たれる。

九、神道を宗教化すると如何なる神が現われてくるか。それは、天照大神が何か重大なことをなされるときに、必ず出現されるのが高産霊神や神産霊神であるように、生命の発展のもとである霊魂を与える神、「むすびの神」であろう。産霊神の信仰が主要なものとなるであろう。

十、日本古代の人たちが神に対していだいていたのは、「大きな神」と「小さな神」という二つの神の理解であった。神道でいえば、天つ神が「大きな神」、国つ神が「小さな神」であり、たがいによく似ている。「大きな神」天つ神は、遥かなる海あるいは遠い大空にあり、その尊さゆえに自らこの土地に降りて来られない。その永遠性をもった尊い天の神が来られる代わりに、使者が遣わされる。そのような神の子孫として地上に来られて、神のみこと、神言を伝えるのが、すめらみこと即すめらみこともちである。一方、「小さな神」国つ神は、人間の近くにある神である。自然物岩石草木、動植鉱物でその中に霊魂があって、時々その物から離れて、我々が常に避けているのに向こうからやってきて災いをする迷惑な恐ろしい霊物である。庶物の精霊つまり、ものである。「大きな神」は遥か遠い海の彼方や大空から周期的にやってきて、我々を苦しめる「小さな神」、ものを押さえ却け降伏させて、再びこの神が来訪するまでは、人間たちに禍をしないことを誓わせて去っていく。これが日本における最も古い他界観念であろう。

十一、神がおられる場所、神を祀っているところには、「やしろ・社・屋代」と「みや・宮・御屋」の二つがある。やしろ＝屋代は神が来られるときに屋が建つ場所のことで、みや＝御屋は常在される神の居られる建物のことである。神社と神々の歴史は止まってはおらず絶えず変化してきている。「大きな神」が社に常在されているという考え方は中世には広まってきていたが、部分部分には古い考え方が残っている。古い神社の場合、奥宮があり里宮がある例も多い。その場合でも、奥宮を神の常在所と考えるのはむずかしい。常在所がある神だと「小さな神」ということになるからである。そうではなくて、「大きな神」は、さらに上の山際を離れた空の奥から、来られるものと考えられていた。初めて地上に降り立たれた曾ての場所を、その後も常に降臨の場所として祀り、その奥宮から里宮へと降りて来られるものと考えていたのである。つまり、社の総てに神が常在せられるわけではないのである。近代神道に慣れた人は、それなら我々は空虚を拝んでいるというのか、といきまかれる向きもあろう。しかし、遠くにある神と我々の日常とはつながるものと考えられてきたのである。それを示しているのが、ふしおがみの信仰であり、遥拝の信仰である。

十二、神職たる人は、氏子信者の数えきれぬほどの魂を托せられている、という自覚を持ち続けねばならない。神道は包括力が強くさまざまな思想が入り込んでいるので、神職たる人は真偽の判断ができる直観力、洞察力を磨かなければならない。そのためには学問が第一である。神慮を重んじる強固な信念、つまり自分の考えではなく神の意志に自分を接近させることのできる信念と、その信念の地盤であり後ろ盾である学殖を磨くことが第一である。祝詞をあげる神主は、そのとき神のみこともちである。神主は祭りの時には神になるのである。神への単なる奉仕者ではない。そのためには徹底的な禁欲が必要である。斎みは神に仕える資格を得るためにするのではない、斎みは神になるためにするのである。厳粛な物忌みを保つか否かによって神職が保てるか否かということになる。それを忘れてはならない。

小論ながら反論三点

折口信夫がこの世を去ったのは、昭和二十八年（一九五三）九月三日のことである。享年六十七。「私はまだまだ、死ねないのです。國學院も慶應も私のあとを継ぐ者が、まだ十分に育っておりませんので、どうあってももうしばらくは、生きていなければ困ります」。これが、意識がまだ確かであった折口の、医師に懇願した最期の言葉であった。[4] 國學院でも慶應でもあれほどたくさんのすばらしい研究者を育てあげた折口である。その折口の学問と教育への並々ならぬ強い意志が、この「最期の言葉」を媒介として、これからも永遠に顕幽両世界にひびきわたり通じあい、その学問の威力を発揮しつづけていくにちがいない。

筆者自身は、民俗伝承学の継承という意味で、遅まきながらその学恩の末端に、という思いがある。そして、この折口信夫の神道論の筆者なりの小括十二ヵ条にも、その思いがある。そこで、たとえば一〇〇の学恩報恩のうちの二、三として、ここに小さな反論ながら、問題としての論点を三点ほど指摘しておくとすれば、以下のとおりである。

ケガレ・カミ

「神道に見えた古代論理」の論文では、日本の神道の中にも社会的な贖罪観念が存在したという指摘を行ない、たとえば伊勢の大神楽のような諸国を廻る神楽の信仰においても贖罪観念が含まれていて、彼らは人びとに代わって穢れを引き受けるという考えがあった、という。それはそれでもちろん一つの見解として成立しうるであろうし、また何よりも、これは折口のあの「まれびと論」[5]へとつながるものである。

しかし、その後の筆者の小さな調査研究では、彼ら漂泊の芸能民をとらえる視点として、その「まれびと」という視点とともに、それとは別に穢れを引き受け祓え清めるという役割に注目してみた。そして穢れという生活言語をもとに、あらためて分析概念としてのケガレ（死・power of death）という概念を、カミ（生・power of life）というその対概念とともに設定することによって、民俗伝承の中に伝えられている、ケガレ・ハラエ・カミ（*kegare* exorcier *kami* [dieu]/*kegare* exorcise *kami* [deities]）というメカニズム、つまり、ケガレの逆転（*kegare* inverseur/*kegare* inversion）というメカニズムの存在を抽出することができたと考えている。[6]

それは、①正月や節分の年越し行事の中のさまざまな祓え清めの民俗例、②社寺で投げ入れられる賽銭の民俗例、③厄払いのさまざまな民俗伝承事例、④近親婚禁忌違犯の道祖神や村境の神々の民俗伝承事例、⑤水死体がエビス神に祀られる民俗伝承事例、⑥馬糞や毛髪など汚い物が縁起物として信仰されるという民俗伝承事例、そして、記紀神話の記し伝える伊弉諾尊による死穢の禊ぎから天照大神や素戔嗚尊が生まれたという神話の例、などを主たる論拠とするものであった。それは人類にとって「すべてのカミはケガレから生まれる」という仮説の提示であり、カミとは何か、神聖なる存在とは何か、それは人間が生命活動の結果として排出し続けざるをえない「ケガレの吸引浄化装置」である、という定義であった。

むすびの神＝産霊神の信仰

「神道宗教化の意義」の論文で、神道を宗教化することによって、現われてくる神としては、生命の発展のもとである霊魂を与える神、「むすびの神」、産霊神の信仰が主要なものとなるであろう、と折口は指摘している。そこでは産霊神が「むすびの神」と読まれている。

しかし、その後の研究によって、濁音の「むすび」と清音の「むすひ」とは、もともと別であったことが明らかになってきている。[7] 濁音の「むすび」をAタイプ、清音の「むすひ」をBタイプとすると、Aタイプは、『万葉集』の有馬皇子の「磐代の浜　松が枝を引き結び　真幸《まさき》くあらば　また還り見む」（巻二―一四一）の歌や、『伊勢物語』の「思ひあまり　出でにし魂《たま》のあるならむ　夜深く見えば　魂結びせよ」（百十段）、『源氏物語』の「嘆きわび　空にみだるるわが魂を　結びとどめよ　したがひのつま」(葵)の歌のように、肉体を離れて魂があくがれ出ずることがあるので、しっかりと魂結びをしておかねばならないという考え方である。それは貞観儀式が伝える鎮魂の祭儀における神祇伯による木綿《ゆう》結《むす》びにも通じるものであり、松が枝や木綿などを結ぶ具体的な行為のことである。一方、Bタイプは、『日本書紀』神代上の第一段第四の一書で、「高皇産霊尊、神皇産霊尊」の名をあげながら「皇産霊、此をば美武須毘と云ふ」と記し、『古事記』では、「高御産巣日神、神産巣日神」と記しているように、霊力の生成を表わす神の名前のことであり、それは「むすひ」と清音であった。

Aタイプは、人間の肉体と霊魂をめぐる人びとの観念とそれにもとづく具体的な呪的行為であり、Bタイプは、崇拝する尊厳なる神についてのその名前であり抽象的な観念である。この二つは奈良時代から平安時代前半期までは、たがいに別のものとして考えられ伝承されていた。それが平安時代中期からはしだいに混同されるようになった。たとえば、清原元輔(九〇八〜九九〇)の『元輔集』(九九〇年頃成立)に収める、賀茂社の祭りの日に袴着《はかまぎ》の祝いにちなんで歌った、「千歳とは　我ならねども　ゆふだすき　むすびの神も　祈りかくらむ」とある。この歌などは、Aの呪的行為と、Bの神観念とが十世紀末には重なってきていたことを知らせる歌である。

このように、折口が清音と濁音とを区別していなかったことを指摘することは、後進の研究者として先師に対して非礼なことであろうか、と自問してみる。折口を前にすれば、筆者こそ古典への知識不足から根本的に誤読しているのではないかという危険性、また恐怖感さえある。しかし、それでも身の丈に応じて研究を一歩一歩進めるという姿勢を継承することこそが、偉大なる先覚者の学恩に少しでも報いることであろうと、筆者としては勝手に信じている。折口が指摘していない「むすひ」と

「むすび」の清音と濁音というちがいは確かにあったのである。しかし、折口が神道の最も重要な神観念と考えた産霊神《むすひのかみ》の信仰が、人間に生命の発展のもとである霊魂を与える神への信仰である、という論点自体にはまったく揺らぎはない、正しい指摘であると考える。ただ、もともと「むすひ」は神観念であり「むすび」は呪的行為であったのが、日本精神史の上で十世紀末に合体して、それが現代にまで伝承されているのである。その史実だけはやはりここに確認しておきたい。

神道宗教的「自覚者」

「神道の新しい方向」「神道宗教化の意義」「神道の友人よ」の、戦後まもなくの三論文でくりかえし強調されているのが、神道が宗教として復活していくには、教養の高い人の中から神道宗教の「自覚者」、「予言者」、教祖、教主の出現が待たれる、ということである。

この主張に対しては、筆者としてはやはり強い違和感がある。筆者はまったく私的に折口信夫を尊敬してやまない一研究者であり、その学恩への感謝は今生来世ともに不易という自信がある。それであればこそ、偉大な親への一種の甘えと反抗のような感じであるが、学力的には軟弱ながら一生懸命にここに反論異論を唱えてみたい。

天つ神の言葉を伝達する最高至上のみこともちが天皇であり、みことのりを発する天皇は即天つ神であるとする折口の理解Aと、神道宗教の「自覚者」「予言者」の出現を待望するという折口の主張Bと、このAとBの両者の間には、矛盾はないのか。筆者はやはり矛盾があると考える。

一般論として、宗教の三要素が教祖・教義・教団であるというのは通説であり、キリスト教やイスラム教や仏教など、いわゆる世界宗教と呼ばれるものではその三要素は存在している。それが存在しない日本の神道が宗教として未完成であり、宗教体系が確立されていない、というのは論理的にみれば正しい。しかしそれは、神道という語と概念、宗教という語と概念、この二つの言語と概念に束縛されてしまっている発想ではないか。

神道という語は、折口がいうように歴史的にも名誉ある語ではない。宗教という語は religion の翻訳語としての明治の新造語にすぎない。言語がなかったところに概念があったはずはない。むしろ、歴史の中から実態に近い言語と概念を見つけてみるなら、神道というよりも神祇祭祀や神祇信仰という語が歴史の実態に合致しているであろう。宗教というよりも信仰や信心また宗門や宗旨などが歴史の実態に合致している語であろう。宗教 religion というから預言者 prophet が必要だ、という考えになるのではないか。日本の神祇祭祀や神祇信仰には、預言者 prophet や教祖は必要ない、というのが筆者の見解である。

筆者のこのコメントに対して、折口からは、まだまだ勉強が足りない、まだまだよく読み取れていない、もっと学問をしなさい、と叱られるかもしれない。しかし、この質問を折口に直接ぶつけてみたい、そこからまた研究の視野を広げ深めていきたい、そんな気持ちが、顕幽を分かちながらも、いましている。

おわりに

氏神と鎮守

本書では「神社とは何か」という問いに対して、日本各地の村や町で祭られている一般的な神社である氏神とは何か、鎮守とは何か、という問題として考えてみた。そして、文献記録と民俗伝承から明らかとなったのは以下の七点である。

一、氏神とは、①氏族の祖神、②氏族の守護神、③氏族が本貫地で祭る神、という三つの例があり、③は産土の神に共通する。

二、鎮守の神とは、文字通り反乱を鎮圧する守護神という意味で、旧来の神社に対して、あらためて王城鎮守・国鎮守・荘郷鎮守という位置づけがなされる例がみられたり、新たに勧請された神社の例もあった。

三、荘園領主が祭る荘園鎮守社が、中世には在地武士の氏神となり、近世には村落住民の氏神となるという展開例が近畿地方の農村では多くみられた。

四、その近畿地方の農村での氏神の祭祀においては、中世武士や近世村民が順番に一年神主（当屋）をつとめる宮座が形成される例、つまり、宮座祭祀という方式が形成される例が多くみられた。

五、中国地方など、荘園鎮守社が設営されなかった地方では、戦国武将が領内の農民と呼応して、武運長久と五穀豊穣と庄民快楽という双方向的な現世利益を願うかたちの氏神の神社が創建されたり再建されていき、それが近世社会では村民が氏子として祭る氏神へとなっていった。

六、その中国地方の例では、宮座祭祀というかたちではなく、戦国武将の家臣の内から有力な神職家が出てその氏神の祭祀に当たり、その神職家が近世から近現代まで継承されている例が多い。

七、その戦国武将が覇権を握った領地にさかんに再建をしていった氏神の場合も、もともとはそれ以前の領主や村民が祭っていた神々が存在しており、その神格は素朴な山や田や水などの神々から、外来の黄幡神や大歳神など霊験豊かな神々へ、さらには中世武将が勧請した熊野新宮やまた八幡宮へというういわば祭神の上書き保存が繰り返されている例が、一つの展開例として注目された。

文化遺産としての神社

では、あらためて日本人にとって神社とは何か、と考えてみる。すると、それは日本の歴史と文化の伝承の中で形成されてきた一つの文化遺産であるということができる。単に神々を祭る信仰的な施設というだけにとどまらず、その立地からみれば、環境保存の上での公園的な機能、動植物園的な機能、また、建築工芸技能の保存伝承的な機能、美術館や図書館そして博物館的な機能、祭礼や儀礼や芸能の保存伝承的な機能、そして中には観光資源的な機能をもつなど、きわめて多面的で有機的な文化的構造物であるといってよい。

その神社の特徴とは何か。たとえば鳥居に注目してみるとよい。欧米やアジアやアフリカなど外国から日本を訪れた子どもたちが、よく日本のイメージとして図に描くのは、あの神社の朱色の鳥居である。その神社の鳥居は、寺院の門と似ているようでいて、実はその意味はまったく異なっている。寺院の門、山門はゲート gate であり、外部と内部をしっかりと区画し遮断する結界のための装置となっている。禅宗寺院ではよく、「不許葷酒入山門」などと書かれた石柱が建てられている。酒気を帯びた人間の入門を禁じるというのである。寺院とはまさに院であり、院とは壁で囲まれた場所という意味である。法隆寺の中門や東大寺南大門もそうであるが、文字通りその内部の本堂や講堂やその他の堂舎を、外部の世界と明確に回廊をめぐらして区画し遮断している聖なる空間である。

それに対して、神社の鳥居をくぐる人たちは自然とそこを通過している。その鳥居は一見ゲートのようにみえながらも、実は外部と内部とを厳密に区画し遮断するゲートではない。その奥には参道があり、拝殿や本殿など神社の社殿とそれを囲む森があるという意味をあらわしている標《しる》しであり、その鳥居から先は神聖なる神々の世界であるということを示している。

しかし、神社の森の周囲は自然に開かれており、寺院の境内のように回廊が内部と外部とを厳密に区別してはいない。伊勢神宮にも、出雲大社にも、その社殿の周囲はたしかに聖域として区画されてはいるが、その聖域である広い神社の森の周囲には自然の広がりがあるだけで、内外を厳密に区画する壁は築かれていない。日本の各地の町や村で祭られている氏神や鎮守の森も自然に開放されており、内外を区画するような壁はない。ただ、日光東照宮のように壮麗な陽明門で知られる神社もあり、本書で紹介した苗村神社も楼門が立派であった。しかし、それは神仏習合の結果であり、神社が仏教寺院の影響を受けてからのことなのである。

日本の神社と神々の特徴とは、神聖な自然の森の中に神々が去来したり鎮座したりして祭られているという点にある。そして、その神々は決して一柱《ひとはしら》だけが単独で祭られることはない。主祭神のほかに比売神や眷属神や摂社末社としてたくさんの神々が、その神社の森には集まっている。それが神々の自然のかたちなのである。

神祇・陰陽・仏教・呪的霊異神仏

それらの神々を祭る方法の基本とは何か、それは祓え清めである。神社の祭りとは、祓え清めに始まり、祓え清めに終わる、といっても過言ではない。人びとがその祓え清めを行なった上で祈り願ったこととは何か、それはまったく素朴な願いであり、天下泰平、五穀豊穣、子孫繁盛であった。平和、豊作、生命という三つの基本的な願いである。神祭りとは、その祈りと感謝の表現なのであった。

日本の神々とは、自然の恩恵と脅威とが心象化されたものであり、稲作の王権を生み出したその沿革を語る記紀神話が、神々の中心であるとしている、天照大神は高天原と太陽の、月読命《つくよみのみこと》は夜の世界と月の、須佐之男命は大海原と雨水の、それぞれの象徴である。伊弉諾尊のもとで大声で涙を流して泣き続け、高天原で乱暴を働いて追放された須佐之男命は、豊葦原中国《とよあしはらのなかつくに》の出雲に天降って八岐大蛇を退治して、やがては根の堅州国の大神となる。それはまさに天と地と雨と川と海をめぐる水の表象である。その須佐之男命が、稲作を定着化させた日本の歴史の中ではもっとも人間に近い神、恩恵と脅威の両方を人びとにもたらす身近な神として広く祭られてきた。

しかし、現在の日本各地の神社や神祇の信仰の実態はひじょうに複雑である。古代の神話が語るそのままではない。歴史的な日本の信仰伝承の展開の要点を簡単に整理しておけば、以下のとおりであろう。まず注目されるのは、現実的な古代日本の信仰動向である。それは、いま述べた、①古代日本の神々への神話的なレベルでの神祇信仰とその伝承、②中国から伝来した陰陽五行の思想や道教の信仰や呪法などの受容とその消化と醸成、③古代インドで生まれ中国に伝えられてそこで醸成され、六世紀半ば以降に韓半島を経て日本に請来され、またその後も七世紀から九世紀までの遣唐使に随行した僧侶たちによって請来された圧倒的な仏教信仰、という三者の併存混淆状態であったということができる。

しかし、この三本混じりの奔流が、そのまま中世世界を流れていったわけではなかった。そこで次に重要となるのが、中世神祇信仰の複雑怪奇な動態である。

神祇信仰も古代の素朴なままではなかったし、陰陽五行信仰も卜占や防疫や呪術の信仰として中世的な進化をとげていった。山岳信仰と神仏習合を核とする山岳修験の活発化も目覚ましく、仏教信仰も密教化の勢いを加速させながらその顕密体制の根底は維持しつつ、一方で新たな宋学禅宗の伝来や新仏教諸派の旺盛な活動によって動揺し活性化していった。律令制の動揺から荘園制の形式へという古代国家の根幹の転換が、神仏信仰の世界にも響きあい、さらに武家政権の誕生と大陸貿易の活性化は、新たな中世的な神仏信仰や霊異霊妙な信仰を生み出していった。それは、古くは『辟邪絵』（十二世紀成立）に描かれている天刑星や牛頭天王や鍾馗や毘沙門天、またその他の、大黒天、帝釈天、吉祥天、弁財天、荼吉尼天《だきにてん》、宇賀神、第六天魔王などの、④さまざまな霊妙怪奇な神仏信仰の創生と流通という歴史であり、新しくはとくに室町期以降に流行した七福神などさまざまな庶民信仰の流布であった。

中世社会はそうした多様な呪的で霊妙な神仏信仰の混淆や展開がみられた時代であり、それら四本の信仰潮流が、混合混淆しながら近世社会へと一般化していき、また近代現代へと伝えられてきて今日の日本の信仰世界を創り出してきているのである。

ミックスジュースではなくミックスサラダ

現在の神社祭祀の中に、古代の素朴な自然信仰的なものだけでなく、陰陽五行的な信仰や呪術の要素が混在していたり、仏教的な要素、また中世的な複雑霊妙な信仰の要素が混在している、その理由は、このような日本人の信仰の歴史と伝承の過程におけるさまざまな信仰要素の混入とその醸成によるのである。

しかし、重要なのは、そのような複雑な混淆的な信仰伝承ではあっても、神祇信仰、陰陽五行信仰、仏教信仰、中世的な呪的霊異神仏信仰、という基本的な四者は、決して混合融合してしまってもとのかたちや中味をなくしてしまっているわけではない、ということである。たとえていえば、あくまでもミックスサラダの状態であり、決してミックスジュースにはなっていないのである。四者のそれぞれがその基本的な要素をしっかりと保持しながらたがいに混淆しているのであり、そうした状態こそが日本の神祇信仰の特徴であり、神社祭祀の特徴であるといってよい。

そして、長い歴史の流れの中で、時代ごとに流行したさまざまな霊験や現世利益を求める信仰や呪法が取り入れられていながらも、その一方では、自然界の森や山や岩や川やそれらをつつむ森林に清新な神々の存在を感じ、それを信じて敬い拝んできたという基本だけは守り伝えられている、というのが日本の神社である。神社とは、祓え清めの場であり、清新性を基本とする、大自然の神の祭りの場なのである。

あとがき

神社とは何か、いつも身近にあるものなのに、そしてありがたい神様としてよく参拝しているのに、その歴史や由来は古くからのものとは思いながらも、実はよくわからないもの、という感じがあります。子どものころから、正月の初詣には雪の降る寒い中にも必ずまいっていましたし、秋祭りや神楽は楽しいものでした。足腰を鍛えるために中高生のころの部活動では神社の長い階段を何回も駆け足で上り下りしていました。

ただ、そのような身近な神社への疑問もたしかにあったのですが、それ以上に、戦後生まれの青少年の多くがそうであったように、自分も哲学にあこがれていました。中学三年のときに手にした文庫本『方法序説』、ルネ・デカルトの「懐疑論」は、内容はよくわからないくせに、田舎のませた中高生にとっては小さな思索の原点となりました。

そして、津田左右吉の名にあこがれて大学に入ったのでしたが、現実はちがいました。卒業単位取得のための語学や一般教養の科目群がたくさん押し付けられているかのような中で、学園紛争に明け暮れる場所にアカデミズムは乏しく、手ごたえのない日々でした。そんなとき、ただ古くさい本の臭いのこもる図書館だけが自分にとって救いの場でした。柳田國男と雑誌『民間伝承』と出会ったのもそこでのことでした。柳田との邂逅は、哲学から思想史へとシフトしていた自分にとって、天啓にも似た衝撃でした。現実と実証とを足場にするまさにフィロソフィカルな歴史探求世界がそこにはあったのでした。

大学院には、民俗学の専攻はありませんでした。そこで、柳田がアンチテーゼとした文献史学の世界へむしろいったん身を投じてみてはどうか、というアドバイスをいただき、修士課程では中世古文書学の、博士課程では古代史のゼミに入れていただきました。「彼を知り己を知れば」というわけでした。そうして、卒業論文の取り組みから大学院への進学という中で、やっとよい先生方に出会えました。いまでもその先生方にはほんとうに感謝しています。

厚く深い研究視界をもつ文献史学の世界に入ってみると、その迫力に圧倒されました。先生方や先輩や同輩たちの理解のおかげで、大学院では歴史学の研究発表を聞きながら、知識を広げ知的な刺激をたくさん受けることができました。ただ、自分だけは日本民俗学の研究を少しずつ進めるということで、フィールドワークに基づくデータをもとにそれなりの発表をさせていただきました。周囲の理解があったというよりも、むしろ民俗学とはいったい何ものなのか、ものめずらしさから、先生をはじめみんなからやわらかく包んでもらっていたようなものでした。

文献史学の優秀な先輩たちでさえ就職難の世界でしたから、民俗学を専門とする研究職などありえませんでした。民俗学を志したからには、就職など世俗の欲は捨てた出家者に自らをなぞらえていました。生活は自分の才量を磨いて立てる、研究は生きがい、と割り切っていました。しかし、不思議なご縁で一九九二年四月、国立歴史民俗博物館民俗研究部に一ポストを与えられました。それから約二十年近く、文献史学・考古学・民俗学・分析科学の四分野の研究者の協業という理念のもとで、日本民俗学の研究を進めることができました。そして肝心の、日本民俗学とはいったい何なのか、他分野の研究者にも説明して理解してもらえるようにと、しっかりと追跡し確認することに心がけました。

神社とは何か、という問題をあらためて研究課題とできたのは、井上光貞初代館長が提唱し創設にこぎつけた学際協業による新たな歴史学創生を目的とするその国立歴史民俗博物館という研究機関に所属していたおかげです。二〇〇九年に講談社選書メチエの一冊に加えていただいた『伊勢神宮と出雲大社―「日本」と「天皇」の誕生―』は、その国立歴史民俗博物館での学際的共同研究の成果の一部でもありました。その後、また不思議なご縁で、國學院大学という柳田國男と折口信夫の二人にゆかりの深い研究教育現場にしごとの場を与えていただきました。そして、伊勢神宮の式年遷宮と出雲大社の造替遷宮が重なった二〇一三年に出版していただいたのが、『伊勢神宮と三種の神器―古代日本の祭祀と天皇―』でした。

しかしその間、民俗学の神社研究としては、有名な神社だけではなく、むしろ村や町のふつうの神社、日本各地で氏神さま、鎮守さまとしてまつられている神社を研究するのがほんとうではないのか、という宿題をずっと講談社の山崎比呂志さんから与えられていました。

さまざまなしごとがはさまる中で、長い年月がかかってしまいましたが、ようやくいま何とかその宿題をまとめることができました。選書メチエに神社関係の三冊を入れていただき、ほんとうにありがたいかぎりです。講談社では最初からお世話になっているその山崎比呂志氏、二冊目からお世話になっており今回も選書メチエに入れていただいた園部雅一氏には、深甚の謝意を表したいと思います。そして、今回の編集実務でたいへんお手を煩わせました稲吉稔氏にはまた格別の謝意を表したいと思います。このお三方には、とくに心より篤くお礼を申し上げます。ほんとうにありがとうございました。

二〇一七年二月

新谷尚紀

注

はじめに

1 設楽博己編『揺らぐ考古学の常識』（歴史研究の最前線）総合研究大学院大学、二〇〇四年／春成秀爾・今村峯雄編『弥生時代の実年代』学生社、二〇〇四年／西本豊弘編『弥生時代の新年代』雄山閣、二〇〇六年／同『縄文時代から弥生時代へ』雄山閣、二〇〇七年／広瀬和雄編『弥生時代はどう変わるか』学生社、二〇〇七年／国立歴史民俗博物館『弥生はいつから!?』二〇〇七年／藤尾慎一郎『〈新〉弥生時代―五〇〇年早かった水田稲作―』吉川弘文館、二〇一一年、など

2 広瀬和雄『前方後円墳国家』角川学芸出版、二〇〇三年／石野博信『邪馬台国の考古学』吉川弘文館、二〇〇一年／同『邪馬台国の候補地・纏向遺跡』新泉社、二〇〇八年、など

3 新谷尚紀『伊勢神宮と出雲大社―「日本」と「天皇」の誕生―』講談社、二〇〇九年

4 新谷尚紀『民俗学とは何か―柳田・折口・渋沢に学び直す―』吉川弘文館、二〇一一年

5 柳田國男「先祖の話」『定本柳田國男集 一〇』他

6 折口信夫「国文学の発生」（第三稿）『折口信夫全集 一』他

7 新谷尚紀『ケガレからカミへ』木耳社、一九八七年／同「ケガレの構造」『岩波講座 日本の思想 第六巻 秩序と規範』岩波書店、二〇一三年

8 立花隆『生、死、神秘体験』書籍情報社、一九九四年／新谷尚紀『死・墓・霊の信仰民俗史』歴史民俗博物館振興会、一九九八年

9 水原洋城『猿学漫才』光文社、一九八八年

10 新谷尚紀『死と人生の民俗学』曜曜社出版、一九九五年／同『お葬式―死と慰霊の日本史―』吉川弘文館、二〇〇九年

第一章

1 岡田荘司「出雲と大和の神社神殿の創建」『神道宗教』一八二号、二〇〇一年

2 新谷尚紀『伊勢神宮と三種の神器―古代日本の祭祀と天皇―』講談社、二〇一三年

3 橋本輝彦「纒向遺跡発掘の成果」『邪馬台国と纒向

遺跡』学生社、二〇一一年ほか

4　寺沢薫「三輪山の祭祀遺跡とそのマツリ」『大神と石上』筑摩書房、一九八八年／小池香津江「三輪山周辺の祭祀遺跡」『神奈備　大神　三輪明神』東方出版、一九九七年など

5　『沖ノ島　宗像神社沖津宮祭祀遺跡　続』宗像神社復興期成会、一九六一年／小田富士男編『古代を考える　沖ノ島と古代祭祀』吉川弘文館、一九八八年

6　現在本殿が建てられている場所には明治以前には建物はなかった。

第二章1

1　『日本書紀』神代下（第九段）一書第四で大伴連の遠祖天忍日命が来目部《くめべ》の遠祖天槵津大来目《あめくしつのおおくめ》を帥《ひき》いて天孫の前に立ったと記している。『新撰姓氏録』左京神別中の大伴宿禰の記事でも同じく大伴宿禰は天押日命の後裔、天押日命は瓊瓊杵尊の天孫降臨に際して大来目部を御前に立てて高千穂峯に降臨したことが記されている。『日本書紀』神武天皇即位前紀では、大伴氏の遠祖日臣命《ひのおみのみこと》が大来目を率い頭八咫《やたの》烏《からす》を追って熊野の山中から神武の軍を先導した、その功績により日臣命を改めて道臣としたと記されている。

2　この記事を紹介した柳田國男は「祭日考」『新国学談　第一冊』『定本柳田國男集　一一』で、ここに「畿内」とあるのは「畿外」とあるべきところであり、まちがいだと指摘している。なぜなら、この時代の畿内とは文字通り京畿即ち都城の内側だけのことだったからである。畿内の意味が五畿内などと拡大するのは後のことである。その五畿内という語に慣れてしまった人物がふと訂正してしまった写本だけが世に伝わっているのである。ここで「畿外」というべきその意味とは、平安京の外という意味である。この太政官符は、多くの大和の平城京の旧都に近い所に本貫をもつ者を対象としているものと考えられる。以上のような緻密な文献批判を実践する柳田國男の徹底した洞察力と実証性重視の学問姿勢には実に多くの学ぶべきところがある。

3　なお、記紀神話の編纂の時代に、神を祭るにはその神の子孫がふさわしいという考え方が示されている神話として知られるのは、前述のような崇神紀と垂仁紀が記す、三輪山の大物主大神の祭りはその神の

児である太田田根子が祭主に（崇神紀）、倭大国魂神は大倭直の祖である市磯長尾市が祭主に（垂仁紀）、それぞれがなったという伝承である。しかし、そこでは氏神という言葉は使われていない。

4 『古事記』では、国譲り神話で建御雷神は出雲の建御名神との力比べで圧倒した神、神武東征神話で熊野での神武天皇の苦戦に対して建御雷神が自分の代わりに葦原中国を平定したときの横刀を降ろし遣わし、その横刀は布都御魂《ふつのみたま》といい石上神宮に坐すという。『日本書紀』では（神代下第九段一書第二）、国譲り神話で経津主神と武甕槌神が派遣され、経津主神の活躍が描かれる、神武東征神話では、建甕雷神が自分の代わりに葦原中国を平定したときの劒を下す「韴霊此云　赴屠能瀰哆磨」という。

5 一方では、天平七年（七三五）創建とする説（伊呂波字類抄）もあり、天平神護元年（七六五）に常陸国鹿島社に春日祭料として神封二十戸が寄進されたという記事（新抄格勅符抄）や、天平勝宝八歳（七五六）の東大寺四至図に神地として春日社の現在地が記されているなど、また『万葉集』には春日の里、春日野、春日山などがさかんに詠われており、春日山の信仰が天平年間からすでに存在した可能性は大である。

6 柳田國男「氏神と氏子」『定本柳田國男集』第一一巻　筑摩書房

7 『平野神社史』一九九三年

8 神社の社伝では延暦十三年（七九四）創建。

9 上代仮名遣いでは「き」の「来」は甲類で「木」は乙類で別ではあるが、八世紀後半以降は音韻表記にも乱れが生じていた可能性がある。

10 『三代実録』貞観元年一月二十七日条

11 この歌は『古今和歌集』雑上、『古今和歌六帖』二にもあり、『大和物語』一六一がもっとも詳しい。

12 二宮正彦「八幡大神の創祀について」『続日本紀研究』一〇〇・一〇一・一〇二号、続日本紀研究会、一九六二年／中野幡能『増補版　八幡信仰史の研究』上・下巻　吉川弘文館、一九七五年など

13 神社の氏子という表現の早い例には鎌倉時代の文永八年（一二七一）の『山城国多賀郷大梵天社再建流記』があるが、それは氏神の祭祀圏の構成者という意味での氏子という表現ではない。

第二章2

1 『千代田町史　近世資料編下』一九九〇年
2 高埜利彦『近世日本の国家権力と宗教』東京大学出版会、一九八九年
3 巻一～巻四は文安二年（一四四五）成立、その後『塵添壒囊鈔』としての編集成立は天文元年（一五三二）
4 民俗伝承の中でのウブスナについては、能田多代子「オボスナ様」『民間伝承』五‐一〇、一九四〇年、中市謙三「ケタイガミ」『民間伝承』五‐一〇、一九四〇年／大藤時彦「分家と祭祀」『民間伝承』八‐二、一九四二年／「氏神特集号」『民間伝承』一〇‐一、一九四四年／谷川健一「産屋考」『産屋の民俗』国書刊行会、一九八一年、などが参考になる。

第二章3

1 横井靖仁「『鎮守神』と王権」『中世一宮制の歴史的展開（下）総合研究編』岩田書院、二〇〇四年
2 『続日本後紀』承和七年七月己亥（二十六日）条
3 『平安遺文』一九九三号文書
4 嘉祥元年（一一〇六）七月二十七日白河法皇告文『石清水八幡宮史料叢書』二
5 天永元年（一一一〇）八月八日白河法皇告文『石清水八幡宮史料叢書』二
6 『平安遺文』三二五五号文書
7 『平安遺文』三三八七号文書
8 井上寛司「中世諸国一宮制と二十二社・一宮制」『日本史研究』四七五号、二〇〇二年
9 岡田荘司『平安時代の国家と祭祀』続群書類従完成会、一九九四年

第三章1

1 奥田真啓「武士の神社信仰と荘園制との関係」『社会経済史学』七‐一二、一九三七年、のち『中世武士団と信仰』柏書房、一九八〇年に収録／同「隅田党の研究」『史蹟名勝天然記念物』一五‐四・五・六、一九四〇年、のち『中世武士団と信仰』柏書房、一九八〇年に収録
2 佐藤藤三郎「中世武家社会に於ける族的結合―紀伊隅田荘隅田一族の考察―」『社会経済史学』八‐三、一九三八年
3 舟越康寿「隅田荘と隅田党」『経済史研究』二〇‐

三、一九三八年／同「隅田党の成立と発展」『経済史研究』二〇-四、一九三八年／同「隅田荘民の生活」『経済史研究』二〇-六、一九三八年
4 遠山茂樹「紀伊隅田荘及び隅田党に関する論文三」『歴史学研究』八-一二、一九三八年
5 我妻建治「十四世紀における紀伊国隅田荘の在地構造」『歴史』一八、一九五九年
6 豊田武「北条氏と隅田荘」『中世史研究』二、一九六八年／豊田武著作集第七巻『中世の政治と社会』吉川弘文館、一九八三年
7 佐藤和彦「在地領主制の形成と展開―紀伊国伊都郡隅田荘を中心として―」『史観』七八、一九六八年
8 増山正憲「中世高野山領荘園の特質―隅田荘分田目録を中心として―」『中世史研究』三・四合併号、一九七〇年／同「紀伊国隅田荘における高野山の進出と在地領主の対応」『高野山史研究』一、一九七六年
9 井上寛司「紀伊国隅田党の形成過程」『ヒストリア』六四、一九七三年
10 高村隆「室町期における在地領主制の展開―紀伊国伊都郡隅田荘を素材として―」『史叢』一九、一九七六年
11 埴岡真弓「紀伊国隅田庄における祭祀の史的展開―宮座の重層構造を通して―」『寧楽史苑』二六、一九八一年
12 「近畿地方村落の史的研究」成果報告書『国立歴史民俗博物館研究報告』第六九集、一九九六年。その時の成果の一部が、新谷尚紀「家の歴史と民俗―世代継承と先祖認識―」『国立歴史民俗博物館研究報告』第六九集、一九九六年
13 豊田武「北条氏と隅田氏」『中世史研究』二は、その藤原氏は石清水八幡宮の神官でもあり、預所の設置とともに隅田荘の支配に当たるべく派遣されたものであろうとしている。
14 奥田真啓「隅田党の研究」『中世武士団と信仰』(前掲注(1))は、近在の土豪が中央から派遣されてきた藤原氏と関係し藤原氏を名乗ったとみている。石井進「紀伊国隅田荘研究の課題」『国立歴史民俗博物館研究報告』第六九集は、隅田荘が所在する伊都郡の土豪ではなく西隣の那賀郡から西方のもと長国造の流れをくむ長賀氏の一族の有力豪族出身であろうという。元永元年(一一一八)九月付の石清水

八幡宮下文では隅田八幡神社の俗別当を「長忠信（延）」と呼んでいたことからもそれが考えられるという。

15 「隅田八幡宮俗別当職補任状案」葛原家文書一

16 「隅田荘公文職補任状写」隅田家文書二〇

17 久留島典子「隅田荘関係文書の再検討」『国立歴史民俗博物館研究報告』第六九集、一九九六年

18 井上寛司「紀伊国隅田党の形成過程」『ヒストリア』六四、前掲注（9）

19 『平安遺文』五-二四一二

20 網野善彦『日本社会再考―海民と列島文化―』第三章、小学館、一九九四年

21 熱田公「紀伊国隅田荘の在地構造について―宝治・建長の土地台帳をめぐって―」『日本政治社会史研究』下、塙書房、一九八五年

22 笠松宏至「中世闕所地給与に関する一考察」石母田正、佐藤進一編『中世の法と国家』東京大学出版会、一九六〇年

23 今谷明『守護領国支配機構の研究』法政大学出版局、一九八六年。この三郎左衛門は葛原忠氏の子の忠満の可能性が高い。

24 『久我家文書二』國學院大学、一九八二年／久留島典子論文、前掲注（17）

25 今谷明『守護領国支配機構の研究』前掲、四九頁。久留島典子論文によれば『蔭凉軒日録』延徳三年（一四九一）七月十六日条も参照され、この隅田佐渡入道は畠山持国の老臣といった有力被官であったと考えられるという。

26 葛原家文書一〇二

27 隅田家文書七四

28 岩城卓二「神社と近世地域社会」『国立歴史民俗博物館研究報告』第六九集、一九九六年

29 井上寛司「紀伊国隅田党の形成過程」前掲注（9）は、隅田一族による隅田八幡宮の氏社化と呼んでいる。

30 埴岡真弓「紀伊国隅田庄における祭祀の史的展開」前掲注（11）

31 萩原龍夫『中世祭祀組織の研究』吉川弘文館、一九六二年（一九七五年増補版）

32 埴岡真弓「紀伊国隅田庄における祭祀の史的展開」前掲注（11）

33 岩城卓二「神社と近世地域社会」前掲注（28）

34　隅田八幡神社文書　一七五－一八二、二七四－二八七

35　新谷尚紀「家の歴史と民俗—上田三家の世代継承と歴史認識—」『国立歴史民俗博物館研究報告』第六九集、一九九六年

36　『橋本市史　民俗学・文化財編』二〇〇五年、四三一頁

37　なお、文献史学の立場から中世後期の荘園鎮守社の役割を地域社会の秩序からみた研究に、榎原雅治「中世後期の地域社会と村落祭祀」『歴史学研究』六三八号、一九九二年があり、たいへん勉強になる。

第三章2

1　『苗村神社三十三年式年大祭調査報告書』滋賀県立大学人間文化学部苗村神社三十三年式年大祭調査団編集、竜王町教育委員会発行、二〇一五年。本書に掲載した写真や図にこの報告書から引用したものが含まれている。

2　『国宝並重要文化財苗村神社東西本殿修理工事報告』

3　明和四年（一七六七）「御供御格式目録」（苗村神社文書）

4　「明治十九年十月一日　三三年大祭典記録」（苗村神社文書）

5　「苗村神社文書」写真版、東京大学史料編纂所収集写真帳六一七八、六一－八二、一九六三年撮影

6　関沢まゆみ編「苗村・鵜川家文書」国立歴史民俗博物館関沢研究室気付、二〇〇三年

7　関沢まゆみ「第二章　宮座の長老衆と年齢秩序一、長老による年齢管理」『宮座と墓制の歴史民俗』吉川弘文館、二〇〇五年

8　関沢まゆみ「第二章　宮座の長老衆と年齢秩序一、長老による年齢管理」前掲注（7）

9　綾戸は苗村神社の地元で例外的である。

10　神部を含む駕輿丁は神部を含むという特殊な事情から作成している。

11　関沢まゆみ「老いの価値—年齢の輪の発見—」『往生考—日本人の生老死—』小学館、二〇〇〇年

12　大橋力・河合徳枝「近江八幡十三郷の伝統的環境制御メカニズム」『社会人類学年報』八、東京都立大学社会人類学会、一九八二年／政岡伸洋「水利慣行と祭礼の連関」『五個荘町史』第四巻（民俗）、一九九三年

13　萩原龍夫「水利と宮座」『神々と村落』弘文堂、一

九七八年。その後も大塚活美「郷祭りにおける複数村落祭祀の成立」『国立歴史民俗博物館研究報告』第九八集、二〇〇三年、などが指摘している。
14 『蒲生町史　第二巻』一九九九年
15 『竜王町史　下巻』一九八三年

第三章3

1 関沢まゆみ「老いの価値―年齢の輪の発見―」『往生考―日本人の生老死―』小学館、二〇〇〇年／同「神社祭祀と死穢忌避」『歴博』一二二号、国立歴史民俗博物館、二〇〇三年／国立歴史民俗博物館研究映像『大柳生民俗誌』一九九九年
2 昭和五十四年（一九七九）以降は本人の生年月日を基準とすることになった。
3 柳田國男「食物と心臓」『定本柳田國男集　一四』筑摩書房、一九六九年（初出一九四〇年）
4 関沢まゆみ「老いの価値―年齢の輪の発見―」前掲注（1）
5 薗部寿樹「中近世における宮座の変質と再編―結衆、長男衆、そして神楽講―」『国立歴史民俗博物館研究報告』第一一二集、二〇〇四年

第三章4

1 千代田町史　古代中世資料編九号、「新出厳島文書」三四号、『三代実録』貞観元年四月三日条
2 千代田町史　古代中世資料編九号
3 千代田町史　古代中世資料編二二号
4 千代田町史　古代中世資料編二三号
5 新谷尚紀『伊勢神宮と出雲大社―「日本」と「天皇」の誕生―』講談社、二〇〇九年、二三二〜二三四頁
6 千代田町史　古代中世資料編七三―七八号
7 千代田町史　古代中世資料編一一〇号
8 岸田裕之『大名領国の構成的展開』吉川弘文館、一九八三年／同『大名領国の経済構造』岩波書店、二〇〇一年／同『毛利元就』ミネルヴァ書房、二〇一四年／編著に『中国大名の研究』吉川弘文館、一九八四年、『中国地域と対外関係』山川出版社、二〇〇三年／『毛利元就と地域社会』中国新聞社、二〇〇七年など
9 『大日本古文書　家わけ第九　吉川家文書之一』第三三号文書
10 『大日本古文書　家わけ第九　吉川家文書之一』第

二五一号文書

11 木村信幸「国人領主吉川氏の権力編成」『史学研究』二二五号、一九九九年

12 千代田町史　古代中世資料編一二一号、吉川家文書

13 千代田町史　古代中世資料編一三五号

14 『萩藩閥閲録』七三

15 千代田町史　古代中世資料編一九五―一九七号

16 千代田町史　古代中世資料編一九九号

17 千代田町史　古代中世資料編一三三号

18 千代田町史　古代中世資料編一三六・一六二・二三〇号

19 千代田町史　古代中世資料編一三五号

20 千代田町史　古代中世資料編一七二号

21 千代田町史　古代中世資料編一七三号

22 千代田町史　古代中世資料編二〇〇・二〇四・二〇六・二〇八号

23 千代田町史　古代中世資料編二〇一号

24 千代田町史　古代中世資料編二〇一号

25 千代田町史　古代中世資料編三一五号

26 千代田町史　古代中世資料編三二三号

27 名田富太郎『山県郡史の研究』一九五三年、によれば、この桂元澄については、壬生城をめぐる山県氏と毛利氏との攻防をめぐって次のような伝説が語り伝えられている。壬生城の城主山県五郎信春は吉川興経に属して尼子方の与党であったため、天文五年（一五三六）八月十八日、毛利元就の壬生城攻撃によって討ち死にした。そのとき毛利方に内通して裏切ったのが信春の家臣の惣森少輔民部（惣森宮内）であった。その信春の父親の玄蕃は、天文九年（一五四〇）、相合宮崎熊丸合戦の時、桂元澄のために討たれた。その後、近代に至り、昭和十年（一九三五）九月十五日、十六日に壬生町商工会の主催で信春公四百年祭が行なわれ、その時からさまざまな史伝の類が続出したという。

28 千代田町史　古代中世資料編九九号

29 千代田町史　古代中世資料編八一号、なおこの八一号文書（一三五四年）の山形為継の花押が古代中世資料編六九号文書（一三三九年）の花押と異なることが問題として残されている。

30 千代田町史　古代中世資料編七三―七七号

31 千代田町史　古代中世資料編三三五号

32 千代田町史　古代中世資料編三六三号

33　千代田町史　古代中世資料集二〇五号・二五七号・二九六号・三四八―三五二号
34　千代田町史　古代中世資料編三三〇号
35　千代田町史　古代中世資料編二四〇号
36　千代田町史　古代中世資料編二四四号
37　千代田町史　古代中世資料編三四五号
38　千代田町史　古代中世資料編三二八号
39　千代田町史　古代中世資料編二八一号
40　千代田町史　古代中世資料編二五七号
41　千代田町史　古代中世資料編三三四号
42　千代田町史　通史編（下）二四四～二四七頁
43　『広島県史　第弐編社寺志』一九二三年／『芸備日日新聞』明治四十三年十一月二十八日
44　『大朝町史 上巻』一九七八年
45　岩国市吉川資料館所蔵
46　「森脇家文書」（枝宮宮司家所蔵）
47　『大朝町史 下巻』一九八二年
48　千代田町史　民俗編、三九七頁・付録　地図千代田町域の小祠小堂
49　千代田町史　通史編（上）四七八～四八〇頁
50　新谷尚紀「映像民俗誌論――『芸北神楽民俗誌』とその制作の現場から――」『民俗学の資料論』吉川弘文館、一九九九年。のち『柳田民俗学の継承と発展』吉川弘文館、二〇〇五年に収載
51　千代田町史　通史編（上）四七五～四七八頁

第四章1

1　「先祖の話」『定本柳田國男集　一〇』筑摩書房、一九六九年（初版一九四六年）四頁
2　注（1）四五頁
3　「神道と民俗学」『定本柳田國男集　一〇』筑摩書房、一九六九年（初版一九四三年）三八八頁
4　注（1）六六頁
5　注（1）一三二頁
6　注（1）九四～九五頁
7　注（1）一〇六頁
8　「氏神と氏子」『定本柳田國男集　一一』筑摩書房、一九六九年（初版一九四七年、小山書店）四〇〇頁
9　注（8）四〇二頁
10　注（8）四〇八頁
11　「山宮考」『定本柳田國男集　一一』筑摩書房、一九六九年（初版一九四七年、小山書店）三五七頁

第四章2

1 ここで以下の二つについてご理解をお願いしておきたい。①もとの全集とは別に昭和六十二年（一九八七）に刊行された『折口信夫全集 ノート編 追補』第一巻に収める池田弥三郎氏の筆記した貴重な「神道概論」の講義ノートがあるが、それは今回は読んでいない。その「神道概論」は、昭和二十一年から七年間続けられた國學院大学での折口の講義ノートであり、その内の昭和二十一年度と二十二年度の部分である。敗戦後のきびしい環境の中にあって講義せられた折口のその貴重な「神道概論」については、また別に機会があればあらためて紹介し論述できればと考えている。②折口信夫の神道論を考える上では当然柳田國男の神道論も考える必要があり、たとえば両者が直接対談をした一九四九年の『季刊民族学研究』一四巻二号に収める「日本人の神と霊魂の観念そのほか」などにも論及したり、その他にも柳田と折口のそれぞれの論考をていねいに整理比較すべきであろうが、問題の非常な複雑化を思い、今回はそこまでふみこまないこととした。

2 玉上琢弥「源氏物語について」『講座 古代学』中央公論社、一九七五年／堀一郎「折口先生と私」『折口信夫全集』一七巻 月報第二四号、一九五六年／新谷尚紀『民俗学とは何か―柳田・折口・渋沢に学び直す―』吉川弘文館、二〇一一年、一二九～一三〇頁

3 岡野弘彦『折口信夫の晩年』中公文庫、一九七七年、の一三一頁から一三八頁にそのときの様子が記されている。ただし、二十五日に座談会があったことが記されており、その時の緊張状態についての記事はたいへん興味深い。しかし、二十六日に講演があったことは記されていない。岡野氏の記憶ちがいとも思えないが、疑問が残るところである。なお、新谷尚紀『民俗学とは何か―柳田・折口・渋沢に学び直す―』前掲注（2）新谷、一五五頁、二四一頁も参照のこと。

4 前掲注（3）二八二頁／前掲注（2）新谷、一六九～一七〇頁

5 折口信夫「常世及びまれびと」『民族』四巻二号、一九二九年（『古代研究』国文学篇）、大岡山書店、一九二九年所収／『折口信夫全集』第一巻、中央公論社、一九五四年所収

6　新谷尚紀『ケガレからカミへ』木耳社、一九八七年／同「ケガレの構造」『岩波講座　日本の思想　第六巻　秩序と規範』岩波書店、二〇一三年

7　岩波古典文学大系本『日本書紀　上』では、国語学者の大野晋の見解と推定されるその見解が、七八頁の注と五四九頁の補注（1―一六）で解説されている。参考論文として、安江和宣「鎮魂祭の儀―特に木綿結びについて―」『大嘗祭の研究』皇學館大学出版部、一九七八年、がある。また新谷尚紀『伊勢神宮と出雲大社―「日本」と「天皇」の誕生―』講談社選書メチエ、二〇〇九年、一八四〜一九二頁も参照のこと。

氏神《うじがみ》さまと鎮守《ちんじゅ》さま

神社《じんじゃ》の民俗史《みんぞくし》

二〇一七年三月一〇日第一刷発行

著者　新《しん》谷《たに》尚《たか》紀《のり》

発行者　鈴木 哲

発行所　株式会社 講談社

東京都文京区音羽二丁目一二―二一　〒一一二―八〇〇一

電話　（編集）〇三―三九四五―四九六三

（販売）〇三―五三九五―四四一五

（業務）〇三―五三九五―三六一五

装幀者　奥定泰之

本文データ制作　講談社デジタル製作

本文印刷　慶昌堂印刷株式会社

カバー・表紙印刷　半七写真印刷工業株式会社

製本所　大口製本印刷株式会社

ISBN978-4-06-258648-1　Printed in Japan

N.D.C.172　261p　19cm

講談社選書メチエ　刊行の辞

書物からまったく離れて生きるのはむずかしいことです。百年ばかり昔、アンドレ・ジッドは自分にむかって「すべての書物を捨てるべし」と命じながら、パリからアフリカへ旅立ちました。旅の荷は軽くなかったようです。ひそかに書物をたずさえていたからでした。ジッドのように意地を張らず、書物とともに世界を旅して、いらなくなったら捨てていけばいいのではないでしょうか。

現代は、星の数ほどにも本の書き手が見あたります。読み手と書き手がこれほど近づきあっている時代はありません。きのうの読者が、一夜あければ著者となって、あらたな読者にめぐりあう。その読者のなかから、またあらたな著者が生まれるのです。この循環の過程で読書の質も変わっていきます。人は書き手になることで熟練の読み手になるものです。

選書メチエはこのような時代にふさわしい書物の刊行をめざしています。

フランス語でメチエは、経験によって身につく技術のことをいいます。道具を駆使しておこなう仕事のことでもあります。また、生活と直接に結びついた専門的な技能を指すこともあります。

いま地球の環境はますます複雑な変化を見せ、予測困難な状況が刻々あらわれています。

そのなかで、読者それぞれの「メチエ」を活かす一助として、本選書が役立つことを願っています。

一九九四年二月　　野間佐和子